Frank Hörnigk

Das geteilte Leben des Gerhard Scheumann

Frank Hörnigk

„... es ist die Zeit, wo die Erinnerung an die Stelle der Hoffnung tritt."

Das geteilte Leben des Gerhard Scheumann

vbb

Mit freundlicher Unterstützung der Rosa-Luxemburg-Stiftung.

2., revidierte Auflage 2018

Binzstraße 19, D–13189 Berlin
www.verlagberlinbrandenburg.de

Recherche und Dokumentation: Joachim Stoff
Umschlaggestaltung und Satz: Ralph Gabriel, Berlin
Umschlagabbildung: Gerhard Scheumann bei Dreharbeiten in Vietnam, um 1975 (Privatarchiv Heide Scheumann)
Druck und Bindung: Art-Druk, Szczecin

ISBN 978-3-945256-96-1

Inhalt

Vorbemerkung

Gerhard Scheumann (1930–1998) gehört zu den herausragenden Persönlichkeiten einer Medienöffentlichkeit der DDR, deren Geschichte sich aus den besonderen Machtverhältnissen der Sowjetischen Besatzungszone (SBZ) nach 1945 ableitete und mit dem politischen Untergang der DDR 1990 zeitgleich ihr Ende fand. Als Propaganda-Instrument der SED war ihre Staatsnähe nicht nur programmatisch vorgegeben, sondern als Alltagserfahrung zwingend – mit dem Ende des Staates wurde sie historisch. Fünfundzwanzig Jahre danach bleibt nur noch wenig Zeit, lebende Zeugen und Akteure nach ihren damaligen Haltungen und Überzeugungen zu befragen. Gerhard Scheumann ist diese Möglichkeit zur Selbstauskunft nach 1990 – von Ausnahmen abgesehen – verwehrt worden. Seine Bereitschaft dagegen gab es uneingeschränkt. In einem Umfeld zunehmend herrschsüchtiger Sehnsucht, überkommene Feindbilder bestätigt zu sehen, wurden seine Angebote entweder übergangen oder verächtlich gemacht – und die Person hinter ihrer öffentlichen Funktion vergessen. Nur wenige Jahre später starb Gerhard Scheumann.

Es ist das Interesse an der Differenz: Seiner Biografie – wenn auch verspätet – jene historische Gerechtigkeit widerfahren zu lassen, die sie verdient. Dabei ihrer Brüche und Höhen gleichermaßen eingedenk zu sein, ist das Anliegen dieses Buches. Diese „deutsche Biografie" verweist zudem nachdrücklich auf den weit über den besonderen Fall hinaus gemeinsamen Erfahrungshintergrund einer Generation, die sich erst nach 1945 unter den Bedingungen des Kalten Krieges und der Teilung Deutschlands mehr und mehr zu unterscheiden begann. Ihre prägenden Kindheitsmuster waren unter der Erziehungsdiktatur des deutschen Nationalsozialismus, von wenigen Ausnahmen abgesehen, kollektiv vorgegeben.

Unter diesem Vorzeichen stehen auch die frühen Zäsuren in seinem Leben: geboren im ostpreußischen Ortelsburg, Erziehung auf der Napola (Nationalpolitische Erziehungsanstalt, amtliche Abkürzung: NPEA), 1944 Flucht und Vertreibung, Katastrophenerfahrung des Kriegsendes in Nordhausen, Glaubenskrise und Glaubensverlust; Bekenntnis zur Wiedergeburt Deutschlands in der Perspektive eines nunmehr „wahren" Sozialismus; 1949 Abitur und Beginn einer Reporter-Lehre beim Berliner Rundfunk in Ostberlin; Gewinn endgültig neuer Glaubensgewissheit und Lebensperspektive, steile Rundfunkkarriere im Deutschlandsender (DDR), Kommentator und Redaktionsleiter mit nur fünfundzwanzig Jahren, Dozent an der Fachschule für Journalistik in Weimar; 1962 bis 1965 Fernsehen der DDR, Gründer und Moderator des ersten Wirtschaftsmagazins PRISMA; ab 1965 bis 1991 Zusammenarbeit mit Walter Heynowski, als Dokumentarfilmer unter dem Signum H&S vielfach geehrt und international anerkannt; Mitglied der Akademie der Künste; 1982 Parteiverfahren wegen öffentlicher Kritik an der Informationspolitik der SED-Führung, danach voranschreitender Bedeutungsverlust seiner Filmarbeit bei gleichzeitig anwachsenden konzeptionellen Divergenzen zu seinem Partner; Ende der Achtzigerjahre Bruch mit Walter Heynowski, 1991 endgültig administrierte Auflösung des gemeinsamen Studios; Austritt aus der Akademie der Künste, erzwungener Rückzug zunächst aus allen vorherigen Arbeitsverhältnissen, später – in eigener Entscheidung – vollständiger Rückzug auch aus der Öffentlichkeit; Wohnortwechsel Berlin – Senzig, Krankheit, Tod am 30. Mai 1998.

Über alle diese Stationen wird hier ausführlich berichtet. Die Biografie erweitert sich damit zu einer Studie über die Geschichte der Medien- und Kulturpolitik der DDR, auch ihrer Politikgeschichte. Kritisch kommentiert und gewürdigt werden alle großen Filmprojekte von H&S, erinnert wird an ihre vergangenen Wirkungen und ihre noch immer vorhandenen, aber kaum mehr abgerufenen ästhetischen Potenziale. Dennoch ist diese Biografie kein Ersatz für eine Filmgeschichte über das Werk Gerhard Scheumanns und Walter Heynowskis.

Am Anfang und am Ende des Buches steht in leicht abgewandelter Form der Satz, den Gerhard Scheumann in seinen bisher unveröffentlichten Tagebüchern von über mehr als 600 Seiten

– aus denen hier zum ersten Mal ausführlich zitiert wird – als Wunschtitel seiner bis zuletzt noch von ihm selbst geplanten Autobiografie fest vorgemerkt hatte: „… es ist die Zeit, wo die Erinnerung an die Stelle der Hoffnung tritt."[1] Diesen Gedanken aufzunehmen und ihn zugleich über seine historischen wie biografischen Kontexte hinaus für heutige Leserinnen und Leser erfahrbar zu machen, ist das eigentliche Anliegen dieser Arbeit.

Das Interesse an der Person Gerhard Scheumann war deshalb während des gesamten Schreibprozesses der letzten zwei Jahre immer zugleich auch von dem Interesse geleitet, die Maßstäbe kritischer Haltungen in den gegenwärtigen Übergängen und Spannungsräumen der politischen Systeme ebenso auch an sich selbst anzulegen und zu überprüfen, wie das für Gerhard Scheumann zu gelten hatte unter den Systemzwängen seiner Zeit.

Frank Hörnigk, März 2015

[1] Vgl. Die Chronik der Sperlingsgasse, in: Wilhelm Raabe: Sämtliche Werke, Braunschweiger Ausgabe, Bd. I, Göttingen 1980, S. 14.

BILDER

Bilder bedeuten alles am Anfang. Sind haltbar. Geräumig.
Aber die Träume gerinnen, werden Gestalt und Enttäuschung.
[...]

Heiner Müller

Ende und Anfang

Mitte der Neunzigerjahre tritt Gerhard Scheumann noch einmal vor die Kamera. Er kehrt an jenen Ort zurück, wo beruflich vor beinahe einem halben Jahrhundert alles begonnen hatte. Ins Bild kommt ein zügig ausschreitender Mann vor dem Berliner Haus des Rundfunks in der Masurenallee, er scheint seinen Weg genau zu kennen. Von 1952 bis 1955 ist er ihn als junger Reporter für den damals noch aus Westberlin sendenden Berliner Rundfunk gegangen, bevor er auf der Karriereleiter zu einem der bekanntesten Fernsehjournalisten und Dokumentarfilmregisseure der DDR ganz nach oben aufstieg. Das ist lange her.

Die späte Szene aus dem Jahr 1996 erlangt über ihren unmittelbaren Anlass hinaus eine lebensgeschichtliche Bedeutung, denn mit ihr schließt sich zugleich ein Lebenskreis, wie man am Ende des Films erkennen wird. Es wird das letzte Mal sein, dass er an jenen Ort zurückgekehrt ist, an dem er sich jetzt entschlossen hatte, noch einmal öffentlich zu werden. In dem mit ihm anschließend geführten Interview erhebt er dezidiert Einspruch gegen den von ihm empfundenen fadenscheinigen Moralismus, mit dem im nunmehr vereinten Deutschland die alten ideologischen Grabenkämpfe als Maskenspiel[2] weiterbetrieben würden. Die Vergeblichkeit eines Protestes zweifellos vor Augen, erinnert er an die von Walter Heynowski und ihm produzierten Dokumentarfilme, die im Zeichen solcher Stellvertreterkriege nach 1990 pauschal als Propaganda-Relikte der untergegangenen DDR und damit Belege ihrer geistigen Entmachtung diskreditiert worden waren.

Am Ende des Fernsehinterviews, in dem auch über die ästhetischen Maßstäbe, aber auch die damit verbundenen inneren Widersprüche eines jahrzehntelangen künstlerischen Engagements öffentlich reflektiert werden sollte, werden die Zuschauer Zeugen der hoch emotionalen Erinnerung einer tragischen Lebensbilanz.

[2] Vgl. den sogenannten deutschen Literaturstreit nach 1990, ausgelöst vor allem durch die Debatte um Christa Wolfs Text *Was bleibt*.

Abgeschossen – Die Geschichte von den Piloten im Pyjama[3] lautete der Titel jenes Films von Hasso Bräuer, an dem mitzuarbeiten Gerhard Scheumann eingeladen worden war – in der Rolle des historischen Zeugen und zugleich als Berichterstatter in eigener Sache. Aber damit ist nur die eine Seite der ihm zugedachten Sprecherfunktion vor der Kamera beschrieben. Abgeschossen erscheint jetzt vielmehr der Interviewer Gerhard Scheumann selbst. Der damalige Anklagevertreter gegenüber den vor die Kamera geholten in Vietnam abgeschossenen amerikanischen Bomberpiloten wird jetzt zum Angeklagten, dessen persönliche Integrität grundsätzlich in Frage gestellt erscheint, indem die alten Bilder anders belichtet werden und die Geschichte vom Ende her erzählt wird.[4]

1967 hatten er und Walter Heynowski für das Fernsehen der DDR einen Film produziert, der unter dem Titel *Piloten im Pyjama* eine weit über das eigene Sendegebiet hinaus aufsehenerregende Dokumentation der moralischen Überlegenheit des vietnamesischen Volkes über die Weltmacht USA und damit auch seiner Siegesgewissheit über den militärischen Aggressor darstellte. In dramaturgisch klar strukturierten Bildern belegte das der Film in jedem der geführten Interviews mit zehn über Vietnam abgeschossenen Bomberpiloten der US-Armee, die das Filmteam in einem Kriegsgefangenenlager in der Nähe Hanois aufgesucht hatte und zu Aussagen vor der Kamera bereitfand. Dabei kommen nicht nur die individuelle Katastrophenerfahrung einer militärischen Elite, die in ihrem antrainierten Überlegenheitswahn zu menschlichen Waffen zugerichtet und im ganz wörtlichen Sinne

[3] Hasso Bräuer: Abgeschossen – Die Geschichte von den Piloten im Pyjama, Transfer-Film für MDR und SFB 1996, Sendedatum 18.12.1996.

[4] So geschehen ein letztes Mal noch kurz vor Gerhard Scheumanns Tod, als der hinter den Sträuchern des Wochenendgrundstücks von Gerhard und Heide Scheumann sich verborgen haltende Tilman Jens in einem Beitrag für den *Kulturweltspiegel* des Ersten Deutschen Fernsehens (1997) – über den Zaun hinweg – die Verstrickung der von ihm verfolgten „Zielperson“ mit dem Ministerium für Staatssicherheit der DDR mit größtmöglicher „investigativen“ Energie aufzudecken sich anschickte.

Hilton-Hanoi. Ein Film von Heynowski und Scheumann aus dem Zyklus PILOTEN im Pyjama, Umschlagvorderseite der Informationsbroschüre zum zweiten Teil des vierteiligen Filmzyklus, der 1968 im Länderprogramm der DDR bei den XIV. Westdeutschen Kurzfilmtagen Oberhausen gezeigt wurde nun auf den Boden der Tatsachen heruntergeholt worden war, zur Darstellung, sondern vor allem das dahinterstehende Herrschaftssystem – als eines seine Machtansprüche nach außen autoritär und selbstherrlich durchsetzenden „totalen Staates".

Hasso Bräuer konfrontiert nun Gerhard Scheumann im Verlauf des Interviews mit Porträts der damaligen Gefangenen, die als inzwischen hoch dekorierte Kriegshelden nunmehr vor dem veränderten historischen Hintergrund als Ankläger auftreten. Sie sind saturierte Geschäftsleute geworden oder arbeiten als Historiker, militärische Berater etc. Als Kriegsveteranen haben sie ihre narzisstische Kränkung von einst im Einklang mit der Politik ihres Landes längst kompensiert. Jetzt erscheinen sie im Gegenteil geradezu als prototypische Beweise eines überaus erfolgreichen Karrieremodells, zu dessen Voraussetzungen der Kriegseinsatz in Vietnam – einschließlich (und nicht trotz) der dabei erfahrenen Gefangenschaft – mit eingeschrieben ist in die Legende einer persönlichen wie gesellschaftlichen Siegergeschichte.

Die Schreckensbilder des Vietnamkrieges sind für die Mehrzahl der Betrachter des Jahres 1996 schon lange zu historischen Bildern abgesunken. Aus dem Abstand der Jahrzehnte wachsen daraus veränderte Wahrnehmungen, die jenen der im Zeithorizont der Entstehung des Filmes aufgezeichneten in ganz entscheidenden Momenten entgegenstehen. Dazu gehören nicht zuletzt die Beschreibungen und Selbstbeschreibungen der Haftsituation von Kriegsgefangenen, die rückblickend aus der Perspektive der Betroffenen als eine einzige existenzielle Bedrohung beschworen werden, geprägt von psychischer wie physischer Folter.

Sie unterscheiden sich gegenüber der Anlage des Films von 1967. Heynowski und Scheumann legten damals Wert auf deine Rollenzuweisung der Gefangenen als „freiwillige Gesprächspartner", die sich, entgegen aller vorherigen Erwartung ihrer „kommunistischen Gefangenschaft" [5], teilweise als zu kritischem Um-

[5] Interview mit Walter Heynowski und Gerhard Scheumann, in: Piloten im Pyjama, Sonderausgabe Fernsehdienst, Berlin 1968.

denken und Eingedenken ihrer Schuld bereite Persönlichkeiten vor der Kamera zeigten.[6]

Gleiches gilt für die sich ebenfalls diametral gegenüberstehenden offiziellen Rechtspositionen der USA und ihrer Kritiker zum Einsatz der Vereinigten Staaten als kriegsführende Weltmacht in Vietnam. Im Film von Heynowski & Scheumann lautete die These, „daß seit dem 5. August 1964 von amerikanischen Flugzeugen Terrorangriffe gegen die Demokratische Republik Vietnam [DRV] geflogen würden, ohne dass die USA der DRV jemals den Krieg erklärt hatten“[7], die USA daher keinen „regulären“ Krieg, sondern eine „Piratenaktion“ gegen die DRV durchführten und also „die amerikanischen Piloten … ihrem Wesen nach Luftpiraten“[8] seien.

Auch wenn diese Position damals von einer weltweit sich formierenden Protestbewegung eindrucksvoll bestätigt wurde, blieben die Proteste in Westeuropa und den USA doch immer auf Aktionen einer außerparlamentarischen Opposition beschränkt, zu der die offizielle Politik in diesen Ländern u. a. aus Bündnisverpflichtungen gegenüber den USA regelmäßig auf Distanz ging.

In der DDR war die „Solidarität mit dem kämpfenden vietnamesischen Volk“ dagegen Regierungspolitik. Das daraus erwachsende Selbstverständnis, Vietnam sei ein Frontabschnitt des eigenen ideologischen Kampfes, führte zu einem Führungsanspruch der SED auch auf diesem Feld, der aber auch jede außerhalb dieser Doktrin liegende Form des Protestes, besonders auch alle Formen einer spontanen, antiautoritären Demonstrationskultur, eher als Gefährdung denn als Bündnisangebot wahrnahm.

[6] Dem im Rückblick daraus erwachsenden möglichen Eindruck einseitiger historischer Urteile ist allein durch eine ebenso kritische Distanz gegenüber den Aussagen aller Beteiligten zu begegnen wie der Erinnerung an ihre jeweils vorgegebenen besonderen Sprecherrollen unter den Bedingungen des Krieges.

[7] Interview mit Walter Heynowski und Gerhard Scheumann, in: Piloten im Pyjama, Sonderausgabe Fernsehdienst, Berlin 1968.

[8] Ebd.

Walter Heynowski und Gerhard Scheumann (von rechts nach links) auf einer Militärbasis in Vietnam, Sommer 1967

Walter Heynowski und Gerhard Scheumann fuhren mit ihrem Team im Sommer 1967 nach Nordvietnam in ein militärisch umkämpftes Kriegsgebiet. Eng verbunden mit den Verteidigern Vietnams verstanden sie sich während der gesamten Mission ideologisch als Repräsentanten nicht nur ihrer eigenen Regierung, sondern auch der Regierung der Demokratischen Republik Vietnam. Hieraus erwuchsen die politischen Motive ihrer Arbeit in einem auch für sie selbst lebensgefährlichen Kriegseinsatz, die mit den besonderen künstlerischen Interessen als Film-Dokumentaristen untrennbar verbunden waren. Es ging ihnen darum, Stoffe ausfindig zu machen, in denen eine individuelle Kriegserfahrung für sich Züge des Allgemeinen abbilden würde. Auf spätere Interviewfragen lautete daher die Antwort: „Ziel unserer Reise war es, die über der DRV abgeschossenen Luftpiraten kennenzulernen. Wir wollten wissen: Wer sind diese Leute? Wie sind die Köpfe von Männern beschaffen, die sich zu Werkzeugen der imperialistischen Politik machen lassen? Was denken und fühlen sie? Wie wurden sie, was sie heute sind? – Wir sagten uns, dass die Aufhellung dieser subjektiven Seite des schmutzigen Kriegsgeschehens Aufschluss darüber gewähren müsste, wieso imperialistische Machtpolitik heute, im Zeichen weltweiter Aktionen gegen die USA-Politik in Vietnam, überhaupt noch funktionieren kann."[9]

Es ist allerdings genau diese Selbstgewissheit ihres Auftrags, die (bei zugestandener subjektiver Glaubwürdigkeit der Akteure) letztlich zur Falle für sie selbst werden wird – und das in mehr als einer Hinsicht.

Zwei Jahrzehnte später wird Gerhard Scheumann seinem Tagebuch in einem scheinbar ganz anderen Zusammenhang anvertrauen, was er in Vietnam noch nicht in dieser Konsequenz erfasst – oder aber verdrängt hatte: Anlässlich der Eröffnungsfeier der Olympischen Spiele in Los Angeles 1984 notiert er zunächst eher beiläufig über die Sprecherhaltung des dort als Sportreporter eingesetzten Fritz Pleitgen, der als politischer Korrespondent der ARD in den USA den Boykott der Spiele durch die Sowjetunion und ihrer Verbündeten kommentierte. Zur Erinnerung: Der Boykott war die Reaktion auf den 1980 vorangegangen Boykott der USA und der mit ihnen verbundenen westlichen Staaten auf die Spiele Moskau. Es ist die Kommentatorenhaltung Pleitgens, von der Gerhard Scheumann besonders eingenommen ist: „Sie nehmen sich das Recht, neben dem Ereignis zu stehen und dürfen sich gerade deshalb etwas herausnehmen – während wir (pardon!) uns grundsätzlich als Bestandteil der Gesamtchoreographie begreifen und entsprechend verhalten."[10] Unmittelbar in diesem Zusammenhang erweitert sich seine Wahrnehmung und wird unter der Hand zu einer grundsätzlichen Kritik an der Informationspolitik der DDR und ihrer Reglementierungspraxis mit den fatalen Folgen, selbst keine auch nur annähernd vergleichbare

9 Ebd.

10 Unveröffentlichte Tagebücher Gerhard Scheumanns, 29./30.7.1984; im Folgenden unter dem Sigle (TB Datum) fortlaufend in den Text eingefügt.

Öffentlichkeit durch die Offenheit oder auch nur bloße Neugier der Fragestellungen innerhalb der eigenen Gesellschaft herstellen zu können: „Was war der Erfolg der Pleitgenschen Filme über die DDR? Die Neugierde! Unsere Produkte werden schon im Ansatz anders sein, weil die Selbstbestätigung das A und O des Unternehmens (und damit seines Mißerfolgs!) ist." (TB ebenda)

Was hier zunächst lediglich im Zusammenhang einer Sportreportage und zusätzlich in Erinnerung an die Zeit Fritz Pleitgens als in der DDR akkreditierter Korrespondent für das Fernsehen der Bundesrepublik aufgerufen ist, wird nur wenige Jahre danach zu einer das gesellschaftliche System des DDR-Sozialismus geradezu existentiell betreffenden Problematik, an der die Gründe für das spätere Scheitern dieser Gesellschaft insgesamt erkennbar werden.

Die unveröffentlichten Tagebücher Gerhard Scheumanns zeichnen über mehr als ein Jahrzehnt diesen argen Weg der Erkenntnis nach – und stellen ihn zugleich unter Verschluss. Denn öffentlich bleiben diese Einsichten für ihn noch lange Zeit unaussprechbar; selbst im Wendejahr 1989 wird seine Kritik an den erstarrten Verhältnissen nicht nur innerhalb der DDR, sondern bezogen auf das gesamte sozialistische Lager, einschließlich der Sowjetunion, noch immer von einem geradezu beschworenen Gedanken seiner Reformierbarkeit getragen sein.

Gerhard Scheumann steht mit dieser Haltung nicht allein, so wenig seine Positionen nachträglich als repräsentativ angesehen werden können für die Intellektuellen des Landes schlechthin. Wenn überhaupt, könnten seine Überzeugungen am ehesten für einen größeren Kreis besonders engagierter Angehöriger seiner Generation gelten. Es ist die Generation der um 1930 Geborenen, die ihre Kindheit und frühe Jugend in Deutschland mehrheitlich unter der Erziehungsdiktatur des Nationalsozialismus durchlebt hatte und dort ihre ersten entscheidenden Prägungen erfuhr: ihre „Kindheitsmuster"[11].

[11] Vgl. die ersten beiden Sätze in Christa Wolfs Roman *Kindheitsmuster*: „Das Vergangene ist nicht tot; es ist nicht einmal vergangen. Wir trennen es von

Das darauf sich gründende Denken in seiner Logik von den Anfängen an zu untersuchen und nach seinen biografisch wie historisch besonderen Voraussetzungen zu befragen, ist das eigentliche Erkenntnisinteresse an der Zeitgenossenschaft Gerhard Scheumanns, an der sich zugleich eine Reihe grundlegender Differenzerfahrungen deutscher Nachkriegsgeschichte abbilden lassen.

Vietnam als besonderer Handlungs- und Reflexionsraum gewinnt in diesem Zusammenhang die Funktion einer lebensgeschichtlich herausragenden Schnittstelle zwischen den Zeitläuften dieser Biografie. Im subjektiven Reflexionsraum des Jahres 1996 steht das Land für Gerhard Scheumann – trotz seines einstigen militärischen Sieges über die Supermacht USA – dennoch mit ein für die historische Niederlage des Sozialismus im Weltmaßstab.

Doch wo die Real-Geschichte alle Hoffnungen des eigenen Lebens zerstört haben mag, wächst neue auch aufgehoben in der Erinnerung an jene Kämpfe, deren Fazit nicht der Vergeblichkeit anheimgefallen war: „Ich bin glücklich darüber, dass auch jetzt in einer Zeit, in der sich die internationalen Beziehungen zwischen Vietnam und der anderen Welt zu normalisieren beginnen, das nicht um den Preis geschieht, dass die Schlachten um Dien Bien Phu oder die Tet-Offensive im Süden des Landes vergessen werden. Ich bin glücklich darüber, dass diese Tradition dort weiterlebt, denn wenn das verloren ginge, hätte ich auch persönlich viel verloren. Wir sagten damals mit einem Wort von Ernst Busch, ‚Länder, in denen wir sorglos gelebt, verlassen wir ohne Betrüben, doch das Land, mit dem wir gebangt und gebebt, werden wir ewig lieben …‘, ja, werden wir ewig lieben!“[12]

Die Erschütterung, mit der Gerhard Scheumann an dieser Stelle aus der Erinnerung den Sänger Ernst Busch zitiert, ist offensichtlich. Aber es ist wohl nicht nur die Trauer um den Verlust

uns ab und stellen uns fremd.“, in: Christa Wolf: Kindheitsmuster, Berlin und Weimar 1976, S. 9.

[12] Gerhard Scheumann, in: Hasso Bräuer: Abgeschossen.

einer verlorengegangenen Hoffnung, die diese Emotionen auslöst, sondern weit mehr das Gefühl innerer Selbstvergewisserung, diesen Verlust – wenn überhaupt – nur bewältigen zu können im festen Glauben an die Unausweichlichkeit aller Befreiungskämpfe der Geschichte, so wie ihn das vietnamesische Volk über Jahrzehnte geführt und für sich in Würde bestanden hat. In diesem Gedanken zugleich all seine menschliche Hoffnung an das Nicht-Vergessen einer konkreten geschichtlichen Erfahrung binden zu können, verweist auch auf Momente eigener Lernhaltungen in diesem Prozess.

Sie betreffen als erstes die Erinnerung an sein damaliges Selbstverständnis als Interviewpartner der amerikanischen Kriegsgefangenen, so wie er es für sich definiert hatte, als er ihnen Ende der Sechzigerjahre gegenübersaß. Mit dem Abstand von fast dreißig Jahren reflektiert Gerhard Scheumann nun sein damaliges Rollenbewusstsein kritisch, das sich – gedeckt durch das imaginierte „Wir" in der Selbstgewissheit „im Besitz der Wahrheit" (Heiner Müller)[13] gesprochen zu haben, jedes persönlichen Zweifels enthalten hatte.

1967 tritt er den kriegsgefangenen amerikanischen Soldaten als sachlicher und über weite Strecken sogar verständnisvoll nachfragender Gesprächspartner ohne Uniform entgegen. Er gehört zudem der gleichen Generation an wie sie selbst während ihrer Begegnung – wenngleich in einer diametral entgegengesetzten Sprecherrolle, die ihm von vornherein absolute Situationsüberlegenheit garantiert. Das ermöglicht einerseits einen Ton gänzlich unmilitärischer, ziviler und individueller Gesprächskultur, andererseits aber sofort auch den Umschlag in einen Gestus von Herrschaftsrhetorik, wenn die Sprache repräsentativ wird.

Nach so vielen Jahren lässt sich dieser Widerspruch für den Betrachter kaum auflösen. Denn es gibt für ihn keine einfache Lösung. Einerseits herrschte Krieg – und es sind Gespräche mit Kriegsgefangenen, in denen die Rollen klar verteilt sind. Gleich-

[13] Vgl. Fernsehen, in: Heiner Müller: Werke 1, Die Gedichte, Frankfurt a. M. 1998, S. 232.

zeitig vermitteln die Interviews nicht den Eindruck, vordergründig Gewalt oder individuellen Terror ausüben zu wollen, obwohl einzelne Sequenzen der Befragungen solche Momente psychologischer Kriegsführung durchaus enthielten. Der in diesen Augenblicken aufkommenden Neigung, auch Mitleid haben zu können angesichts manch demütigender Zurschaustellung der Kriegsgefangenen, steht das gleichzeitige Wissen entgegen, dass dieselben Piloten, bevor sie als „Piloten im Pyjama" ihren freiwillig-unfreiwilligen Part übernommen hatten, aus ihren Flugkanzeln Terror über ein ganzes Land verbreitet hatten, ihre Opfer konnten nur nach Hunderttausenden berechnet werden – Kinder, Frauen, Greise; sie hatten das Land überfallen und mit ihren Bombenteppichen Vietnam – und mit ihm dem Kommunismus weltweit – eine geschichtliche Lektion erteilen wollen über die Faktizität globaler Maßstäbe eigenen Herrschaftsdenkens und Handelns.

Dreißig Jahre danach stellt sich Gerhard Scheumann seiner persönlichen Verantwortung an diesem Film, politisch wie künstlerisch, mit Selbstbewusstsein, aber auch mit deutlich erkennbarer Nachdenklichkeit. Er sieht alle an ihn gerichteten inhaltlichen, aber auch Formfragen im ästhetischen Eigensinn des Dokumentarischen aufgehoben. Selbst für die künstlich nachgestellte Inszenierung der Gefangennahme eines der amerikanischen Piloten findet er im Verweis auf den Begriff des filmischen Dokuments eine eindeutige historische Rechtfertigung.

Durchgehend unreflektiert bleibt dagegen der Gestus des Repräsentativen in der Sprache des Films, in seiner eigenen Sprache. Zwar ist die Rolle Fritz Pleitgens in Los Angeles oder in Ost-Berlin nicht verwechselbar mit der Sprecherrolle Gerhard Scheumanns in Vietnam. Als Kriegsberichterstatter, als der er in einer gewissen Weise dort durchaus fungiert, definiert er sich zwangsläufig als auf einer Seite der Front und nicht zwischen den Fronten stehend; er hat in diesem „heißen" Krieg nicht die gleiche Wahl, die Fritz Pleitgen im Kalten Ersatzkrieg des Sports oder in den gemäßigteren Zonen deutsch-deutscher Befindlichkeiten der frühen Achtzigerjahre durchaus hatte, „neben dem Ereignis zu stehen" (TB 29./30.7.1984). In einer Hinsicht aber hält

Gerhard Scheumanns Argumentation vor der Kamera des Jahres 1996 seinem zehn Jahre zuvor dem Tagebuch anvertrauten Wissen nicht stand, dass die eigenen Produkte daran kranken, dass „die Selbstbestätigung das A und O des Unternehmens (und damit seines Mißerfolgs!) ist" (TB ebenda). So lautete das Urteil über ein Politik- und Medienverständnis drastisch eingeschränkter Öffentlichkeit als Ersatz-Kommunikation, mangels wirklicher Kommunikation – mit allen seinen Folgen des Misserfolgs.

„Die Metapher [ist] klüger als der Autor"[14], hatte der Dramatiker Heiner Müller schon Ende der Siebzigerjahre seine Ansichten über den Begriff der Geschichte zusammengefasst: Gerhard Scheumanns Tagebuch-Text, nur wenig später notiert, war in diesem Sinne tatsächlich ebenfalls klüger als er selbst es in seinem politischen Glauben mehr als zehn Jahre danach öffentlich war. Neugierde zu haben, sich auf etwas einzulassen, von dem man nicht weiß, ob es auf die Bestätigung des eigenen Vorurteils, also dem Primat der Selbstbestätigung sich gründen ließe, war vor der Kamera selbst des Jahres 1996 noch nicht einzugestehen. Hier gleichen sich die Bilder. Denn auch damals, dreißig Jahre zuvor, erwiesen alle Gespräche mit den Bomberpiloten im Ergebnis nur, was die Moderatoren und sämtliche Akteure dieser Gespräche hinter der Kamera, auf dem Regiestuhl, in den Synchronstudios schon vorher gewusst hatten oder angehalten waren zu wissen.

Das war die eigentliche Grenze des Films *Piloten im Pyjama*: sein offensichtliches Desinteresse an der Differenz, am nicht zu Erwartenden. Der später, im Interview vor der Erstausstrahlung des Films vorgegebene vermeintliche Selbstanspruch, auf dem Weg nach Vietnam wirklich erfahren zu wollen, „Wer sind diese Leute? … Was denken und fühlen sie? Wie wurden sie, was sie heute sind …?" usw., erwies sich daher eher als rhetorische Floskel denn als ein wirkliches Interesse an der Geschichte selbst.

[14] Vgl. Fatzer ± Keuner, in: Heiner Müller: Werke 8, Schriften, Frankfurt a. M. 2005, S. 224.

Folgerichtig bestätigte sich später bei den interviewten Piloten deren eigenes, ursprüngliches Ressentiment selbst nachträglich noch. Denn mit einigem Recht konnten sie das in ihrem Weltbild ebenfalls schon immer Gewusste als Realität bekräftigt erfahren – das angelernte Klischee „antikommunistischer Propaganda" fand seine praktische Entsprechung.

Als Gegner war ihnen dabei nicht zufällig vor allem die Person Gerhard Scheumanns im Gedächtnis geblieben, der mit dem Gestus seines Sprechens sowohl ihren Widerstand als auch ihre Phantasie zu schauspielernden Verstellungs-Übungen und Maskeraden mit befördern half, derer sie sich später rühmten. Es war nicht die „Macht der Bilder"[15], sondern der Duktus der Sprache in einer eigenen Mischung gegenseitiger Täuschung und verdeckter Aggression auf beiden Seiten, der den Film prägte. Als eingesetztes Mittel der Aufklärung bzw. der Abwehr von Aufklärung heiligte er seine Zwecke ausschließlich unter dem konkreten Erfahrungsdruck der Gegenwart des Krieges. Das war für den Moment nicht wenig als „vorläufiges Beispiel / Reinlicher Scheidung"[16] (Heiner Müller), aber zu wenig, um das daran gebundene Wissen über den Augenblick hinaus als offenen Widerspruch geschichtlicher Erfahrungen selbst schon mit benennen (und aushalten) zu können: „nicht verbergend den Rest / Der nicht aufging im unaufhaltbaren Wandel"[17].

Ursprünglich noch ganz unter dem Eindruck der Vereinigungseuphorie nach dem Mauerfall konzipiert, aber aus Kostengründen immer wieder aufgeschoben, rückt der jetzt entstehende Film Hasso Bräuers weit ab von seinem ursprünglichen Glauben. Denn die Zeiten haben sich geändert und damit auch die Perspektiven und Standpunkte, unter denen die geschichtlichen Ereignisse betrachtet werden. Walter Heynowski sagt unter diesen

[15] Vgl. den Film von Ray Müller: Die Macht der Bilder – Leni Riefenstahl, Frankreich 1993/1995.

[16] Vgl. Der Horatier, in: Heiner Müller: Werke 4. Die Stücke 2, Frankfurt a. M. 2001, S. 85.

[17] Ebd.

Voraussetzungen jegliche weitere Mitarbeit an dem Projekt ab, Gerhard Scheumann bestätigt trotz auch bei ihm vorhandener Bedenken noch einmal seine alte Zusage – die Folgen sind beschrieben. Etwa zeitgleich gerät er unter öffentlichen Verdacht, über viele Jahre mit dem Ministerium für Staatssicherheit der DDR kooperiert zu haben. Sein Fall ist zu diesem Zeitpunkt allerdings schon längst nur noch einer unter vielen und landet deshalb bald schon beim Boulevard als eine Tagesmeldung unter anderen. Gerhard Scheumann selbst hat sich zu seinen Lebzeiten niemals zu diesem Verdacht, auch nicht zu dem gegebenenfalls besonderen Charakter seiner Kooperation mit dem MfS, öffentlich geäußert. Bald darauf hatte er dann auch keine Kraft mehr, gegen die ihm in diesem Zusammenhang zugeordnete Bezeichnung IM zu klagen, wie das sein Partner Walter Heynowski später erfolgreich vor Gericht getan hat. Einzig in seinem Tagebuch vermerkt er, und das wird ausführlicher zu zeigen sein, wie wenig ihn der Vorgang insgesamt noch betreffe oder ihn je betroffen habe im Sinne der gegen ihn erhobenen Unterstellungen. Es blieben ihm da nur noch wenige Monate Lebenszeit – und anderes wurde wichtiger.

Welches waren daher die hinter den Schlagzeilen stehenden wirklichen Gründe, ihn als einen sich besonders opportunistisch dem „SED-System" andienenden Künstler-Funktionär „aufzuklären", dessen „wahre(s) Gesicht"[18] exemplarisch zu enttarnen sei?

Zweifelsfrei ging solches Interesse weit über die bloße Entdeckung seiner besonderen Staatsnähe gegenüber der untergegangenen DDR, eingeschlossen ihrer Sicherheitsorgane hinaus. Sein Fall, ebenso wie die sogleich mitgelieferte ästhetische Herabwürdigung des von ihm gemeinsam mit Walter Heynowski hervorgebrachten und über Jahrzehnte in Ost und West gleichermaßen anerkannten, ja gefeierten künstlerischen Werkes, verweist mit der Diskreditierung ihrer Filme, deren signifikanter Beitrag in der Tradition des internationalen politischen Dokumentar-

[18] Tilman Jens in der ARD-Sendung *Kulturweltspiegel*, 1997.

films eines Dsiga Wertow, Joris Ivens oder Roman Karmen bis dahin nie bestritten worden war, auf weit mehr denn lediglich die Infragestellung einer einzelnen künstlerischen Stimme. Demonstrativ ausgegrenzt werden sollte vielmehr eine dem westlichen Kulturbetrieb seit jeher konträr gegenüberstehende, „von Grund auf anders“[19] sich definierende ästhetische Programmatik, die in dem nach 1990 neu vermessenen Moderne-Postmoderne-Diskurs, nunmehr, da der alte Feind verloren gegangen war und insofern auch keine politische Herausforderung mehr bedeutete, geschweige denn nach Rücksichtnahmen verlangte, mit Macht und fataler Herrschsucht durchgesetzt werden konnte. In der Verweigerung, die Gewalt des Zusammenhanges der Bilder über den Krieg der USA in Vietnam, des faschistischen Putsches in Chile oder des Söldner-Terrors in Afrika in den von H&S geschaffenen Filmen anzuerkennen, formulierten sich folgerichtig nur noch die ideologischen Scheingefechte der Stellvertreterkriege: am leichtesten durchsetzbar in der gezielten Infragestellung der Werke unter Hinweis auf die persönliche Schuldverstrickung ihrer Verursacher, unkritisch einem die Menschenrechte verletzenden und historisch gescheiterten politischen System zugearbeitet und gedient zu haben. Dabei – so die zusätzliche theoretische Erleuchtung der Kritik – sei dies alles in vorauseilendem Gehorsam geschehen, auch was die ästhetischen Mittel der Täuschung und manipulativen Lüge beträfe. Gegen diesen neuen Leitdiskurs öffentlich aufzutreten – wie es Gerhard Scheumann 1996 noch einmal versuchte – könnte als ein letzter, geradezu hilflos-naiver Versuch persönlicher Ehrenrettung missverstanden werden, der natürlich scheitern musste und im Überlegenheitstaumel des allein verbliebenen historischen Akteurs tatsächlich wie aus der Zeit gefallen schien, andererseits aber gerade daraus seine eigene Würde der Schwäche bezog. Denn der Versuch, mit den montierten Bildern um seine Person und sein Werk zugleich

19 Anna Seghers auf dem Pariser Kongress des Internationalen P.E.N. 1938, vgl. Zum Kongreß 1938, in: Anna Seghers: Über Kunstwerk und Wirklichkeit, hg. von Sigrid Bock, Bd. 1. Die Tendenz in der reinen Kunst, Berlin 1970, S. 68.

auch die moralische Infragestellung Gerhard Scheumanns als repräsentative Abwicklung zu inszenieren, verfehlte als das eigentlich angestrebte Ziel eines vor der Kamera live ablaufenden und als Schauspiel verkleideten Verhörs seine Wirkung. Denn was die Macher des Films unter diesem Vorzeichen der Erinnerung für wert befunden hatten, war allein der denunziatorische Blick aus der Sieger-Perspektive zurück in eine verlorene Zeit des alten Gegners: Gerhard Scheumanns dagegen eigener Blick auf diese Zeit als eigene Lebenszeit – und damit als Zeuge in eigener Sache angesichts der späten Selbsterfahrung des Scheiterns einer Idee (auch in der Folge einer viel zu lange an ihren Schwarz-Weiß-Bildern und den „einfachen Wahrheiten" über die jüngste deutsche Geschichte – und ihre Vorgeschichte – fixierten Politik), blieb weitgehend ausgeblendet und somit unbenannt, auch was den Riss betraf, der dabei unmittelbar durch seine eigene Person ging. Nur anderthalb Jahre später gab es keine Gelegenheit mehr, das abgebrochene Gespräch noch einmal aufzunehmen und unter Umständen fortzusetzen: Gerhard Scheumann war „nach kurzer schwerer Krankheit", wie es in den Traueranzeigen hieß, seinem Krebsleiden erlegen, mit siebenundsechzig Jahren.

Es war – rückblickend betrachtet – nach dem Ende des Kalten Krieges und dem einzigartigen, unvergesslich euphorischen Moment des Falls der Mauer jene Distanziertheit bis Geringschätzung aller von den eigenen, westlichen Erfahrungen und Wertvorstellungen abweichenden Haltungen, die in der Selbstwahrnehmung gegenüber dem Osten zu einem solcherart fatalen Herrschaftsanspruch führten, der später selbst aus westlicher Perspektive bis zu dem höchst kritischen Befund einer „Kultur des Denunziatorischen"[20] reichte. Zur Verurteilung freigegeben war jener Intellektuellentyp, der sich in der DDR gleichermaßen kritisch wie politisch überzeugt an das sozialistische Projekt gebunden verstand und für den Gerhard Scheumann mit seinem Prominentenstatus – als öffentliche Person des Mediums Doku-

[20] Vgl. Bernhard Schlink: Die Kultur des Denunziatorischen, in: *Merkur* Nr. 745, Juni 2011, S. 473–486.

mentarfilm, früher aber auch Rundfunk und Fernsehen – nahezu eine Idealbesetzung abgab, um an seinem Fall die neu errungene Deutungshoheit über die historischen Realitäten und Machtverhältnisse zu exekutieren.

Selbst seine Entscheidung, auch nach 1990 weiterhin seinen Arbeits- und Lebensmittelpunkt im vereinten Deutschland zu sehen, eingeschlossen die Bereitschaft, persönlich Zeugnis ablegen zu wollen über eine ebenso bewusste wie widerspruchsvoll sich wandelnde Sprecherrolle im historischen Prozess der DDR-Medien-Geschichte, bot in dieser Konstellation eine geradezu ideale Projektionsfläche der Konfrontation.

Es ist das Interesse an der Andersartigkeit, diese Seite der Geschichte seines Lebens zu Ende zu schreiben, von Beginn an.

Kindheit und Jugend zwischen Ortelsburg und Nordhausen

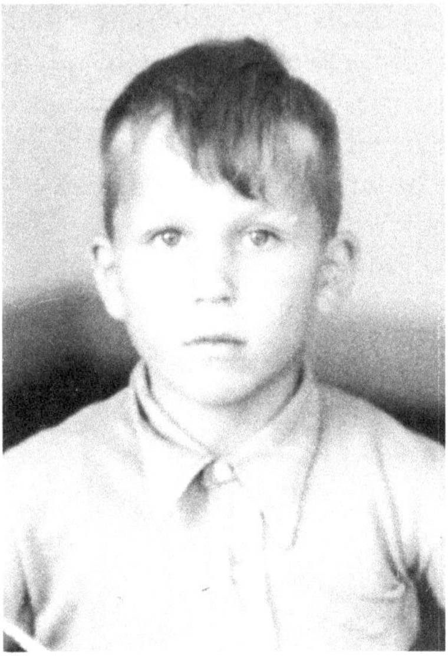

Gerhard Scheumann, 1936

Geboren wurde Gerhard Scheumann im ostpreußischen Ortelsburg am 25. Dezember 1930 als drittes Kind eines städtischen Beamten, des Stadtoberinspektors Otto Scheumann, und seiner Frau Hedwig. Die älteren Geschwister erinnern sich an Gerhard als einen nach außen hin freundlichen, immer offen auftretenden Bruder, einen „Strahlemann“, der sich zudem von Beginn an als ein guter Schüler erwies, andererseits zu Hause aber manchmal geradezu verhaltensauffällig, voller Stimmungsschwankungen war, „wenn er seinen Rappel bekam“[21], so die Auskunft Gerhards älterer Schwester Brigitte. Auf Familienfotos sieht man Gerhard zwischen seinen Geschwistern dann auch oft abwesend in sich versunken, während er andererseits mit großem Wissens-

[21] Brigitte Lemke im Gespräch mit dem Autor im Frühjahr 2015.

drang allein oder auch mit dem Vater zusammen die Natur seiner näheren Umgebung erkundet hat. Das war früh schon seine liebste Beschäftigung, erzählt die Schwester. Forstmeister wollte er werden. Der Empfehlung eines Lehrers, dem Jungen „mehr Futter zu geben"[22], auch um seine in der Familie bis dahin kaum beachtete musische Begabung weiter zu fördern, folgte nach entsprechendem Ausleseverfahren 1941 die Aufnahme in die Nationalpolitische Erziehungsanstalt (Napola) im nahegelegenen westpreußischen Stuhm. Der Übertritt in die militärische Ordnung einer Anstalt mit Uniformpflicht und strenger Internatsdisziplin kam dem Wunsch der Eltern durchaus entgegen, ihren Sohn dort gemeinschaftsfähiger zu machen und dadurch zugleich seine Persönlichkeit auszugleichen. In die Elite der nationalsozialistischen Jugend aufgenommen zu werden, empfand man darüber hinaus ohne Zweifel auch als bildungspolitische Chance und Ehre, die den ursprünglichen therapeutischen Erziehungsgedanken vorteilhaft in sich einschloss.

Im April 1941 fährt seine Mutter mit Gerhard nach Allenstein zum verabredeten Sammeltreffpunkt des neuen Jahrgangs von Stuhm. Zurück in Ortelsburg erreicht sie die Nachricht, dass ihr Sohn während der Weiterfahrt „schwerst erkrankt"[23] und von der Anstaltsleitung sofort in die Notaufnahme des Krankenhauses nach Marienburg transportiert werden musste. Dort liegt Gerhard wochenlang mit einer schweren Hirnhautentzündung auf Leben und Tod. Er überlebt und wird nach seiner Entlassung zunächst wieder nach Hause geschickt. Erst Monate später, nach den Sommerferien, wird er seine Ausbildung auf der NPEA Stuhm beginnen. Es sei dann eine wunderbare Zeit für Gerhard angebrochen, erzählt die Schwester: „Er lernte Geige spielen, malte, las unendlich viel und liebte seinen Deutschlehrer"[24], dem er in großer Verehrung noch Jahrzehnte später verbunden war und dies auch bezeugte.

[22] Ebd.
[23] Ebd.
[24] Ebd.

So zum Beispiel 1973 nach einem Arbeitsbesuch in Hamburg, als er zufällig von dessen Adresse erfahren hatte und an ihn geradezu bekenntnishaft schrieb: „Erich Bahr – eine meiner wichtigsten Lehrerpersönlichkeiten – hat mich in das Reich der Künste eingeführt; nicht nur durch Lehrplanunterweisung, sondern auch durch das vorgelebte Beispiel des ausübenden Künstlers, als den ich ihn immer geachtet und verehrt habe. Nun bin ich nach mehr als zwei Jahrzehnten Arbeit, über die ich gerne einmal ausführlich mündlich erzählen würde, zum Mitglied jener Akademie der Künste Deutschlands gewählt worden, der früher ein Max Liebermann, eine Käthe Kollwitz und ein Ernst Barlach angehörten. Ob Sie es wahrhaben möchten oder nicht – an dieser Entwicklung haben Sie, lieber Erich Bahr, mitgewirkt, und ich bekenne das jederzeit.“[25]

Gerhard Scheumann hat seine Herkunft nie verleugnet, seine Heimat Ostpreußen so wenig wie das konservative, „deutschnational“ geprägte Milieu seines Familienhintergrundes: „Im Umkreis von Ordensburgen wuchs ich auf. Ortelsburg (nach Ortulf von Trier benannt) und die Marienburg (Hochsitz des Deutschen Ritterordens) prägten früh meine Phantasie und mein Denken. Erziehung zum Grenzlandbewußtsein auf der NPEA Stuhm/Westpreußen; schmerzlicher Verlust der Heimat im Jahre 1945“[26], formuliert er in seinem *Lebenslauf* noch Anfang 1989. Es ist der durch den Nationalsozialismus stilisierte Mythos der Schlacht von Tannenberg, der hier aufgerufen wird als prägendes Erinnerungsbild einer Jugend, die sich schicksalhaft an eine Kulturgrenze gestellt sah – einschließlich der daraus erwachsenden, unverrückbaren Selbstverpflichtung, diese Grenze auf immer zu verteidigen.

[25] Erich Bahr konnte den Brief Gerhard Scheumanns vom 28.1.1973 nicht mehr entgegennehmen. Er war kurz zuvor verstorben; der an den Absender zurückgesandte Brief wurde von der Staatssicherheit abgefangen und blieb dadurch erhalten. BStU, MfS, [Quelle unvollständig].

[26] Gerhard Scheumann: Lebenslauf, 1989, S. 1, aus dem Nachlass.

Mit dem Untergang dieses Mythos, der mit dem Überfall Hitlerdeutschlands auf die Sowjetunion begann und im Januar 1945 als Frontdurchbruch der Roten Armee in Ostpreußen, zwei Jahre nach Stalingrad und noch vor der bedingungslosen Kapitulation Deutschlands im Mai 1945 endgültig begraben wurde, bedeutete „Verlust der Heimat“ für Gerhard Scheumann in diesem Augenblick deshalb weit mehr als lediglich Abschied zu nehmen von Ortelsburg oder Stuhm – es war eine Welt zusammengebrochen für den Vierzehnjährigen – schon vor dem eigentlichen Ende.

„Als die Marienburg [...] hinter uns im Nachtdunkel blieb, versank zugleich ein Stück deutscher Geschichte. An dieser Burg hatte ich begeistert Spalier gestanden, als Hitler im großen Remter des Schlosses einem Offizier seiner Wehrmacht ein Ritterkreuz verlieh. Ritterorden – Ritterkreuz: Das sollte ein symbolischer Akt sein, die Fortsetzung einer Tradition; denn im Anblick der Marienburg hatten Hindenburg und Ludendorff 1914 beschlossen, eine bevorstehende Schlacht des I. Weltkrieges, die dann tatsächlich zwischen Neidenburg und Ortelsburg stattfand, die ‚Schlacht von Tannenberg‘ zu nennen, zur Tilgung der Schmach der Niederlage, die der Deutsche Ritterorden 1410 bei Grunwald erlitten hatte.“[27] So beschreibt er vierzig Jahre später seine damalige Gefühlslage in einem Vortrag, den er am 8. Mai 1985, anlässlich einer Feier zum „Tag der Befreiung vom Hitlerfaschismus“ hielt. Es ist das persönliche Eingeständnis einer fatalen Fehlleitung, die er in seiner Jugend erfahren hatte – und über die er erst vier Jahrzehnte danach in solcher Weise Auskunft geben konnte.

In jenen Januartagen 1945 ging es vorerst lediglich um eine Flucht vor der anrückenden russischen Front in Richtung Westen, in den noch immer als uneinnehmbar angenommenen Kern der „Festung Deutschland“. Er selbst kam mit seinem Jahrgang zunächst nach Kolberg und danach ins schleswig-holsteinische

[27] Gerhard Scheumann: Redemanuskript vom 8.5.1985, S. 1 f., aus dem Nachlass.

Plön, der letzten zentralen Sammelstelle aller Napola-Zöglinge aus den Anstalten der verlorenen Ostgebiete.

Sein Bruder Günter, der Älteste, ehemaliger Adolf-Hitler-Schüler, der Älteste, fuhr von Ortelsburg aus zunächst mit dem Fahrrad nach Gotenhafen und erreichte gemeinsam mit der Schwester, wenn auch auf getrennten Wegen und ohne voneinander zu wissen, schließlich doch noch vereint das ersehnte Ziel, „heim ins Reich“ zu gelangen. Die Eltern hatten zur gleichen Zeit wie die Kinder, unter dem Befehlsnotstand aber ohne sie, ihre Flucht aus Ortelsburg angetreten, diese allerdings laut Reisekostenrechnung des Vaters ausdrücklich nicht als Flucht beschrieben, sondern vielmehr als „Dienstfahrt von Ortelsburg nach Nordhausen/Harz auf Anordnung des Herrn Bürgermeisters Armgardt vom 20. Januar 1945“ erklärt. Dort waren sie am 20. Februar um 13.30 Uhr angekommen, wie Otto Scheumann als deutscher Beamter es korrekt im Protokoll vermerkt hat. Weiter hieß es:

> „Zweck der Dienstreise war die Sicherstellung einer Wertkiste, enthaltend das Kapitalvermögen der Stadt Ortelsburg und zwar:
> a) Sparkassenbücher der Kreis- und Stadtsparkasse im Gesamtwert von rd. 1,5 Millionen Reichsmark
> b) Hypothekenbriefe über Hauszinssteuerhypotheken im Nennwert von rd. 1 Millionen Reichsmark
> c) Das Sparvermögen der Stadt Lomza, Bez. Bialystock, bestehend aus Sparkassenbüchern der Kreissparkasse Lomza über rd. 500.000 Reichsmark
> [...]
> Am 21.03.1945 Ausweichstelle der Stadt Ortelsburg in Nordhausen, Kornmarkt 13, eröffnet. Zimmer 2 und 3 sind für die Stadtangestellten Scheumann – Vogel – Makowka zur Verfügung gestellt. Bis zum 04.04.1945, dem Tag der Zerstörung Nordhausens durch anglo-amerikanische Bomber, gab es in dieser Ausweichstelle normalen Dienstbetrieb. Der Tresor der Stadtsparkasse im zerstörten Rathaus war erhalten geblieben.

> Kostenrechnung einer Dienstreise von 1139 km
> 59 Tage a. 8,00 RM Tagegeld = 472,00 RM
> 59 Übernachtungen a. 7,00 RM= 413,00 RM
> zusammen = 885,00 RM
> […]
> Die Richtigkeit vorstehender Angaben versichere ich hiermit.
> Nordhausen, den 08.04.1945
> Otto Scheumann, Stadtoberinspektor“[28]

Sie hatten alle Glück! Günter war von Gotenhafen aus noch mit einem Schiff aus Ostpreußen rausgekommen und in Kiel gelandet, von wo er wieder zurück zu seiner in Pommern liegenden Einheit aufbrach. Dort erfährt er vom Aufenthalt der Eltern in Nordhausen, verbringt seinen Osterurlaub mit ihnen, fährt am 3. April unmittelbar vor der Bombardierung Nordhausens trotz offensichtlicher Auflösungserscheinungen an allen verbliebenen deutschen Frontabschnitten dennoch zurück zu seiner Truppe. Nur Tage später und gerät er in Holstein schließlich in englische Kriegsgefangenschaft. Auch hier gelingt es ihm wieder zu fliehen. Zu Fuß läuft er nach Nordhausen, wo er Anfang Juni bei den Eltern eintrifft. Er ist sechzehn Jahre alt.

Brigitte erreicht nach dramatischer Ostseeüberquerung im U-Boot schon nach wenigen Tagen den ursprünglich verabredeten Familien-Treffpunkt Waren-Müritz, hört dort ebenfalls vom tatsächlichen Aufenthaltsort der Eltern und trifft mit dem Zug praktisch zeitgleich mit ihnen am 20. Februar 1945 in Nordhausen ein.

Gerhard verbleibt nach seiner Ankunft in Plön nicht nur bis zur Schließung der dortigen NPEA am 23. April 1945 unter der Obhut dieser Einrichtung, sondern bis Ende Mai.[29]

[28] Günter Scheumann: Ende einer Dienstfahrt, in: *Ortelsburger Heimatbote* Nr. 36/1999, S. 64 ff.

[29] Es bleibt erwähnenswert, dass dahinter die Entscheidung des Anstaltsleiters Hermann Brunk stand, durch Aufrechterhaltung des Unterrichts erstens die verbliebenen Jahrgänge nicht am Ende des Krieges noch an die Front schicken zu müssen und zweitens selbst nach dem 8. Mai noch dafür Sorge tragen

Während dieser Zeit erreicht auch ihn die Nachricht, dass die Eltern überlebt und sich nach Thüringen gerettet hätten. Am 3. Juni 1945, dem Tag der Übergabe Nordhausens durch die Amerikaner an die sowjetische Militärverwaltung, sind beide Söhne laut Tagebuchvermerk von Otto Scheumann jedenfalls zu Hause angekommen – und die Familie war vereint.

Günter beginnt unmittelbar danach eine Autoschlosserlehre, Brigitte bewirbt sich an der Pädagogischen Fachschule Nordhausen und wird im Januar 1946 als Studentin des ersten Neulehrerlehrgangs zugelassen. Gerhard soll nach den Vorstellungen der Familie zunächst eine Schlosserlehre absolvieren und ist darüber so verzweifelt, dass der Vater den schon unterzeichneten Lehrvertrag wieder auflösen lässt, so dass Gerhard ab Oktober 1945 an der Humboldt-Oberschule Nordhausen seine Schulausbildung fortsetzen kann.

Über die äußeren Bedingungen dieses Schulunterrichtes in den ersten Jahren nach Kriegsende existieren Aufzeichnungen eines ehemaligen Klassenkameraden, Dr. Christoph Führ, die dieser 1995 als Festredner anlässlich der Feier zur Wiedereröffnung der Humboldt-Oberschule vor fünfzig Jahren im Theater Nordhausen zum Vortrag gebracht hatte: „Als im Spätoktober 1945 der Unterricht begann, saßen Schüler in den Bänken [...] [unter] notdürftig repariertem Dach, provisorisch verglasten Fenstern, fast ohne Lehrmittel, denn die meisten Schulbücher mussten wegen ihres nationalsozialistischen Geistes verbrannt werden, oft war nicht geheizt. Wir saßen im Mantel, mit Mützen und Handschuhen. ... Bei vielen Mitschülern fehlten die Väter. Sie waren noch in Kriegsgefangenschaft oder gefallen. [...] Unsere Lehrer Dr. Frank und Prof. Oelmann waren zwischen 75 und 80 Jahre alt. Es waren harte Zeiten für uns. An junge Lehrer kann ich mich kaum erinnern.“[30]

zu können, dass die Schüler, soweit als möglich, in Sicherheit wieder zu ihren Eltern oder anderen verbliebenen Verwandten gelangen konnten.

[30] Christoph Führ, zitiert nach Benno Kiebs: Erinnerungsbuch Vier, Aufwind, S. 115 f., Selbstverlag 2008.

Erst Jahre später, 1948/49, wurden zwei Neulehrer an der Schule eingestellt: „Beide gehörten sie der SED an. Der eine, der Schlesier Benno Kiebs, [...] war ein mitrei[ß]ender junger Pädagoge“, erinnert sich Christoph Führ dann doch ausdrücklich gerade an dessen Wirken,[31] aber auch daran, dass mit seinem Auftauchen und dem seines Kollegen gleichzeitig das „Ende der liberalen Ära der Humboldtschule begann“.[32] Führ floh mit seinen Eltern bald darauf schon nach Westdeutschland und holte dort später mit Erfolg sein Abitur nach. Gerhard Scheumann teilte das Urteil seines Mitschülers über diesen Benno Kiebs – allerdings mit grundsätzlich anderen Schlussfolgerungen für sich selbst. Bis zum Ende seines Lebens sprach er immer wieder in großer Verehrung von ihm: „Meine eigentliche politische Entwicklung beginnt, als sich in Nordhausen/Harz ein hervorragender Lehrer für Geschichte/Gegenwartskunde – der spätere, von mir heute noch hochverehrte, Prof. Dr. Benno Kiebs – meiner annimmt. Seine Antworten auf meine Frage nach den Gründen des Verlustes der Heimat, also nach den Gründen des Krieges, beeindruckten mich tief, zumal die Ergebnisse oft im Streit gewonnen wurden, also zu Erkenntnissen reifen konnten.“[33]

Benno Kiebs – ebenso ein „Heimatvertriebener“ wie er selbst – wird in dieser Phase seines Lebens für Gerhard Scheumann zum wichtigsten Mentor und gleichzeitig politisch Verbündeten. Von ihm vor allem erhält er Hilfe, die traumatischen Erlebnisse seiner Flucht aus Ostpreußen besser einzuordnen, einschließlich der Frage nach den Ursachen, die dieser Verlusterfahrung zugrunde lagen. Und er überzeugt ihn gleichzeitig mit seinem emotionalen Verständnis und differenzierten historischen Wissen: „Auf dem nächtlichen Marsch im Januar 1945 gingen mir als dem Vierzehnjährigen solche Zusammenhänge freilich noch

31 Gerhards Mutter verstand allerdings „mitreißend“ in einem ganz anderen Sinne: Benno Kiebs war für sie ein „Teufel“, ein wahrer Verführer ihres Sohnes im politischen Sinne.

32 Christoph Führ, zitiert nach Benno Kiebs: Aufwind, S. 116.

33 Gerhard Scheumann: Lebenslauf, S. 1.

Abiturfoto 1949, Nordhausen. Gerhard Scheumann: 2. Reihe, 4. von links, Lehrer Benno Kiebs: 1. Reihe, 4. von rechts

nicht durch den Kopf, die stellten sich erst Jahre später her. Aber ein Bewußtsein gab es schon in dieser Nacht dafür, daß wir hier etwas Endgültiges, Definitives erlebten, weil alles, was bislang als fest und unverrückbar gegolten hatte, so sichtbar zusammenbrach. [...] Wenn bei mir in den Jahren danach ein Prozeß der politischen Bewußtwerdung einsetzte, so über die Frage nach den Ursachen, warum ich in diesem Krieg die Heimat verlor. Diese Ursachenforschung, bei der mich ein antifaschistischer Lehrer in Nordhausen unterstützte, führte mich schließlich in die Partei, die durch Ernst Thälmann das deutsche Volk beizeiten gewarnt hatte: Wer Hindenburg wählt, wählt Hitler – wer Hitler wählt, wählt den Krieg.“[34]

Davor, von 1941 bis 1945, hatte es in seinem Leben schon einmal einen Lehrer gegeben, der in vergleichbarer Weise für den jungen Gerhard Scheumann zur Identifikationsfigur und damit zur wichtigsten geistigen Instanz seiner frühen Jugend gewor-

[34] Gerhard Scheumann: Redemanuskript vom 8.5.1985, S. 2.

den war: damals allerdings im Zeichen der Erziehungsideale des Nationalsozialismus. Es war jener nie vergessene und selbst nach Jahrzehnten noch immer in Verehrung erinnerte Erich Bahr.[35] Dessen Rolle übernahm – unter den Vorzeichen des nach 1945 sich vollziehenden politischen Umerziehungsprogramms in der Sowjetischen Besatzungszone – nunmehr der durch seine Kriegserlebnisse zu aktiven antifaschistischen Überzeugungen gelangte ehemalige Wehrmachtsoffizier Benno Kiebs. Er verkörperte den für Gerhard Scheumann erneut leitbildhaft ersehnten Glauben an die mit der neuen Macht jetzt endlich (und endgültig) sich durchsetzenden, wahrhaft nationalen Ideale sozialistischen Denkens.

Beide, Erich Bahr wie Benno Kiebs, blieben für Gerhard Scheumann lebenslang geistige Autoritäten innerhalb ihrer je eigenen Epochenerfahrungen und auch eingedenk der Verführungskraft der darin von ihnen jeweils repräsentierten Machtstrukturen „totaler Herrschaft“[36], denen er als Jüngerer in der Sehnsucht nach dauerhafter Sinngebung für sich selbst ein Leben lang – trotz aller ideologischen Vorbehalte im Einzelnen – immer verbunden blieb.

Die Katastrophe des „Zusammenbruchs“ 1945 und der Verlust nahezu aller bis dahin als gültig erklärter Werte hatten zudem ein solches Maß moralischen Selbstzweifels und zunehmend erwachenden Schuldbewusstseins ausgelöst, dass die Bereitschaft zur persönlichen Wiedergutmachung durch eine sich ihm eröffnende Möglichkeit der Aufnahme in die neue Glaubensgemeinschaft eines künftigen Sozialismus als Diktatur des Proletariats von großer Überzeugungs- und Bindungskraft war. Die damit zugleich erkauften totalitären Herrschaftsformen des künftigen

[35] Gerhard Scheumann in seinem Brief an Erich Bahr vom 28.1.1973: „Freilich weiß ich auch nicht, lieber Erich Bahr, wie Sie heute über die Vorzeichen denken, die damals vor unsere Erziehung gesetzt waren. Aber wie dem auch sei – für mich ist und bleibt die W e i s e unseres Zusammenlebens ein unverlierbarer Wert.“ Vgl. Fußnote 25.

[36] Vgl. Hannah Ahrend: Elemente und Ursprünge totaler Herrschaft, München/Zürich 1986.

Staates werden vor diesem Hintergrund sehr bald schon als alternativlos anerkannt.

Dass darüber hinaus die äußeren Orts- und Zeitumstände im Osten Deutschlands, geistig befördert durch die in dieser Phase größter Gewissensnot für ihn existenziell wichtig gewordene Bindung an Erzieherpersönlichkeiten wie Benno Kiebs, mitentscheidend waren, ist ebenso nachvollziehbar (vielleicht aber auch nie ganz eindeutig erklärbar) wie die selbst noch nach Jahrzehnten wache Erinnerung an jene versunkene, davor liegende dunkle Zeit verführerisch frühen Glücks der Treue und ähnlich gefühlten Seelenverwandtschaft zu seinem ersten Lehrer Erich Bahr. In diesem Sinne war Gerhard Scheumann sich und den beiden geistigen Vätern seiner Jugend gleichermaßen treu geblieben, wie er das in seinen späteren Beziehungen mit allen anderen ihm emotional nahen Menschen – unabhängig von ihren noch so politisch differierenden Überzeugungen – ebenso hielt.

Das wird Jahrzehnte später auch Benno Kiebs in seinen autobiografischen Aufzeichnungen ausdrücklich bestätigen: „Er fiel mir in einer der ersten Stunden auf, im Oktober 1948: Es war eine Geschichtsstunde: Aufteilung der Welt am Ende des 19. Jahrhunderts, vor dem Ersten Weltkrieg [...] imperiale Eroberungen ganz allgemein und in ihrer Gefährlichkeit, monopolkapitalistisch und Kriege erzeugend. Beweis war der Erste Weltkrieg. Da meldete sich Gerhard Scheumann: Ob das auch für die sowjetische Politik gälte. [...] Gerhard Scheumann kam von einer ostpreußischen NaPolA [...] Nun war er hellwach und durch den Ausgang des Krieges zum gründlichen Sucher geworden. Seine Schwester half ihm dabei, ich kannte sie aus der Redaktion des ‚Thüringer Volks'."[37] Und weiter: „Gerhard hatte wie ich aus dem Zweiten Weltkrieg Lehren gezogen, die ihn auf die linke Spur führten. [...] Die Geschichte selbst, in der wir mittendrin steckten, hat diese Wandlung bewirkt. Beide suchten wir historische Ursachen, fanden Antworten in der marxistischen Gesellschaftsanalyse."[38]

[37] Benno Kiebs: Aufwind, S. 124.
[38] Ebd., S. 122, 125.

Damit eröffnete dieser Schüler in seiner Person die reale Perspektive eines geglückten Umerziehungsprozesses, der ihn aus der Masse seiner Mitschüler ebenso heraushob wie er, Benno Kiebs, sich selbst als Neulehrer von der weitgehend noch alten, bildungsbürgerlich geprägten Lehrerschaft abgetrennt empfand, mit deren Hilfe gleichwohl die bis dahin alles beherrschende und noch immer nachwirkende Nazi-Pädagogik – wenigstens am Anfang und auch im Osten Deutschlands – zu ersetzen war. Kiebs sieht sich in der Generationsfolge gegenüber Gerhard Scheumann, im Blick auf seinen eigenen politischen Lernprozess, gleichsam geistig mit ihm aufgehoben und weltanschaulich bestärkt: „Die zeitverschobene Gleichartigkeit der Entwicklung von rechts nach links, vom nationalistisch geprägtem zum sozialistischen Denken bei GSch [d.i. Gerhard Scheumann] und BK [d.i. Benno Kiebs] ist erkennbar.“[39]

Für beide und mit ihnen für die übergroße Mehrheit der ostdeutschen Bevölkerung wird der als weltanschaulicher Umerziehungs-, aber auch Selbsterziehungsprozess erklärte ideologische Gesinnungswandel zum dankend angenommenen Versprechen des neuen Staates auf Entschuldung. Zudem lädt er ein zu künftiger aktiver Teilhabe am Wiederaufbau der vom Krieg zerstörten Heimat[40] – verbunden allerdings mit dem daran immer geknüpf-

39 Ebd.

40 Vgl. Alexander Abusch *Irrweg einer Nation*, erschienen schon 1945, war ein erster Rettungsversuch des geschändeten Begriffs der Nation auf neuer gesellschaftspolitischer Basis. Vgl. zudem die Kulturkonzepte der ersten Jahrzehnte in der DDR-Geschichte: Sie gründeten sämtlich auf den Begriff der Nation, indem erst als durch den Sozialismus der Traum alles fortschrittlichen Denkens in der deutschen Geschichte endgültig vollendende. Vgl. auch Walter Ulbricht in seiner Rede vor dem Nationalrat der Nationalen Front am 28.3.1962 zu Goethes *Faust*: „Was aus dem gemeinschaftlichen Worte des befreiten Volkes auf freiem Grund wird, läßt Goethe offen. Eigentlich fehlt hier noch ein dritter Teil des ‚Faust‘. [...] Erst weit über hundert Jahre, nachdem Goethe die Feder für immer aus der Hand legen mußte, haben [...] alle Werktätigen der Deutschen Demokratischen Republik begonnen, diesen dritten Teil des ‚Faust‘ mit ihrer Arbeit, mit ihrem Kampf für Frieden und Sozialismus zu schreiben ...“ Vgl. 30.5.1962/DER SPIEGEL 22/1962 http://www.spiegel.de/spiegel/print/d-45140358.html. [Letzter Zugriff: 8.11.2016].

ten und abverlangten Versprechen, den Führungsanspruch wiederum einer Partei und einer Weltanschauung – der SED sowie des „wissenschaftlichen Marxismus-Leninismus" – politisch anzuerkennen. So wird die einerseits mehrheitlich freiwillige Unterordnung gerade auch der verbliebenen und künftigen geistigen Eliten des Landes immer nur auf Widerruf, auf Bewährung ausgesprochen, während andererseits der politische und ökonomische Bruch mit Hunderttausenden sich aus der Totalität des Staates verabschiedender Menschen in den Jahrzehnten bis zum Ende der DDR eher hingenommen als betrauert wurde: „Wir weinen ihnen keine Träne nach!" (Erich Honecker im Oktober 1989). Sie verließen das Land oder verblieben in ihm in mehrheitlich angepasster Haltung; nur eine Minderheit formierte sich zu politisch offener Kritik.

Für Gerhard Scheumann wie für Benno Kiebs war ihr demonstratives ideologisches Bekenntnis schon unmittelbar nach dem Krieg insofern nur konsequent und sollte auch nicht in Zweifel gezogen werden, was die innere Not und Glaubwürdigkeit dieser Entscheidung betraf: „Im Februar 1949 gehörte ich zu jenen drei Schülern, die an der Humboldt-Oberschule in Nordhausen die erste Schulparteiorganisation der SED gründeten"[41], betont Gerhard Scheumann noch vierzig Jahre nach seinen Eintritt in die SED – ohne jeden Zweifel in Erinnerung auch daran, dass ein solcher Schritt nicht nur zu dieser Zeit, noch vor der Beendigung der Schulausbildung, eine absolute Ausnahme in der DDR darstellte. Sein Bürge beim Eintritt in die Partei war natürlich Benno Kiebs.

Dieser relativierte noch Jahrzehnte später die Schilderungen der ideologischen Anpassungsrituale schon bald nach Kriegsende, die Christoph Führ, der neben Gerhard Scheumann gleichfalls für ihn wichtig geblieben, aber an den Westen „verloren" war, in seiner Rede 1995 vorgetragen hatte. Da hieß es: „1946/47 etablierte sich eine neue staatliche Jugendorganisation: die Freie Deutsche Jugend. Kurioserweise waren es oft diejenigen unter

[41] Gerhard Scheumann: Lebenslauf, S. 1.

den Mitschülern, die sich vorher im Deutschen Jungvolk und in der Hitlerjugend um Führungsposten rissen, die nun das Blauhemd mit Begeisterung trugen."[42] Gegen diese Wahrnehmung einer vermeintlich bloß opportunistischen Anpassung beschwor Benno Kiebs geradezu vehement die für ihn gültige andere Wahrheit, nämlich historisch immer nur mit der Bereitschaft zu neuem Engagement den als notwendig erkannten geistigen Wandel vollziehen zu können. Er sprach damit zweifellos auch in eigener Sache, aber auch unter direkter Bezugnahme über Gerhard Scheumann: „Diese Feststellung [von Christoph Führ, F.H.] ist zum Teil durchaus richtig, doch die pauschale Bewertung absolut falsch. Auch für mich träfe das grob zu. Gerade Jugendliche engagieren sich im Zeitgeist, wenn die Mächtigen und deren Wortführer ihnen hohe Ideale anbieten und solche Aufgaben stellen, die zur Verbesserung der Lebensverhältnisse führen sollen. Wenn sie aber später enttäuscht ‚durchsehen' lernen, dann wenden sie sich konsequent anderen ‚Lösungen' zu. [...] Gerade nach diesem für uns Deutsche so folgenreichen Krieg waren es die aktiven und selbständig denkenden jungen Menschen, die solche ‚Wandlungen' durchmachten. Und hier im Osten begannen sich Ideen zu realisieren, die besser waren als die alten Regelungen. [...] Wer sich dafür engagiert, der ist kein ‚Wendehals'. An einem Schüler, der mich als erster zu einer längeren Auseinandersetzung provozierte, kann ich es gut zeigen. Es war Gerhard Scheumann, dessen DDR-bekannte Entwicklung ich immer verfolgte und mit dem ich bis zu seinem Tode 1998 in freundschaftlichem Kontakt blieb."[43]

1949 sind alle diese frühen ideologischen Kämpfe dann bald schon Vergangenheit und die Teilung Deutschlands vollzogen. Nordhausen in Thüringen wird zu einer Kreisstadt in der DDR. Benno Kiebs bleibt vorläufig noch in der Stadt, aber nunmehr schon als Dozent an der Pädagogischen Fachschule des Ortes, bevor er einige Jahre später als stellvertretender Minister für

[42] Christoph Führ, zitiert nach Benno Kiebs: Aufwind, S. 122.
[43] Ebd.

Volksbildung des Landes Thüringen nach Berlin wechselt und schließlich Professor an der Karl-Marx-Universität in Leipzig wird. Christoph Führ wechselt von einem deutschen Staat in den anderen, wie so viele andere auch, unter ihnen Gerhards Bruder Günter, der vor der sicherlich nicht nur eingebildeten Bedrohung flieht, von der sowjetischen Militäradministration verhaftet zu werden wegen eines gegen ihn schon ausgesprochenen Sabotage-Verdachts. Mit seinem jüngeren Bruder Gerhard als Beifahrer hatte er während einer Probefahrt den zuvor von ihm reparierten Dienstwagen des russischen Kommandanten der Stadt in den Straßengraben gelenkt und damit eine militärische Untersuchung des Vorfalls ausgelöst, deren Ausgang mehr als offen war. Der damit verbundenen Strafandrohung entzog er sich in Richtung Westen – und stellte die Familie vor die Wahl. Trotz aller politischen Vorbehalte gegenüber der Neuen Ordnung im Allgemeinen und ihres Verständnisses für die Entscheidung des Sohnes blieben die Eltern letztlich doch im Osten. Der Vater wurde als ehemaliges Mitglied der NSDAP herabgestuft, nunmehr zum einfachen Angestellten der Handelsgenossenschaft Konsum von Nordhausen, nachdem er dafür seine berufliche Qualifizierung aus Ortelsburg – selbst durch die Frontbewegungen des Winters 1945 hindurch – hinüber gerettet hatte in den Teil des ehemaligen Deutschen Reiches, der sich in den fast dreißig Jahren, die Otto Scheumann als Lebenszeit noch verblieben, auf den Weg zu einem Sozialismus aufmachen würde, an den sie am Anfang alle nicht gedacht hatten. Nach der Berentung des Vaters Ende der Fünfzigerjahre war bei den Eltern allerdings dann doch noch der Entschluss gewachsen, „nach reiflicher Überlegung“[44], wie sie in einem Brief an Gerhard nach Berlin schrieben, ihrem älteren Sohn Günter nachzufolgen und in die Bundesrepublik

[44] Gerhard Scheumann im Interview mit Erika Hoerning, 22.2. und 8.3.1991, unredigiertes Manuskript, S. 22, dokumentiert für eine geplante Langzeitstudie des Max-Planck-Instituts für Bildungsforschung zum Thema „Intelligenz der DDR im Zeitumbruch, privater Nachlass, im Folgenden unter: Interview 1991.

überzusiedeln. Sicher spielten dabei nicht zuletzt auch die deutlich höher liegenden Pensionsansprüche eine wesentliche Rolle, mit denen Otto Scheumann im Westen als ehemaliger Beamter rechnen konnte. „Daß meine Eltern jetzt sozusagen die schon bestehende DDR verlassen [wollten], um in die Bundesrepublik zu gehen, [...] [d]as war für mich unvorstellbar", erinnert sich Gerhard noch im Jahre 1991 in einem Gespräch: „und ich habe damals in einem Brief gesagt oder geschrieben, wenn sie das tun, müßten sie sozusagen mich aus ihrem familiären Bund als ausgetreten betrachten, ja, weil ich hier meine Sache gefunden habe, von der ich nicht lassen kann, und für d[ie] es damals schon, sagen wir mal, eine Aufgabe von Prinzipien bedeutete, aus der DDR in die Bundesrepublik zu gehen. Und das habe ich also von mir aus projiziert auf meine Eltern, die beide damals bereits eigentlich im Rentenalter waren, mein Vater ist Jahrgang [18]93, meine Mutter Jahrgang [190]2. [...] Also ich war intolerant. Ich war nicht imstande, diesen Schritt meiner Eltern losgelöst zu betrachten von meiner Haltung zu dem Staatswesen DDR. [...] Und sah sie plötzlich sozusagen als zwei Leute, die in Marienfelde oder sonstwo, in Gießen oder wo auch immer, in einer Schlange stehen und sich dort also auf dem Wege der Notaufnahme, so hieß das ja damals, registrieren lassen. Es bestand keine Not. [...] Mein Vater und meine Mutter sind ja dann, ohne daß sie das Gefühl von bedeutenden Verlusten bis zuletzt mit sich herumgetragen hätten, beide hier in diesem Land gestorben, mein Vater 1974 in Nordhausen, meine Mutter 1985 hier in Berlin."[45]

Und dennoch bleibt für den Sohn dieser einstige Vorgang vormundschaftlichen Verhaltens zeitlebens mit einem Schuldgefühl belastet, das später nicht nur durch die besondere Fürsorge gegenüber der Mutter, sondern weit mehr durch eine außerordentlich berührende emotionale Nähe und Liebe bis zu ihrem Tod und darüber hinaus zur existentiell bestimmenden Erfahrung wird: „Gelähmt sein: das heißt eigentlich – beten wollen. Ich habe Gott nie verachtet, freilich auch nicht geachtet – also

[45] Ebd., S. 22f.

Gerhard Scheumanns Mutter Hedwig, 1960er-Jahre

habe ich jetzt kein Recht – obwohl im Besitz aller Bibelausgaben der Gideon-Gesellschaft – mich an den ‚Alten' heranzuschmeißen. Gleichwohl hätte ich es gerne, wenn irgendjemand, der noch ein Recht dazu hätte, sich Omis in seinen Gebeten annähme. Doch scheint mir, in unserer bedrängten Lage, daß auch ein Gebet vor allem dem Betenden hilft oder helfen soll. [...] Ich hoffe jetzt nur noch auf unser Ostpreußen-Talent, solche schlimmen Prüfungen durchzustehen" (TB 25.1.1985), notiert er kurz vor dem Tod der Mutter. Und ein Jahr später heißt es im Tagebuch, in Erinnerung an ihren unglücklichen Sturz auf glattem Eis vor der eigenen Tür, die sie für die Familie sicher erreichbar machen wollte (und an dessen Folgen sie vier Wochen später gestorben sein würde): Sie habe in ihrem rührenden Bemühen, uns anderen nur helfen zu wollen, selbst „vor Jahresfrist in Senzig ihren Tod eingeleitet. Habe die ganze Nacht zuvor eine Kerze brennen lassen und früh, beim Erwachen, über die Unsinnigkeit des Todes – als solchen und in seinen unerwarteten Formen – nachgedacht. Ohne Erfolg. ‚Ach Kind, das ist vielleicht auch nur so …' Jedesmal hat mich dieser Spruch gesund gemacht. Es wird folgen die lange Furcht, die zu ihrem Tode führte. Ihr tapferer Kampf. Die Freundlichkeit in ihren Augen, sofern sie uns noch erkannte. Unsterblichkeit durch Menschlichkeit. In Senzig werde ich erst wieder ‚zuhause' sein, wenn ich mich unter der Erde mit ihr umarmen kann." (TB 31.1.1986)

Nein, es gab keine „bedeutenden Verluste", und auch das anschließende Versprechen, es habe „keine Zerwürfnisse" gegeben zwischen ihm und den Eltern, lässt sich als eingelöst bestätigen, doch es ist Gerhard Scheumann selbst, der als Sohn die Last immer weiter zu tragen hat und den Zweifel auch, „daß ich damals widersprach, dieser Entscheidung, die sie eigentlich getroffen hatten für sich, ja? Und es hat auch keine, wie soll ich sagen, Gräben aufgerissen, sie haben bis zuletzt in der liebenswürdigsten Weise miteinander gelebt. Ich in Berlin, die beiden in Nordhausen, als der Vater starb, kam die Mutter nach Berlin. Ich konnte ihr dann also noch für die letzten Lebensjahre eine sehr schöne Situation schaffen, weil ich in Senzig, im Kreis Königs [W]usterhausen, an einem See etwas gebaut hatte, und meine Mutter eigentlich den ganzen Sommer dort verbrachte, ja, das war Kiefernwald und See, das war also ein Stück wiedergewonnene Heimat, wie Masuren."[46] Berichtet wird an anderer Stelle voller Empathie von herrlichem „Mittagessen mit Omi: Geräuchertes Bauchstück, Stampfkartoffel und Rote Bete-Suppe – ein Hauch von Ortelsburg wehte herein und steht noch für Stunden in den Räumen". (TB 9.8.1984)

Brigitte, die Tochter, beendete 1949 ihre Ausbildung als Grundschullehrerin und trat in den Schuldienst ein; Gerhard be-

[46] Gerhard Scheumann: Interview 1991, S. 23.

steht im gleichen Jahr erfolgreich sein Abitur und beginnt dann zunächst ein Volontariat in der Kreisredaktion der damaligen Landeszeitung *Thüringer Volk*, aus dem ihn einer seiner später wiederum prägenden Mentoren, der Rundfunkjournalist und Regisseur Karl Gass, befreit: „Im Herbst gleichen Jahres kam ein Stab des Berliner Rundfunks unter der Leitung von Karl Gass in die Stadt, um dort eine Folge der Sendereihe ‚Wir schalten uns ein' zu produzieren. Diesem Stab wurde ich als Orts- und Sachkundiger der lokalen Verhältnisse attachiert. Nach Abschluss der Sendearbeit wurde ich von Karl Gass nach Berlin ‚mitgenommen' – ich traf dort ein, als die Nationalhymne der soeben gegründeten DDR aus dem Admiralspalast in das Funkhaus Masuren-Allee überspielt wurde."[47]

[47] Gerhard Scheumann: Lebenslauf, S. 1.

Stimmproben oder Erfahrungen im Kalten Rundfunkkrieg der Fünfzigerjahre

Das von Gerhard Scheumann gewählte Bild signalisiert Aufbruch und Ankunft zugleich. Alles schien möglich und in Bewegung, auch für ihn selbst. Seine Begegnung mit Karl Gass war nur der Anfang, eine bleibende Erinnerung allerdings für beide: „Er war mein Lehrling, mein Assistent, mein Freund, mein Kollege – einer der Großen des Weltdokumentarfilms. Als wir uns das erste Mal trafen, war er 19 Jahre alt, frisch gekürter Abiturient – ich war 32. Es war in Nordhausen, seiner neuen Heimat, wo ich für den Berliner Rundfunk eine meiner Serien-Sendung[en] ‚Wir schalten uns ein' produzierte. Am dritten Tag übergab ich ihm mein Reporter-Mikrofon für Interviews zum Thema ‚Jugend in der Stadt'. Er zeigte Talent. Am fünften Tag machte ich ihm das Angebot, als mein Lehrling und Assistent nach Berlin zu kommen. Am sechsten Tag packte er seinen Koffer."[48] Eine Unterkunft allerdings oder gar einen Ausbildungsvertrag konnte Gass Gerhard Scheumann zwar auch nicht bieten, dafür aber die Mitfahrgelegenheit nach Berlin und das Versprechen, weiter zusammenzuarbeiten. Auch das war schon ein Traum! In der Realität blieb es also bei einem Volontariat, aber diesmal als Hilfsreporter und Assistent an der Seite des berühmten Karl Gass auf den „Baustellen der Republik" und nicht mehr nur als Hilfskraft für die Lokalseite einer Provinzzeitung. Er war in Berlin angekommen; seine ersten möblierten Zimmer musste er sich selbst besorgen.

Die späterhin noch über Jahrzehnte anhaltende und sogar mit zeitlichem Abstand zunehmende emphatische Projektion jener Aufbruchsstimmung der frühen Jahre teilt Gerhard Scheumann mit vielen seiner Generationsgenossen. Alles schien noch in Bewegung und auf dem Wege in eine neue, bessere Welt – und

[48] Zitiert nach Klaus Wischnewski: Trauerrede auf Gerhard Scheumann vom 13.6.1998, S. 4, aus dem Nachlass.

das galt für die Gesellschaft insgesamt wie für jeden, der sich in ihr engagierte. 1987 notiert er im Tagebuch nach einer zufälligen Begegnung mit seinem ehemaligen Kollegen Manfred Engelhardt vom Berliner Rundfunk über die möglichen Gründe für diese gemeinsame Generationserfahrung ihrer Anfangsjahre: „Wir denken darüber nach, warum uns der R[un]df[un]k so glücklich gemacht hat, und uns fällt – kurz vor der Verabschiedung – die Lösung ein: Der neue gesellschaftliche Antritt verband sich in geradezu idealer Weise mit unserem persönlichen Beginn." (TB 26.10.1987)

Hier liegt tatsächlich eine wichtige Erklärung für die Unbedingtheit eines Engagements. Das vehemente Gefühl, sich identifizieren zu können mit dem Neuen Staat, überträgt dessen programmatisch gesetzten Antifaschismus als gesellschaftliche Verpflichtung auf jeden einzelnen seiner Bürger. Besonders für die junge Generation lag darin zugleich die Chance auf persönliche Rehabilitierung allein durch die Bestätigung des Verfassungsgrundsatzes, sich nicht in der Rechtsnachfolge der Hitler-Diktatur verstehen zu müssen – wie das allerdings in der Bundesrepublik Deutschland geschah. Damit ist in letzter Konsequenz und nur in rhetorisch verschiedener Auslegung im Osten wie im Westen gleichermaßen eine Stunde Null konstruiert worden, die auch im Falle Gerhard Scheumanns hinter dem Begriff des „neuen gesellschaftlichen Antritts" steht, der sich „in geradezu idealer Weise mit unserem persönlichen Beginn" verbunden hätte. (TB ebenda) Es ist ein tausendfach wiederholter (und politisch gewollter) Verdrängungsvorgang, der sich hier persönlich vollzieht und neben der Ausblendung der eigenen Herkunft zugleich ausblendet, was sich nicht nur in der zunehmenden Konfrontation zwischen den Systemen in Ost und West, sondern darüber hinaus auch innerhalb der eigenen Herrschaftsverhältnisse als Kalter Krieg nach innen manifestiert. Zwei Beispiele: Intendant des Berliner Rundfunks war zu der Zeit, als Gerhard Scheumann in der Masurenallee ankam, der aus dem englischen Exil 1945 nach Deutschland zurückgekehrte Widerstandskämpfer und Kommunist Heinz Schmidt. Er hatte unter der Hitler-Diktatur Jahre im Zuchthaus Brandenburg und anschließend im KZ Lichtenberg verbracht, bevor ihm über Prag die Flucht ins endgültige Londoner Exil gelang. 1947 wird er von der SED-Führung an die Spitze des Berliner Rundfunks bestellt. Nach nur zwei Jahren wird er – im Zusammenhang der Auseinandersetzungen um die von Anton Ackermann in die Debatte eingebrachte These eines besonderen deutschen Weges zum Sozialismus – wegen angeblich nationalistischer Überheblichkeit sowie ideologisch ungenügender Wachsamkeit, wiederum auf Beschluss des Politbüros der SED, entfernt und zur Bewährung in die Landwirtschaft delegiert.

Weitaus dramatischer verläuft das Schicksal des nach 1933 durch die „Rassegesetze" der Nazis vertriebenen kommunistischen Funktionärs Leo Bauer. Nach seiner Entlassung aus dem Amt eines Chefredakteurs des Deutschlandsenders nach nur einem Jahr im Jahre 1950 wird gegen ihn zunächst ein Parteiausschlussverfahren wegen vermeintlicher Spionage-Kontakte zu dem wegen des Vorwurfs geheimdienstlicher Tätigkeit für die USA verhafteten Noel Field eröffnet. 1951 erfolgt seine Verhaftung sowie die Anklage und Verurteilung wegen Spionagetätigkeit vor einem DDR-Gericht. 1952 fällt ein sowjetisches Militärgericht, ebenfalls auf dem Boden der DDR, in einem zweiten Prozess das Todesurteil über Leo Bauer als amerikanischer Spion und überstellt ihn zur Vollstreckung des Urteils in die Sowjetunion. Nach dem Tod Stalins im März 1953 wird er zu fünfundzwanzig Jahren Zwangsarbeit in Sibirien begnadigt, ehe er 1955 im Rahmen der zwischen der Bundesrepublik Deutschland und der Sowjetunion ausgehandelten Kriegsgefangenen-Rückführung vorzeitig entlassen und in die Bundesrepublik abgeschoben wird. Später, in den Sechzigerjahren, ist er einer der politischen Berater von Willy Brandt. Er arbeitet weiterhin als freier Journalist. 1972 stirbt er. Auf dem Außerordentlichen Parteitag der SED/PDS im Januar 1990 wird er posthum rehabilitiert.

Gerhard Scheumann hat diese Vorgänge während seiner Lehrzeit in der Masurenallee unmittelbar, wenn auch aus der Perspektive eines Eleven mitbekommen – und er hat diese Verfolgungen politisch öffentlich mittragen müssen. Es waren, wie er es formulierte, „Konfrontationen mit den widersprüchlichsten Erfahrungen“[49]. Zugleich verweist sein spätes Urteil in fataler Weise auf die Disziplinierungs- und Selbstdisziplinierungszwänge einer Klassenkampfrhetorik, die das eigene Vermögen, hinter den Einzelschicksalen von Leo Bauer und Heinz Schmidt u.v.a. die hervortretenden Strukturen von Willkür und Gewalt auch im Namen des Sozialismus kritisch zu erkennen, entscheidend und anhaltend beeinträchtigten. In seiner Erinnerung an den „im Amt wohlbestallten Leo Bauer und einem Verdächtigungen ausgesetzten Heinz Schmidt“[50], heißt es noch 1989 lediglich lapidar: „der erstere ging schließlich nach dem Westen, der letztere blieb – wenn gleich aus dem Rundfunk ausgestoßen – auf unserer Seite. Es waren Zeiten offenen und verdeckten Klassenkampfes.“[51] Politische Anpassung war der Preis des Aufstiegs in den von Hermann Kant später pathetisch definierten „Kämpfen der Zeit“[52], zur Phrase geronnen auch schon in dieser Anfangszeit des „neuen Aufbruchs“. Später wird es Gerhard Scheumann selbst treffen, wenn auch in der Maßregelung ohne Vergleich zu seinen Vorgängern. Aber bis dahin ist es noch ein weiter Weg.

Aus dem Volontär und Hilfsreporter wird zunächst der Reporter und Redakteur in der Redaktion Innen- und Wirtschaftspolitik des Berliner Rundfunks. In dieser Funktion berichtet er von den Brennpunkten des wirtschaftlichen Aufschwungs in der DDR. An der Seite des aus München nach Ost-Berlin übergesiedelten Chefkommentators Herbert Geßner profiliert er sich zudem in einer speziell für die Hörerinnen und Hörer der Bundesrepublik ins Programm aufgenommenen Sendereihe „Wir sprechen für Westdeutschland“. Noch Anfang der Neunzigerjahre wird er davon berichten, wie sehr gerade diese Sendereihe

[49] Gerhard Scheumann: Lebenslauf, S. 2.

[50] Ebd.

[51] Ebd.

[52] Vgl. Hermann Kant: Der Schriftsteller in den Kämpfen der Zeit, Referat auf dem 8. Schriftstellerkongress der DDR 1978.

seinen späteren beruflichen Werdegang mitgeprägt habe: „es war einerseits die Darstellung der Entwicklung hier [in der DDR, F.H.], also der möglichen Alternative, und andererseits natürlich auch die polemische Auseinandersetzung mit der Entwicklung in der Bundesrepublik. Das ist über viele Jahre so geblieben. Ich war dann auch, solange er in der Form bestand, im Deutschlandsender [...] Ich habe da drei Sendereihen aufgebaut, die eine hieß ‚Geschichte und Geschehen' [...] Dann gab es eine Reihe ‚Ökonomische Probleme' und eine Reihe, die hieß ‚Gedanken zur Zeit', in der im wesentlichen philosophische Probleme abgehandelt wurden. [...] Und diese Dinge habe ich betrieben im Rundfunk eigentlich bis 1961."[53]

Schon in diesen frühen Jahren wird dabei die außerordentliche sprachliche Begabung Gerhard Scheumanns als Rundfunksprecher und Moderator zu einem unverwechselbaren Markenzeichen seiner Karriere am Mikrophon – sie wird sich erhalten über alle Stadien seiner späteren Laufbahn im Fernsehen und Dokumentarfilm hinweg. Seine rhetorische Brillanz zu freier Rede, verbunden mit einer gegenüber den ansonsten vorgegebenen Wortkaskaden von Agitation und Propaganda der SED deutlich abweichenden Diktion sowie die „Fähigkeit, geradezu cutterfrei zu formulieren und das mit seiner angenehmen tiefen Stimme, ostpreußisch eingefärbt, komplettierte sein Talent", wie sein alter Radiokollege und Freund Fritz Noll über ihn voller Bewunderung schrieb.[54]

Da könnte der Verdacht aufkommen, ob nicht möglicherweise solche Begabung die Zensoren eher hätte argwöhnisch machen können als den Zensierten prominent und beliebt? Angesichts des Pathos der Feierlichkeit und Erhabenheit in der Bilderwahl vieler seiner frühen Kommentare wäre solcher Gedanke nicht abwegig, zumal im bedenklichen Wissen um die verschlungenen biografischen Untergründe dieses Sprechens. Aber es war ja eben diese ins Blut übergegangene Gefühlsansprache in ihrer

53 Gerhard Scheumann: Interview 1991, S. 40f.

54 Zitiert nach Klaus Wischnewski, Trauerrede, S. 4.

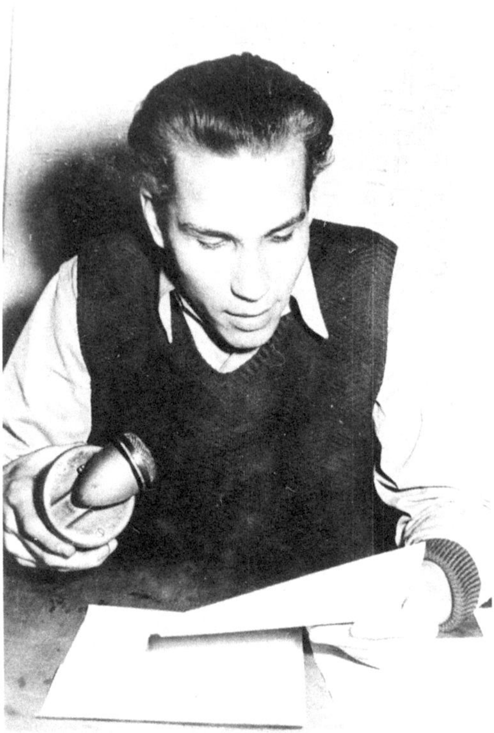

Gerhard Scheumann als Rundfunkreporter beim Deutschlandsender, 1950er-Jahre

ganz eigenen Art erhoffter Anverwandlung an die Hörer, die als bewährtes Erfolgsrezept medialer Mobilisierung von der Partei entdeckt bzw. wiederentdeckt wurde: eine für sich neu in Form zu bringende Kopie einer „Ästhetisierung der Politik“[55] – selbstverständlich im Versprechen auf bessere, von „Grund auf andere“ Inhalte, deren Ziel es war, den Massen damit endlich einen

55 Das Kunstwerk im Zeitalter seiner technischen Reproduzierbarkeit, in: Walter Benjamin: Gesammelte Schriften, Band I.2: Abhandlungen, Frankfurt a. M. 1980, S. 506.

wirklichen „Ausdruck“[56] ihrer selbst unter den veränderten Verhältnissen zu vermitteln. Immer sind es Metaphern der Erhabenheit des historischen Augenblicks, die Gerhard Scheumanns öffentliche Sprache in jenen frühen Jahren prägten: „Reporter Scheumann beschreibt vor Messeeröffnung den neuen Pavillon der UdSSR und das Wappen der Union der Sozialistischen Sowjetrepubliken“, lautet die Anmoderation des direkt ins Funkhaus übertragenen Berichts aus Leipzig am 5. September 1952: „Diese Halle, dieser Bau ist des Inhalts würdig, den wir Jahr um Jahr in der Kollektivausstellung der Sowjetunion sehen durften. Es waren im vorigen Jahr die Mähdrescher, die unser Staunen hervorriefen, und heute wissen wir die gleichen landwirtschaftlichen Großmaschinen längst auf den Feldern unserer Produktionsgenossenschaften in der Deutschen Demokratischen Republik arbeiten … Und der Stern, der ab morgen die Nacht erhellen wird, wird allen, die noch im Unglauben auf ihre eigene Kraft in Elend leben, mit den Worten Gorkis zurufen: ‚He, Ihr Menschen, es lebe Eure Zukunft!‘“[57] „Brüderlich vereint“ und solcher „Zukunft zugewandt“[58] wurde die Berichterstattung über den Weg des voranschreitenden werktätigen Volkes zu einem geradezu mythischen Heldenepos stilisiert. So geschehen etwa am Silvesterabend des Jahres 1955, als unter dem Sendetitel *Wo einst die Kiefern standen* die Hörer des Berliner Rundfunks eingeladen waren, ihre Vorbereitung auf den bevorstehenden Jahreswechsel mit der Aufmerksamkeit an einem Rundtischgespräch zu teilen, das aus Anlass des Abschlusses des ersten Fünfjahrplanes sechs Reporter und Redakteure des eigenen Senders und einen Gast im Studio zusammenführt hatte. Der besondere Gast war Gerhard Scheumann vom Deutschlandsender. Zusammen mit seinen Kollegen war er gebeten worden, „mit alten Tonbändern und we-

56 Ebd.

57 Deutsches Rundfunkarchiv, Babelsberg, ANR 2032851 (Gerhard Scheumann beschreibt vor der Messeeröffnung den neuen Pavillon der UdSSR vom 5.9.1952).

58 Vgl. Johannes R. Bechers Text der Nationalhymne der DDR.

Gerhard Scheumann (rechts) zeichnet am Neujahrstag 1951 die Ansprache des Ministers für Schwerindustrie, Fritz Selbmann (Bildmitte), während der Grundsteinlegung des Hochofens I im Eisenhüttenkombinat Ost auf

nigen Worten Ihre schönsten Erlebnisse aus vergangenen 5 Jahren, in denen unsere Republik einige kräftige Schritte vorwärts ging"[59], an die Hörerinnen und Hörer heranzutragen. Gerhard Scheumann wurde das Privileg zugesprochen, die Runde mit seinen Erinnerungen zu eröffnen: „Ich werde nie den Tag vergessen, an dem wir in einem großen Autokonvoi Berlin verließen

[59] Deutsches Rundfunkarchiv, Babelsberg, ANR 2032278 (Wo einst die Kiefern standen vom 31.12.1955).

und über Frankfurt/O. nach Fürstenberg fuhren … Ich hatte damals das Glück dabei zu sein, als Min. Selbmann den Bauplan des größten und modernsten deutschen Hüttenwerkes erläuterte an einer Tafel, die sehr unscheinbar zwischen zwei noch völlig ahnungslosen Kiefern stand. Und ich habe noch deutlich die Axtschläge im Ohr, mit denen Min. Selbmann symbolisch damals die erste Kiefer fällte, und vor allem die ersten Geräusche, die den Beginn einer Ära der Technik in dieser verlassenen Gegend einleiteten."[60]

An dieser Stelle wird das Originaleinspielband vom 18. August 1950 abgefahren. Motorengeräusche sind zu hören und gegen sie ankämpfend die Stimme Gerhard Scheumanns: „Und nachdem die erste Kiefer in den Sand gefallen ist, geht die Arbeit sofort los. Ein Traktor wühlt sich durch die junge Schonung hindurch und hinter seiner Spur bleiben die Bäume entwurzelt zurück. So wird die Arbeit hier im Hüttenkombinat Ost begonnen."[61] Fünf Jahre danach wird aus solcher Prosa des Alltags geradezu eine Poesie der Verheißung: „Allmählich lichtete sich der Wald … Und dann war es soweit, daß sich ein Bild vor meinen Augen auftat, das sich für immer in meinem Gedächtnis eingeprägt hat. Es war geradezu ein fantastisches Bild, die Menschen dort arbeiten zu sehen … Damals, angesichts dieses Kampfes der Menschen mit der Natur, der mit List und mit Kühnheit geführt wurde, habe ich begriffen, welche herrlichen und großartigen romantischen Züge unser Leben trägt, die sich wirklich vergleichen lassen mit den Taten großer Entdecker und Seefahrer."[62] Aus dem romantischen Gefühl des Aufbruchs ins wunderbar Offene und Zukünftige wächst klassische Gewissheit schon bald: „Ruhig und sicher bauen wir dieses Werk an die Grenze, weil unser Nachbar unser Freund ist; denn der polnische Steinkohlenhäuer, dessen Arbeit mit dazu beiträgt, daß aus diesen Öfen hier Eisen fließen wird, weiß genau, daß daraus nicht mehr Waffen werden gegen

[60] Ebd.
[61] Ebd.
[62] Ebd.

ihn. Druck- und Webmaschinen werden zu ihm kommen, deren Leibe aus Eisen hier erschmolzen wurden. Heute noch steht hier strichweise dünner märkischer Kiefernwald, aber schon recken sich Hochspannungsmasten über ihn hinaus, um Strom an entlegene Plätze zu bringen."[63]

Gerhard Scheumann ist zum Zeitpunkt seiner Erzählung gerade fünfundzwanzig Jahre alt; mit neunzehn stand er im Wald noch als Reporterlehrling, aber schon vorausschauend, welcher Sprachgestus einer ganz auf Zukunft gerichteten Propaganda am ehesten den Bedürfnissen der neuen herrschenden Klasse entgegenkommen würde. Seine gerade erfolgte Berufung zum Redaktionsleiter „Kultur und Wissenschaft" verweist insofern ebenso auf eine beachtliche Lern- und Anpassungsfähigkeit wie auf den ausgeprägten Glauben an sich selbst und die gute Sache, der er immer treu ergeben an vorderster Front dienen wollte. Seine zwischenzeitliche Delegierung als Dozent an die Fachschule für Rundfunkwesen in Weimar 1953 blieb dagegen zweitrangig. Denn über mehr als zwei Jahre war er neben seinen Lehrverpflichtungen zeitgleich schon Anfang 1954 wieder als Korrespondent und ständiges Mitglied der Sonderredaktion zur Berichterstattung der in Berlin tagenden Vier-Mächte-Außenministerkonferenz berufen worden und zudem zu einem der wichtigsten Hauptkommentatoren des Deutschlandsenders aufgestiegen. Das erzwang eine kontinuierliche Anwesenheit am Sender, die nur unter größten organisatorischen Anstrengungen mit seiner Tätigkeit als Lehrbeauftragter in Weimar zu vereinbaren war. Vorrang hatten dabei zweifellos immer seine Verpflichtungen in Berlin, zu denen er sich endgültig bekannte, als er einem dringlichen Rückruf der Intendanz Folge leistete und schon nach zwei Jahren die ursprünglich als akademische Qualifikationsphase länger eingeplante Tätigkeit als Fachschul-Dozent beendete. 1953 noch schien eine solche Studiendelegierung geradezu ideal geeignet, die zuvor durch die Kriegs- und Nachkriegsumstände nicht zustande gekommene akademische Qua-

[63] Ebd.

lifikation zu ersetzen durch die Übernahme eines besonderen Lehrauftrags, selbst „junge Kräfte aus der Arbeiterklasse und der werktätigen Bauernschaft in einer Art Schnellverfahren für die Arbeit im Rundfunk vorzubereiten“[64].

1955 endet seine Weimarer Zeit. Kurz zuvor hatte es offensichtlich noch die Überlegung gegebenen, danach an die Leipziger Universität zu wechseln. So steht es jedenfalls in seinem späten Lebenslauf von 1989 etwas verklausuliert: „Einer vorgesehenen Berufung an die Karl-Marx-Universität (Fakultät für Journalistik) habe ich 1956 nicht Folge geleistet, weil die Alternative ‚Fachstudium‘ oder Studium von ‚Journalistik‘ damals von mir zugunsten des Fachstudiums beantwortet wurde.“[65] Anzunehmen ist, dass Gerhard Scheumann zu diesem Zeitpunkt, Mitte der Fünfzigerjahre, längst beruflich zu etabliert und auch zu selbstbewusst war, um sich noch einmal den Regularien eines einfachen Journalistik-Studiums zu unterziehen, zumal am sogenannten Roten Kloster, einer Kaderschmiede besonderer Art und von damals schon zweifelhaftem Ruf für Eingeweihte. Ob er dieses kritische Urteil aus Gründen theoretischer Distanz selbst schon so hätte formulieren können, ist allerdings eher zu bezweifeln. Dagegen sprechen seine eigenen Texte und Reportagen aus dieser Zeit. Die Formulierung „Berufung“ zudem ist zusätzlich irritierend: Man wird nicht zum Studium berufen, sondern immatrikuliert. Berufen werden Hochschullehrer, und es scheint ausgeschlossen, dass 1956 in der DDR – selbst bei vorstellbar kaderpolitischem Interesse – tatsächlich eine Berufung als Hochschullehrer möglich gewesen sein sollte für einen Fünfundzwanzigjährigen, der als Schulbildung allein das Abitur vorzuweisen hatte und an der Fakultät in Leipzig auf Kollegen wie Hermann Budszislawski oder Wieland Herzfelde gestoßen wäre. Im Übrigen bekam er nach eigenen Angaben auch erst 1956 seinen Berufsausweis als Journalist zuerkannt.

Später, 1991, erläutert Gerhard Scheumann seine damalige Situation in Weimar etwas genauer: „Die Fachschule wurde aufge-

64 Gerhard Scheumann: Lebenslauf, S. 2.
65 Ebd.

löst und ging in ihrer Zuständigkeit über an die damalige Fakultät für Journalistik der Karl-Marx-Universität in Leipzig. [...] Und da sollte ich hin und [...] das Institut für Rundfunkjournalistik aufbauen mit einem anderen Kollegen zusammen, der auch in Weimar Dozent war. [...] Ich habe dann damals die Berufung nach Leipzig abgelehnt, obwohl es ja natürlich etwas gewesen wäre. Ich hätte möglicherweise ein Staatsexamen zuerkannt bekommen nach einer gewissen Zeit, hätte Doktor oder was weiß ich werden können, aber ich habe an dieser Ausbildungsmethode gezweifelt. Bin heute noch der Meinung, daß derjenige, der z. B. Jura studiert, der bessere Gerichtsberichterstatter ist als derjenige, der Journalistik studiert hat. [...] Also das ist damals mein Konflikt gewesen und ich habe das dann abgelehnt [...] Und ich bin wieder zurück in die praktische Arbeit des Rundfunks."[66] Dort hatte er unter seinem Mentor Herbert Geßner schon während seiner Anfangsjahre in Berlin längere Zeit erfolgreich gearbeitet. Diese Erfahrung kam ihm zugute, als er Anfang 1956 das Angebot erhielt, dessen Redaktion Kulturpolitik beim Deutschlandsender zunächst kommissarisch zu übernehmen (Herbert Geßner hatte sich nach den Enthüllungen des XX. Parteitages der KPdSU im Alter von nur sechsunddreißig Jahren nach schweren Depressionen das Leben genommen): „Von Weimar nach Berlin zurückgekehrt, leitete ich dort zunächst die Redaktion Kulturpolitik am Deutschlandsender, baute dann aber bald eine Redaktion ‚Wissenschaft' auf, die sich mit Fragen der Philosophie, Ökonomie und Geschichte befaßte."[67]

Die damit verbundene Profilierung als Chef einer der als Hauptsäulen der Sendeanstalt bezeichneten großen Redaktionen war für die medienpolitisch-strategische Ausrichtung vor allem auf die geistig-kulturelle Auseinandersetzung mit Westdeutschland von großer Tragweite. Dass Gerhard Scheumann sich in diesen Jahren daneben als politischer Kommentator einen Namen machte und dadurch in der Öffentlichkeit als außergewöhnlich

[66] Gerhard Scheumann: Interview 1991, S. 60, 62.
[67] Gerhard Scheumann: Lebenslauf, S. 2.

gut vernetzter Journalist ebenso für die Presse[68] als auch das neu entstehende Massenmedium Fernsehen ein interessanter Ansprechpartner war, ist nur naheliegend: „Es war eine außerordentlich produktive Zeit", lautet deshalb folgerichtig das persönliche Resümee über diese Phase seines beruflichen Werdegangs. Ob als verantwortlicher Redakteur des „Arbeitsstabes Außenministerkonferenz" 1954 oder in seinen später regelmäßigen Auftritten als Kommentator nicht nur zu zentralen innen- und außenpolitischen Themen, sondern auch zu kulturellen Fragen, wie etwa während der Schiller-Ehrungen in Weimar 1955 oder anlässlich des Wiederaufbaus des Magdeburger Doms im gleichen Jahr – Gerhard Scheumanns Begrüßungsformel „Guten Abend, meine Hörer" war jedenfalls zu einem der unverwechselbaren Markenzeichen des Deutschlandsenders geworden. Darüber hinaus entstanden unter seiner redaktionellen Leitung auch Sendeformate wie das überaus populäre Solidaritätskonzert „Dem Frieden die Freiheit", das zwischen 1956 und 1988 jährlich vor Weihnachten an mehreren Abenden höchste Hörer-Einschaltquoten erzielte.

Der Gestus seiner Sprache hatte sich verändert im Laufe der Zeit, hin zu einem habituell sachlichen, gleichwohl genau kalkulierten Ton weltanschaulicher Überlegenheitsrhetorik. Selbst in Momenten schärfster ideologischer Kontroversen blieb diese Stimme zurückhaltend, niemals gerät Gerhard Scheumann in das Handgemenge gewöhnlich eifernder Polemik: eine Position demonstrativ ausgestellter Sprecher-Souveränität im machtgeschützten Raum des Staatsrundfunks.

Adressat waren vor allem seine Hörerinnen und Hörer in Westdeutschland, sie sollten sich in den von dieser besonderen Stimme ausgehenden Einschätzungen zur politischen Lage unmittelbar in ihren eigenen Lebensinteressen wiedererkennen.

[68] Vgl. etwa die regelmäßige journalistische Arbeit für die *Berliner Zeitung* unter der Rubrik „Jeden Dienstag an dieser Stelle" (1961/62) bzw. anschließend „Auf ein Wort"; weiterhin umfangreiche Hörerpost-Korrespondenzen im Deutschlandsender sowie zunehmende fernsehjournalistische Aktivitäten, z. B. „Gedanken um ein Bild".

So wurden der Wirklichkeit der kapitalistischen westdeutschen Bundesrepublik die Vorzüge des sozialistischen Aufbaus in der DDR-Gesellschaft diametral gegenübergestellt: Auf der einen Seite, der Seite des Sozialismus, herrsche der umfassende Kampf um den Erhalt des Friedens, auf der Seite der Reaktion rüste dagegen das Kapital zu einem neuen Krieg.

Als geradezu paradigmatisch für diese Art der Berichterstattung – und wenigstens darin ist sie der westlichen in ihrer Feindbild-Orientierung ähnlich – kann die Vorbereitung und journalistische Begleitung der vom 25. Januar bis zum 18. Februar 1954 in Berlin tagenden Außenministerkonferenz der vier Siegermächte gelten.

Wjatscheslaw Molotow für die Sowjetunion, John Foster Dulles (USA), Anthony Eden (Großbritannien) und Georges Bidault für Frankreich standen an der Spitze ihrer Delegationen. Als Sitzungsorte waren die sowjetische Botschaft in Ostberlin sowie das in Westberlin gelegene Gebäude des Alliierten Kontrollrates vorgesehen. Zum ersten Mal seit der Potsdamer Konferenz von Juli bis August 1945, also nach fast einem Jahrzehnt, trafen sich die Siegermächte auf der höchsten diplomatischen Ebene ihrer Außenminister, um über die Frage der weiteren Zukunft Deutschlands zu verhandeln. Die Konferenz endete ergebnislos: Die Westmächte votierten im Einvernehmen mit der Adenauer-Regierung für die weitere Integration der Bundesrepublik Deutschland in das westliche Bündnis. Als Vorbedingung möglicher Aufnahmeverhandlungen mit dem Ziel der Wiedervereinigung der beiden deutschen Staaten wurde die Forderung nach sofortiger Durchführung freier Wahlen in ganz Deutschland aufgestellt unter dem Vorbehalt, gleichzeitig und weiterhin den Alleinvertretungsanspruch der Bundesrepublik für Gesamtdeutschland zu behaupten und damit die staatliche Nichtanerkennung der DDR zu sanktionieren. Molotow dagegen schlug für die sowjetische Seite eine zwischen den ehemaligen Alliierten gemeinsam abzustimmende Friedensinitiative auf gesamteuropäischer Ebene vor und – bezogen auf Deutschland – die Herauslösung der beiden deutschen Staaten aus den sich gegenüber stehenden

Machtblöcken in Ost und West, weiterhin die Bildung einer provisorischen gesamtdeutschen Regierung und den Abzug aller Besatzungstruppen als Vorbedingung und Voraussetzung freier Wahlen mit dem Ziel eines danach erreichbaren Friedensvertrages. Die Positionen standen sich konträr gegenüber. Es waren Zeiten auf dem Höhepunkt des Kalten Krieges, die Verhandlungspartner blockierten einander gegenseitig. Jede Annäherung untereinander war damit praktisch von vornherein ausschlossen.

Dem Kalten Krieg der Politik entsprach der Kalte Krieg der Medien. In den Zeitungen und Rundfunkanstalten der DDR waren Sonderredaktionen einberufen worden, die schon lange vor der Eröffnung der Konferenz zu arbeiten begonnen hatten und während der Tagung dann täglich mehrmals und in ausführlichen Berichten und Kommentaren die Friedensinitiative der Sowjetunion ebenso einseitig feierten wie sie gegen die Vorbereitung der Pariser „Kriegsverträge" der Westmächte polemisierten. Gerhard Scheumann war in diesem Zusammenhang einer der wichtigsten Redakteure und zugleich prominentesten Sprecher des DDR-Rundfunks. Wie ein Korrespondent aus einem fernen, befreiten Land berichtend, wandte er sich über den Deutschlandsender an seine Landsleute im Westen in der Haltung einer scheinbar ungeteilten Interessenlage, als sei deren Staat eine von kriegslüsterner Politik bedrohte Heimat. Seine Hörer sollten die Wahrheit erfahren: und diese lag auf der Seite der Friedensordnung des Sozialismus, konkret in der DDR, als dem ersten wirklich freien sozialistischen Staat auf deutschem Boden. Aber sie sei gleichfalls auch auszumachen in den anwachsenden Streik- und Protestaktionen der um ihre Rechte kämpfenden Massen in Westdeutschland, die allerdings von den öffentlich rechtlichen Medien des Landes verschwiegen würden oder verleumdet. Umso wichtiger daher die Vertretung durch einen Sender, der die Interessen der Menschen in ganz Deutschland verbreiten und unmittelbar vor Ort das Geschehen verfolgen würde.

Am Abend des 27. Januar 1954, dem dritten Tag der Außenministerkonferenz, heißt es in der Anmoderation von Gerhard Scheumann, zunächst fast im Stil eines die Fortsetzung des

Spiels nach der Halbzeitpause kommentierenden Sportreporters: „Die Konferenz geht weiter – und während die demokratische Öffentlichkeit mit Befriedigung die schnelle Annahme der Tagesordnung zur Kenntnis nimmt, schickt Adenauer acht seiner Bundestagsabgeordneten nach Paris, die für die schnellere Konstituierung der ‚Europäischen Verteidigungsgemeinschaft' Sorge tragen sollen; und während er sich um dieses von aller Welt als aggressiv erkannte Militärbündnis müht, stellt er sich mit der Miene des Biedermannes vor den Vertreter der amerikanischen Zeitung ‚World' hin und erklärt auf dessen Befragen, ob er je für die Wiedereroberung der deutschen Ostgebiete eingetreten sei, wörtlich: ‚Das habe ich nie getan und werde es nie tun.' Man muß den Kanzler Bonns hier erneut der Lüge überführen."[69]

Um Aufklärung der wirklichen Verhältnisse und nicht lediglich die Phrase ihres Scheins ginge es also. Zitiert und eingespielt werden dazu aktuelle Stimmen westdeutscher Bürger aus Braunschweig, Bremen, Frankfurt und dem Ruhrgebiet, die sich mutig für die Verbesserung ihrer Lebensverhältnisse einsetzten, gegen die Revanche-Politik der Bonner Politik auf die Straße gingen und der Feststellung Molotows auf der Konferenz ihre Zustimmung gaben, nach der „die Mehrheit der Deutschen … gegen *die* Deutschen [sei], die keinen festen Frieden wollen, sondern Revancheabsichten hegen"[70], so der Kommentar. Zusammenfassend heißt es schließlich: „[W]ie sich die Jugend gegen die Rekrutierung wehrt, so wehren sich die westdeutschen Arbeiter gegen die Bürde der Aufrüstung, gegen die materiellen Lasten, die ihnen die Kriegspolitiker auferlegen … Daß sich die westdeutschen Kumpel auch über die Ursachen dieser Belastungen im klaren sind, beweisen Beschlüsse und Briefe an die Außenministerkonferenz, in denen sie sich gegen die Rekrutierungspläne Adenauers, für einen Friedensvertrag mit

[69] Deutsches Rundfunkarchiv, Babelsberg, Schriftgutbestand Hörfunk: B095-00-12/0003 TSig. 04 (Gesehen – gehört – gefunkt vom 27.1.1954).
[70] Ebd.

Deutschland und für die Minderung der internationalen Spannungen aussprechen, wie die Kumpel vom Schacht ‚Rosenblumendelle', die Bauarbeiter von Mühlheim-Dümpten und Eisenwerker aus Mühlheim-Meiderich."[71]

Es folgt eine Musikeinspielung und unmittelbar danach ein politischer Ausblick, der auf die vorhandene gesellschaftliche Alternative verweist: „‚Die Lebenslage der Kumpel in der Deutschen Demokratischen Republik ist heute weit besser als die der Ruhrarbeiter.' Dies, meine Hörer, ist die einhellige Feststellung der Menschen, die in den letzten Wochen Gelegenheit hatten, sich mit eigenen Augen davon zu überzeugen. Delegationen westdeutscher Arbeiter, Kumpel aus der Eisen- und Stahlindustrie Nordrhein-Westfalens und aus den Schachtanlagen an der Ruhr sind zu Gast bei den Arbeitern unserer volkseigenen Betriebe. Aufschlussreich, anspornend und sehr lehrreich für beide Gesprächspartner sind die Unterhaltungen, die bei diesen Besuchen geführt werden, denn sie zeigen unseren westdeutschen Gästen, was es heißt: Der Betrieb, der Staat ist unser – und sie führen den Arbeitern unserer Republik erneut vor Augen, was sie selbst aus eigener Kraft seit 1945 erreicht haben, was sie zu erhalten, zu verteidigen und weiter auszubauen haben."[72]

Es ist der Ton einer geradezu beschworenen Vorbildmission der DDR, repräsentativ für Gesamtdeutschland, der im Fortgang der Berichterstattung und bei sich abzeichnender Ergebnislosigkeit der Konferenz immer stärker ins Zentrum der Berichterstattung rückt. Dargelegt an der vermeintlich immer deutlicher ihre ökonomische Überlegenheit beweisenden sozialistischen Volkswirtschaft, werden Umfragen unter Bürgern der DDR wie auch Westberlins genutzt, um die alternative Frage „Kriegsverträge oder Friedensvertrag", wie sie der sowjetische Außenminister Molotow zur Abstimmung gestellt hatte, in unmittelbarer Verbindung zu den Beschlüssen des Staatsplanes 1954 hervorzuheben: „Die Kriegsverträge von Bonn und Paris

71 Ebd.
72 Ebd.

lassen Deutschland keine freie Wahl – je weiter die Verhandlungen der Konferenz schreiten, desto deutlicher wird diese Erkenntnis“, formuliert Gerhard Scheumann eine Woche danach, am 4. Februar in einem ersten kritischen Zwischenresümee zur Konferenz, um dann fortzufahren: „Aus ihrem tiefen Verantwortungsgefühl für das Schicksal der deutschen Nation heraus trat gestern die Volksvertretung der Deutschen Demokratischen Republik zusammen, um zu den bisherigen Ergebnissen der Konferenz Stellung zu nehmen und den deutschen Standpunkt in der deutschen Sache darzulegen. In der Entschließung aller Fraktionen zur Deutschlandfrage heißt es: ‚Erst wenn auch der westliche Teil Deutschlands nicht durch Kriegspakte gefesselt ist, wenn in ihm die Machtpositionen der Militaristen beseitigt sind und so ganz Deutschland wahrhaft frei ist, dann ist auch die Bahn für wirklich freie Wahlen in ganz Deutschland frei.‘ Und aus dieser Erkenntnis heraus schlägt auch die Volkskammer der Deutschen Demokratischen Republik vor, die Deutschen durch eine Volksabstimmung selbst über ihr Schicksal entscheiden zu lassen. Die Volkskammer kam zu diesem Entschluß in Fortsetzung einer Sitzung, in der sie über den Staatshaushaltsplan 1954 beraten und ebenfalls beschlossen hatte. Ein Haushaltsplan, aus dem hervorgeht, daß in diesem Jahr erneut größere Mittel als in der Vergangenheit zum Wohle der Bevölkerung der Republik verwendet werden. Der Haushaltsplan ist ein Beweis dafür, was friedliche Politik zum Nutzen des Volkes zu schaffen vermag – und wir dürfen die Schlußfolgerung ziehen, daß eine Volksabstimmung über Friedensvertrag oder Kriegsverträge gleichzeitig eine Volksabstimmung über Wohlstand oder Armut ist.

Von freien, zufriedenen Menschen wollen wir zum Abschluß unserer heutigen Sendung berichten. Unsere Reporter Erich Selbmann und Klaus-Dieter Kröber besuchten das Land an der Oder – und was sie dort hörten und sahen, ist der besonderen Aufmerksamkeit unserer Hörer ~~der in Baracken und Nissenhütten lebenden Umsiedler~~ in Westdeutschland wert.“[73]

[73] Ebd. Die Streichung wurde von Scheumann selbst vergenommen.

Zum Zeitpunkt dieser Sendung am 4. Februar 1954 war noch nicht einmal ein Jahr vergangen, seit es am 17. Juni 1953 in der DDR zu Unruhen gekommen war, die von den Bauarbeitern der Berliner Stalinallee und ihrer Forderung nach sofortiger Zurücknahme der zuvor staatlich verordneten Normerhöhungen ausgingen, sich danach aber zu einem landesweiten Streik gegen die Regierung und den Aufruf zu ihrem Sturz ausweiteten. Nur durch den Einsatz sowjetischer Panzer konnte der Aufstand niedergeschlagen werden.

Hinzu kam, dass im gleichen Jahr 331 000 Bürger aus der DDR in die Bundesrepublik geflohen waren. 1952 waren es 182 000 Flüchtlinge, die über die offene deutsch-deutsche Grenze und Westberlin das Land verlassen hatten. Mit der ersten Phase der Kollektivierung der Landwirtschaft Anfang der Fünfzigerjahre, der gleichzeitig weiter vorangetriebenen Enteignung und Umwandlung noch privat geführter Betriebe zumeist der verarbeitenden Industrie und des Handels in Volkseigene Betriebe, hatte sich die Versorgungslage der Bevölkerung nicht verbessert, sondern deutlich verschlechtert. Die hohen Reparationszahlungen an die Sowjetunion kamen hinzu. Gleichzeitig war die DDR durch westliche Medien einer ständigen politischen Propaganda ausgesetzt, die von vornherein auf Nichtanerkennung des zweiten deutschen Staates ausgerichtet war und mit allen Mitteln, vor allem ökonomisch, aber in besonderer Weise auch über die Medien wie dem Rundfunk und später dem Fernsehen, die „Sowjetzone" zu destabilisieren suchte.

Westliche Sender strahlten mit ihren Frequenzen nicht nur weit in die DDR hinein, sondern sie verstanden es auch, mit attraktiven Programmen große Teile der DDR-Bevölkerung fest an sich zu binden. Gegenüber einem vor allem auf Erziehung zu Klassenbewusstsein und Feindbild-Aufklärung ausgerichteten Programm des DDR-Rundfunks waren die Hörfunkprogramme der Bundesrepublik weit mehr auf ein breites Unterhaltungsangebot bei zugleich eingängiger politischer Identifikationsmöglichkeit mit dem westlichen Wertesystem ausgerichtet. Welchen Einfluss diese Sendestrategien hatten, zeigte sich besonders um den 17. Juni in seiner ganzen Wirkung, nachdem vor allem über den RIAS (Rundfunk im amerikanischen Sektor) und andere Stationen nicht nur in Ostberlin, sondern in weiten Teilen der DDR die Streikbewegungen nachhaltig logistisch unterstützt und durch politische Aufrufe entscheidend mobilisiert worden waren. Gegenüber allen diesen Herausforderungen hatte die Staatsmacht der DDR einschließlich der in ihrem Dienst stehenden Massenmedien keine auch nur im Ansatz hinreichende Antwort. In geradezu erschreckender Weise hatte sich dabei der Rundfunk als unfähig erwiesen, seinen Aufgaben gerecht zu werden.

An dieses Versagen erinnerte unmittelbar nach dem 17. Juni als einzige staatliche Institution der DDR in einer Erklärung die Akademie der Künste in Berlin, vertreten durch deren Präsidium und führende Akademiemitglieder. In der Präambel versicherten die Verfasser, ihr Anliegen sei ausdrücklich begründet aus „dem Bestreben, die Regierung der Deutschen Demokratischen Republik bei ihrer Aufgabe zu unterstützen, die nationale Einheit Deutschlands herzustellen und den Frieden zu sichern“[74]. Tatsächlich aber lief das Schreiben, in der Form einer Solidaritätsadresse verfasst, auf nichts weniger als eine Grundsatzkritik an der bisherigen Politik der SED in ihrer Gesamtheit hinaus. Diese Politik habe selbst entscheidend zu den Ereignissen des 17. Juni beigetragen, auf dem Gebiet der Kulturpolitik kulminierend in der Inkompetenz, einer administrativ anmaßenden und ständigen Einmischung der Funktionäre in die Kunstprozesse und deren interne Auseinandersetzungen – bei zugleich nicht überbietbarer politischer Verantwortungslosigkeit im Moment einer wirklichen Krisensituation der sozialistischen Gesellschaft. Beispielhaft dafür sei das Verhalten der Funktionsträger des DDR-Rundfunks gerade im Zusammenhang des 17. Juni zu kritisieren: „Der Rundfunk hat als ein entscheidendes Instrument der

[74] Erklärung der Akademie der Künste der DDR, Juni 1953, zitiert nach Werner Hecht: Die Mühen der Ebenen. Brecht und die DDR, Frankfurt a. M. 2014, S. 203.

öffentlichen Meinungsbildung versagt. Er hat die Information und Beeinflussung der Bevölkerung den irreführenden gegnerischen Sendern überlassen. Nur eine grundlegende Reorganisation – auch auf künstlerischem Gebiet – kann den Rundfunk in die Lage versetzen, das Interesse und das Vertrauen der Hörer wiederzugewinnen und den Einfluss der gegnerischen Sender zurückzudrängen."[75]

Diese Erklärung der Akademie, insbesondere die Kritik an der Medienpolitik der DDR, ging entscheidend auf Initiativen Bertolt Brechts zurück, der im Vorfeld der Diskussionen in der Akademie immer wieder gerade die starke Beeinflussung der Massen durch westliche Medien hervorgehoben hatte und für den Rundfunk der DDR daraus einen vernichtenden Schluss zog: „Die Dummköpfe beim Rundfunk können das nicht, die müssen weg."[76] Nach dem Erschrecken des 17. Juni und in der Hoffnung auf die nun folgende und notwendige „große Aussprache", von der Brecht träumte, verband sich seine eigene Kritik wie die aller führenden Kunstschaffenden des Landes um einen „Neuen Kurs" unmittelbar mit dem Engagement, sich für einen solchen Kurs zugleich ausdrücklich in Dienst nehmen zu lassen.

Es war nur ein kurzer Traum. Eine wirkliche Aussprache fand nicht statt. Selbst die Erklärung der Akademie gelangte erst nach mehrmaliger Intervention des Präsidiums in der vorgeschlagenen Fassung an die Öffentlichkeit. Besonders jener Abschnitt zum Versagen des Rundfunks war von der SED-Führung entschieden zurückgewiesen worden, woraufhin Brecht, Walter Felsenstein u.a. mit dem Austritt aus der Akademie drohten – und damit ein Umschwenken der Führung erreichten. Wie sich bald zeigte, war es allerdings nur ein taktisches Manöver. Die SED-Führung unter Walter Ulbricht überlebte politisch die Erschütterungen des 17. Juni 1953 durch die „brüderliche Hilfe der sowjetischen Freunde". Sie wich danach zurück vor den von ihr selbst unter dem Eindruck der Krise zuvor angekündigten

75 Ebd., S. 204.
76 Ebd., S. 200.

Reformen. So blieb alles beim Alten, auch im Rundfunk und seinen als Klassenauftrag verinnerlichten politischen Sprachregelungen. Dass auf diese Weise ein ursprünglich programmatischer Anspruch, mit dem Programm des Deutschlandsenders zum Beispiel gezielt in die Bundesrepublik hineinwirken zu wollen, sich immer mehr als ein bloß noch illusorisches Unterfangen erwies, war insofern nur folgerichtig und im Übrigen noch eine der eher geringeren Konsequenzen.

Aufstrebende junge Journalisten wie Gerhard Scheumann scheiterten allerdings weniger an diesen äußeren Rahmenbedingungen, im Gegenteil. Als noch nicht selbst in leitender Verantwortung stehende Kader erlebten sie vielmehr oft äußerst beschleunigte Aufstiegsmöglichkeiten. Damit wurden sie allerdings selbst sehr schnell in die inneren Zwänge der Institutionen verwickelt und unterwarfen sich in der Regel ebenso unkritisch wie ihre Vorgänger den Bedingungen eines dogmatischen Begriffs ideologisch reglementierter Öffentlichkeit im Umgang mit den eigenen Verhältnissen. Insofern war die Form der Berichterstattung über die Berliner Außenministerkonferenz wenige Monate nach einer für die DDR bis an die Existenz gehenden Krisenlage nur ein herausgegriffener Fall immer wiederkehrender, kontinuierlicher Fehlleistungen einer politisch abgehobenen, sich selbst täuschenden Propaganda.

Gerhard Scheumann spricht in dieser Zeit voller Einverständnis aus der Mitte dieser Machtverhältnisse. Er ist erfolgreich und macht Karriere. Seine zeitweilige Delegierung als Dozent nach Weimar kommt ihm dabei noch entgegen. Er muss sich nicht im Handgemenge der internen Parteiauseinandersetzungen im Sender „bewähren", so die offizielle Sprachreglung. Seine Abwesenheit schützt ihn. Als er zurückkommt, sind die Perspektiven klar. Er erweitert die ihm zunächst kommissarisch übertragene Kulturredaktion des Deutschlandsenders um das Themengebiet Wissenschaft und kann sich damit gezielt Fragen der Philosophie, Ökonomie und Geschichte zuwenden – eines von der Parteiführung seit der Mitte der Fünfzigerjahre verstärkt ins Zentrum ihrer Politik gerückten Anspruchs, ihren eingeschlagenen

Weges zum Sozialismus in der DDR vertieft theoretisch zu begründen. Die damit einhergehende, ausdrückliche Hervorhebung wissenschaftlicher Erkenntnisfunktion als entscheidendes Wahrheitskriterium bei der historischen Bestimmung aller sozialen Bewegungen – im Besonderen bezogen auf die sich daraus ableitende Frage der Konfliktgestaltung in Literatur und Kunst – gewinnt in den nachfolgenden ideologischen Auseinandersetzungen eine Dimension geradezu unantastbarer Autorität und begründet zudem neue Maßstäbe des administrativen Eingriffs in die Kunstprozesse selbst.

Die von Gerhard Scheumann unter diesem Vorzeichen redaktionell betreuten Themen sind durchgehend von einer Argumentationshaltung „im Besitz der Wahrheit" (Heiner Müller) aufbereitete populärwissenschaftliche Agitationshilfen politischer Propaganda. Auch seine ersten in dieser Zeit veröffentlichten publizistischen Versuche sind auf vergleichbarer Ebene parteipolitisch abgesichert, setzen andererseits aber auch in ihren Fragestellungen für die DDR nicht selten eigenständige Akzente. Oft geht es dabei um vermeintlich zufällig herausgegriffene Einzelfälle sozialer Erfahrungen, an und aus denen heraus Scheumann den Versuch unternimmt, auf allgemeinere theoretische Erkenntnisse zu schließen. Hier wird früh schon ein publizistisches Format sichtbar, das die gesamte spätere Karriere von Gerhard Scheumann prägen sollte. Wie kaum ein anderer vermochte er es, in den ideologischen Debatten souverän mitzureden und oft sogar zu parlieren in den verbindlich vorgegebenen Sprachregelungen streng marxistischer Terminologie, die von ihm selbst angeeignet oder manchmal auch nur geborgt waren. Zusammen mit dem humanistischen Bildungshintergrund und seiner Begabung zu außerordentlicher sprachlicher Kompetenz, bildete sich ein ganz eigener Stil der öffentlichen Sprecherrolle Gerhard Scheumanns heraus. Dennoch reichte diese Begabung in den ab Mitte der Fünfzigerjahre sich weiter zuspitzenden ideologischen Kämpfen (nach außen wie nach innen) für eine Karriereplanung ganz an die Spitze des Senders offenbar nicht (oder noch nicht) aus. Denn die Intendanz und Chefredaktion am Sender besetzten in diesen für Gerhard Scheumann entscheidenden Jahren andere: Heinz Geggel war 1956 zum Intendanten berufen worden, ihm folgte zwischen 1960 und 1967 Kurt Ehrich; Chefredakteur von 1962 bis 1965 war Georg Grasnick; die Position des prominenten Chefkommentators nahm zwischen 1953 und 1958 Karl-Eduard von Schnitzler ein, dem danach bis 1962 in dieser Funktion Gerhard Dengler folgte. Die alte Führungsetage des Senders blieb also besetzt und hatte die Krise des Jahres 1953 weitgehend unbeschadet überstanden. Kurt Heiß, zum ersten Vorsitzenden des Rundfunkrates der DDR aufgestiegener ehemaliger Intendant des Deutschlandsenders, kann für diese Art einer „eigenen" Kontinuität innerhalb des Apparates und seines gleichzeitigen Versagens geradezu als beispielhaft gelten: Denn namentlich Heiß war von Brecht als verantwortlicher Leiter des DDR-Rundfunks im Zusammenhang der Ereignisse des 17. Juni heftig kritisiert worden – und hatte schon damals alle persönliche Verantwortung erfolgreich von sich gewiesen.

Zwei die internen Verhältnisse der DDR weit übersteigende, sie dennoch aber unmittelbar tangierende Entwicklungen sollten später maßgeblich werden für Gerhard Scheumanns letztlich vollzogenen Abschied vom Rundfunk. Im Mai 1955, auf der vom 11. bis 14. Mai 1955 in Warschau tagenden „Zweiten Konferenz europäischer Staaten zur Gewährleistung des Friedens und der Sicherheit", war der Vertrag über die Gründung einer gemeinsamen Militärdoktrin der „Warschauer Pakt-Staaten" als strategisches Gegengewicht zu der schon 1949 gegründeten NATO unterzeichnet worden; die DDR war im Rahmen dieser Konferenz zum Vollmitglied des Bündnisses erklärt worden und vollzog damit im Abstand nur weniger Tage nach, was mit der Aufnahme der Bundesrepublik in die NATO am 9. Mai 1955 – ebenfalls als Vollmitglied –vorausgegangen war. Es war die Besiegelung der deutschen Teilung und schien politisch endgültig die Fronten geklärt zu haben zwischen den beiden deutschen Teilstaaten als nunmehr voll integrierte Mitglieder der sich feindlich gegenüberstehenden Machtblöcke im Kalten Krieg. Alle nachfolgenden Forderungen nach ihrer Wiedervereinigung, ob im

Rahmen einer Konföderation, wie die DDR sie noch längere Zeit vorschlug, oder als selbstbestimmte „Einheit in Freiheit", wie sie die Politik der Bundesrepublik im Ergebnis der von ihr geforderten freien Wahlen zur Bedingung erklärte, hatten keine Grundlage mehr. Für jemanden, der wie Gerhard Scheumann nach 1945 sein gesamtes politisches Engagement immer mit der Vorstellung Deutschlands als unteilbare nationale Einheit verbunden hatte, bedeutete das Ende dieser Hoffnung eine geradezu fatale Desillusionierung bisher persönlichster Überzeugungen, die in ihren Konsequenzen nicht zuletzt auch seine Tätigkeit an einem Sender mitbetrafen, der offiziell nach wie vor (auch nach 1955) noch immer auf solche gesamtdeutschen Perspektiven zu setzen vorgab. Das zweite, von noch weit größerer strategischer Bedeutung für die kommunistische Weltbewegung und damit folgenreichere Ereignis (auch im politischen Denken Gerhard Scheumanns selbst), verband sich mit dem vom 14. bis 25. Februar 1956 in Moskau tagenden XX. Parteitag der KPdSU. Nikita Chruschtschow hatte dort in einer Geheimrede die Deformationen der sowjetischen Gesellschaft angesichts des Personenkultes um Stalin, vor allem aber dessen Verbrechen im Namen des Sozialismus unter Anklage gestellt und damit eine ungeheure politische Verunsicherung und Krise unter allen Bündnispartnern der Sowjetunion und den Kommunistischen Parteien weltweit ausgelöst. In den sogenannten Volksrepubliken Polen und Ungarn kam es unmittelbar darauffolgend zu offenen Protesten gegen die kommunistischen Führungen beider Länder, die in Ungarn zu einem Volksaufstand und schließlich dem gewaltsamen Eingriff sowjetischer Panzer führten, in deren Ergebnis noch zwei Jahre später, 1958, der gewählte Ministerpräsident Imre Nagy hingerichtet worden war.

In der DDR dagegen gelang es der SED-Führung unter Walter Ulbricht durch rigorose Säuberungen innerhalb der Partei und drastische Strafandrohungen, aber auch Verurteilungen von einzelnen oppositionellen SED-Funktionären wie Wolfgang Harich, Walter Janka, Gustav Just, Heinz Zöger, Erich Loest und anderen, die aufkommenden Unruhen zunächst zu unterdrücken, um dann 1958 mit der demonstrativen Entmachtung der Politbüromitglieder Karl Schirdewan, Ernst Wollweber und Fred Oelßner letztlich den eigenen Führungsanspruch nicht nur weiter zu sichern, sondern sogar zu stärken. Für das allgemeine politische Klima, in besonders drastischem Maße widergespiegelt in den Orientierungen der Massenmedien, hatte diese Entwicklung verheerende Folgen.

Gerhard Wolf, in dieser Zeit ebenso wie Gerhard Scheumann als Redakteur beim Deutschlandsender tätig, erinnert sich in seinen gemeinsam mit Christa Wolf geführten Gesprächen mit ihrer Enkeltochter Jana Simon noch Jahrzehnte später an jene unsägliche Arbeitsatmosphäre, die besonders nach dem Ungarn-Aufstand 1956 am Sender herrschte und zu einem Klima völliger Perspektivlosigkeit und gegenseitiger Verdächtigungen beitrug: „Die Leute dort gefielen mir nicht, ich führte nur noch Rückzugsgefechte. Ich war Leiter der Kulturpolitik, das war ein ganz schöner Posten. Ich hätte die Karriereleiter weiter nach oben klettern können. Aber das war nichts für mich, also habe ich gekündigt."[77]

Einen ebensolchen Schritt für sich selbst nur in Betracht zu ziehen oder mindestens zu erwägen, lag zu diesem Zeitpunkt bei Gerhard Scheumann noch völlig außerhalb seiner politischen Grundüberzeugung und Veranlagung. Möglicherweise auch verstärkt durch das Gefühl einer persönlichen Verpflichtung seinem journalistischen Mentor Herbert Geßner gegenüber, der genau an dieser Krise menschlich zerbrochen war und dessen Stelle er als Redaktionsleiter gerade erst übernommen hatte. Andererseits war längerfristig der eigene Abschied vom Sender ebenfalls angedacht. Rückblickend auf diese Zeit wird er später zu Protokoll geben: „Wenn ich das heute alles überschaue, so begann ich in der Presse (ich habe auch in der Zeit meiner Rundfunkmitarbeit für die Presse geschrieben), habe dann 12 Jahre im Rundfunk gearbeitet, und es reizte mich, die dritte und vielleicht wichtigste

[77] Jana Simon: Sei dennoch unverzagt. Gespräche mit meinen Großeltern Christa und Gerhard Wolf, Berlin 2013, S. 49.

Komponente, die mit der journalistischen Arbeit betrieben werden kann, das bewegte Bild, mit in diese Arbeit einzubeziehen. Ich habe deshalb gerne ‚ja' gesagt, als mir 1962 angeboten wurde, hier herzukommen."[78]

Gerhard Scheumann im Harz, 1960

[78] Gerhard Scheumann: Das Porträt, Fernsehdienst vom 13.1.1963.

Ankunft in Adlershof oder Der kurze Sommer der Anarchie: das PRISMA-Experiment

‚Hier herzukommen' bedeutete die endgültige Entscheidung für das neue Medium Fernsehen. Zweifellos stand dabei immer auch ein taktisches, von den wirklichen Gründen ablenkendes Motiv im Hintergrund. Denn Gerhard Scheumanns Bindung an den Rundfunk war über ein Jahrzehnt lang ideologisch immer fest verankert gewesen, ohne Abstriche; er hatte seine gesamte Karriere auf diese Übereinstimmung gegründet, und wer wie er noch 1962 die offizielle Grußadresse an den damaligen Vorsitzenden des Staatlichen Komitees für Rundfunk in der DDR, seinen Förderer Gerhart Eisler anlässlich dessen 65. Geburtstages verfasst hatte (bzw. dazu bestellt wurde), war kein opponierender Außenseiter.

Andererseits hatte sich das Fernsehen seit den späten Fünfzigerjahren auch in der DDR zu einem immer wichtiger werdenden Massenmedium entwickelt und war damit innerhalb des Propagandasystems der SED zu einer neuen Herausforderung (nicht zuletzt für den Rundfunk selbst), aber gleichzeitig auch zur großen Chance der Erweiterung einer sozialistischen Öffentlichkeit geworden. Man suchte und warb deshalb dringend Leute, gerade auch aus dem Bereich des Rundfunks, die diese Herausforderung anzunehmen bereit und fähig waren. Gerhard Scheumann gehörte dazu. Schon seit Ende der Fünfzigerjahre hatte er als freier Mitarbeiter erste Fernseherfahrungen machen können, u.a. in der wöchentlich ausgestrahlten Sendereihe *Gedanken um ein Bild*. Die überraschendste Erfahrung dabei war für ihn die Entdeckung eines zuvor so noch nie erlebten neuen publizistischen Freiraumes, der von der gängigen Praxis sich ständig zu erwehrender ideologischer Eingriffe deutlich abhob, mit denen die Arbeit beim Rundfunk immer belastet gewesen war. Daraus abgeleitet ergab sich die auch später von ihm selbst sogar theoretisch reflektierte Frage,[79]

[79] Vgl. Gerhard Scheumann u.a. Das Fernsehen – die Chance des Dokumentarfilms, in: Filmwissenschaftliche Beiträge (FWB) 1962/63, S. 444–466; Ideal,

ob und wie weit nicht das Medium selbst – durch die Autorität seiner Bilder in Verbindung mit dem gesprochenen Wort – einen solchen Grad von Objektivität erlangen würde, dass ihm mit einer allein ideologisch argumentierenden Kritik im alten Stil nicht mehr beizukommen wäre, so wie das in den Print-Medien oder im Rundfunk noch immer gelang. Hieraus, und das war die Hoffnung, sollten die Chancen auf eine weitere Öffnung – hin zu einer „wirklich" demokratischen sozialistischen Informationspolitik – entscheidende Impulse erhalten, Energien, die ihr aus der ästhetischen Eigenart des neuen Mediums selbst zuwachsen würden. Es war ein folgenreicher Gedanke, der den neuerlichen Aufbruch in die Illusion allerdings schon in sich trug, als er ausgesprochen war – wie sich bald schon zeigen sollte.

Mit der 1962 erfolgten Gründung der Redaktion Reportage und Dokumentation schien für Gerhard Scheumann zunächst jedoch erst einmal der institutionelle Rahmen gegeben zu sein, seinem erfolgreichen Übertritt zum Fernsehen der DDR (er war einer von vier Redaktionsleitern) eine administrative Grundlage zu sichern und damit gleichzeitig ein für ihn persönlich höchst interessantes Experimentierfeld zur Erprobung neuer journalistischer Formen einzuleiten. Der erkennbare Bedeutungszuwachs, den die bald schon in eine Chefredaktion umgewidmete und der Hauptabteilung Politik des Deutschen Fernsehfunks direkt unterstellte Organisationsform erfuhr, stand allerdings im Kontext mit Vorgängen, die weit über eine lediglich interne Beschlusslage hinausreichten.

Der V. Parteitag der SED hatte 1958 programmatisch das Ende der „Übergangsperiode" der DDR verkündet. Der historische Weg von einer „antifaschistisch-demokratischen Ordnung" hin zu einer „Entwickelten Sozialistischen Gesellschaft" sei damit offen und wurde 1963 auf dem VI. Parteitag der SED darüber hinaus als „relativ selbständige Formation" sogar noch weiter theoretisch zu begründen versucht. Die DDR sah sich

Wirklichkeit und „Heiße Eisen", in: Film Nr. 2/1963, S. 540–546 sowie Noch einmal: Cinéma-vérité, in: FWB 1964/63, S. 610–621.

damit in einem geschichtlichen Stadium ihrer Entwicklung angekommen, in dem sie sich überzeugt gab, ihre ökonomischen und politischen Erfolge, die sozialen „Errungenschaften" der Werktätigen im Systemvergleich mit dem Westen, besonders der Bundesrepublik, offensiv präsentieren zu können. Der ideologische Slogan jener Jahre, der dieses Bewusstsein abbildete, lautete „Überholen ohne einzuholen" und war weit mehr als nur ein Ulbricht'scher Versprecher. Nach dem Bau der Mauer, der sogenannten endgültigen Störfreimachung der DDR von der BRD, waren Sendeformate entstanden, die diese Qualität eines eigenen gesellschaftlichen Weges und Wertebewusstseins neu zu vermitteln suchten. Der Anspruch auf publizistisch versachlichte, kritische Informationen, die sich souverän auf dokumentarisches Material gründeten, entwickelte bald schon eine Eigendynamik, die gegenüber der herrschenden Ideologie oft genug nur noch als politische Provokation wahrgenommen werden konnte.

Es bleibt das historische Verdienst Gerhard Scheumanns, mit der ersten von ihm gegründeten und am Anfang auch moderierten politischen Magazinsendung des DDR-Fernsehens, dem 1963 gestarteten Magazin PRISMA, als ein solcher Provokateur Fernsehgeschichte geschrieben zu haben. Dabei waren für ihn die aus dem Westen in die DDR hinüberreichenden und natürlich massenhaft wahrgenommenen ARD-Magazine Panorama oder Report nach den Maßstäben ihrer journalistischen Professionalität nicht nur ideologisch konkurrierende, sondern gleichzeitig und äußerst wichtige (wenn auch offiziell so nicht benennbare) Vorbilder: „Panorama und Report waren zwei Sendungen, die mich faszinierten. Ich habe also Abend für Abend vor dem Bildschirm gesessen, wenn diese Reihen liefen, und habe mit der Stoppuhr in der Hand das Verhältnis von Moderation im Studio und gefilmtem Beitrag usw. untersucht, geprüft, inwieweit der Beitrag selbst zu einer Erklärung hinführte, oder erst die Moderation die Pointe setzte, also ich habe diese Sendungen buchstäblich für mich analysiert und bin dann also mit dem Vorschlag im Fernsehen aufgetreten, eine

Reihe zu gründen, die hieß damals schon und heißt heute noch Prisma."[80]

Sein erster Auftritt war – im Vergleich zu jedem anderen in der DDR zuvor oder danach in ähnlicher Weise versuchten Sendeformat – beeindruckend. Da saß ein Moderator, der in seinem Habitus, in seiner Sprache und der gesamten Medienpräsenz seiner Person herausfiel aus allem bis dahin im Ost-Fernsehen Gewohnten. Der Wunsch nach kritischer Öffentlichkeit, auch auf die DDR-Verhältnisse selbst gerichtet, schien plötzlich einlösbar. Hier wurden tatsächlich die eigenen Verhältnisse unter die Lupe genommen. Ausdrücklich waren es innenpolitische und speziell wirtschaftliche Themen, die im Zentrum der Aufmerksamkeit von PRISMA standen: „Probleme – Projekte – Personen" sollten dabei kritisch hinterfragt werden, so lautete die mutige Ankündigung, „heiße Eisen" eingeschlossen.

Für einen heutigen Zuschauer sind das alles kaum wahrnehmbare Nebensächlichkeiten. Im Zeithorizont der DDR-Verhältnisse Anfang der Sechzigerjahre waren es allerdings Zeichen mit großer Signalwirkung. So ließen schon die ersten Takte Musik im Vorspann der Sendung aufhorchen. Es handelte sich um ein Arrangement mit Percussions-Dominanzen in der Tradition des Modern-Jazz, ein leise gespieltes Motiv, als Erkennungszeichen einer politischen Sendung ganz und gar ungewöhnlich zu einer Zeit, in der weit eher kämpferische und laute Töne vorherrschend waren. Jazz in der DDR war in seiner Nischen-Existenz dagegen seit jeher argwöhnisch betrachtet worden und galt selbst in den Sechzigerjahren noch immer verbreitet als Ausdruck amerikanischer Unkultur. Die bekannteste Ost-Berliner Jazz-Formation in dieser Zeit zum Beispiel musste ihren ursprünglichen Bandnamen korrigieren und nannte sich fortan „Jazz-Optimisten" im verdeckt ironischen Verweis auf den hier und heute herrschenden „Optimismus" der von ihr favorisierten Musiktradition.

Auch andere Signale wie die anlässlich des siebzigsten Geburtstages von Walter Ulbricht im Jahr 1964 eingeblendeten ak-

[80] Gerhard Scheumann: Interview 1991, S. 41 f.

tuellen Buchtitel bekannter Schriftsteller des Landes, darunter *Der geteilte Himmel* von Christa Wolf, die dem Jubilar über den Fernsehschirm symbolisch als Geburtstagsgeschenke überreicht wurden – untermalt durch das alte sozialdemokratische Arbeiterlied *Wann wir schreiten Seit an Seit* – sind durchaus als diskrete Zeichen gegen den Zeitgeist zu deuten. Denn zur gleichen Zeit war die heftige Debatte um den *Geteilten Himmel* noch immer nicht zu Ende und die beschworene Gemeinsamkeit des „Seit an Seit" im Verhältnis zwischen Geist und Macht war eher ein romantischer Wunschtraum denn eine belastbare Realität, wie sich längst auch in der Geschichte der DDR erwiesen hatte. Und die schwersten Konflikte würden ja noch kommen – der erste schon ein gutes Jahr später während des 11. Plenums des ZK der SED.

Weitere Beispiele ließen sich leicht hinzufügen, sie betrafen in ihrer Gesamtheit vor allem immer wieder das Formbewusstsein der Sendung, ihr ausdrücklich auf Dialogizität gegründetes Selbstverständnis. Die von Gerhard Scheumann eingenommene Haltung gegenüber den Zuschauern unterschied sich von der üblichen Agitations- und Propaganda-Rhetorik der SED in jeder Hinsicht und hinterfragte diese damit indirekt auch kritisch.[81]

Inhaltlich zentral aber stand in allen von ihm moderierten Sendungen in den zweieinhalb Jahren, in denen er die PRISMA-Redaktion leitete, die Forderung nach konsequenter Durchsetzung sozialistischer Demokratie gegen die allgemeine Erfahrung noch immer vorherrschender dogmatischer Enge, gegen Mittelmaß und Bürokratie in der Gesellschaft.

Schon mit der ersten Folge von PRISMA wurde auf einen solchen Selbstanspruch systemeigener Produktionsöffentlichkeit

[81] Vgl. Uwe Johnson: Der 5. Kanal, Frankfurt a.M. 1987. Über den Zeitraum fast eines ganzen Jahres hatte Uwe Johnson 1964 für den Tagesspiegel regelmäßig das Programm des Deutschen Fernsehfunks Berlin Adlershof (des Ost-Fernsehens) verfolgt und rezensiert. Dabei hatte er in mehreren Kritiken ausdrücklich das journalistischen Format und die ungewöhnliche Offenheit von Gerhard Scheumanns Magazin PRISMA hervorgehoben. So in den Artikeln S. 37f., 73f., 85, 97f., 104f., 158f.

Gerhard Scheumann als Moderator des von ihm gegründeten Wirtschafts- und Verbrauchermagazins PRISMA des DDR-Fernsehens, in dem auch Missstände im Arbeitsleben und im Alltag der DDR kritisch und zum Teil humorvoll beleuchtet wurden

der DDR verwiesen, der von höchsten Leistungsanforderungen an alle gesellschaftlichen Produzenten auszugehen habe, dafür aber auch die materiellen und ideellen Voraussetzungen schaffen müsse. Nur in dieser Wechselwirkung sei als allein gültiger Maßstab das Prädikat „erste Wahl“ im Ergebnis der gemeinsamen Anstrengungen garantiert, zum Beispiel gegenüber den Handelspartnern aus aller Welt, die im Verlauf der Sendung vor die Kamera traten und genau diesen Anspruch stellten – aber auch gegenüber der eigenen Gesellschaft. Es ist das Bekenntnis zur unbedingten Gültigkeit internationaler Standards der Produktion als Bedingung eigener Wettbewerbsfähigkeit. So weitergedacht in dem unmittelbar darauffolgenden zweiten Beitrag der Auftaktsendung, der sich mit einer im Schulsystem der DDR noch immer vielfach verbreiteten Praxis lediglich mechanischen Lernens auseinandersetzte und diese kritisiert – ebenfalls in der Forderung nach einer „ersten Wahl“ aller schöpferischen Initiativen, bezogen gerade auch auf den Bildungsauftrag der Jugend als der wichtigsten Zukunftsinvestition der Gesellschaft.

Probleme der Erziehung und Bildung waren über die Jahre immer wiederkehrende Themen in der Geschichte von PRISMA, dessen Sendeplatz erst 1991 mit dem Ende des Fernsehens der DDR auch sein eigenes Ende erfuhr und danach nicht mehr übernommen wurde in den Verbund des öffentlich-rechtlichen Fernsehens des vereinten Deutschland. So bleibt neben vielem, was als eigenes, unverwechselbares Format einer politischen Magazinsendung in der DDR unter Gerhard Scheumann anfangs angelegt war, nur noch im Hinweis auf versunkene und zu Unrecht vergessene Quellen der Geschichte dieses Mediums lebendig, einschließlich der von Scheumann theoretisch auf einem damals weitgehend noch unerschlossenen Terrain medienästhetischer Analyse erarbeiteten und publizierten Schriften.

Versunken sind damit aber auch die verschlungenen Wege staatlich gesteuerter Zensur im Umgang mit dem Medium als einem historisch wie ästhetisch in seiner Frühphase sich selbst immer noch erprobenden Laboratorium direkter Demokratie. Darin eingeschlossen die Erkenntnis des dabei immer deutlicher zutage tretenden Unvermögens des Systems in seiner letztlichen Selbstblockade, diesen Widerspruch als produktive Herausforderung annehmen zu lernen und auszutragen jenseits aller ideologischen Verschwörungstheorien.

Ein besonderer Fall geriet dabei bis heute immer wieder in den Fokus historischen Interesses – auch bei Gerhard Scheumann selbst noch in seinen persönlichen Erinnerungen nach 1990.

Zum 26. November 1964 war unter dem Titel „Turnen 5 – ungenügend“ ein Beitrag angekündigt worden, der erneut auf Probleme der Volksbildung (und doch zugleich weit mehr) aufmerksam machen sollte. Gerhard Scheumann sprach als Moderator einführend sogar von einer „Ermittlung“, die den üblichen Rahmen von Diskussionsangeboten sonstiger Sendebeiträge bei

PRISMA erstmals sprengen würde. Das allgemeine Thema der Sendung galt der Frage nach dem Umgang staatlicher Einrichtungen mit den „Eingaben“ der Bürger in persönlichen Angelegenheiten. Als Beispiel und herausgehobene Fallgeschichte wurde die Eingabe eines Vaters an verschiedene zuständige Volksbildungseinrichtungen (Schule, Kreis- und Bezirksschulrat) nachvollzogen, in der er die Konfliktgeschichte seiner Tochter mit der Bitte um Rat und Überprüfung des bisherigen Verfahrens vorgetragen hatte. Seine Tochter war – bis auf das Fach Turnen – als ebenso leistungsstarke wie auch in ihrem sozialen Verhalten anerkannte Schülerin mit Bestnoten in ihrer Klasse (und sogar in ihrem gesamten Jahrgang) hervorgetreten. Ihre Abschlussprüfungen an der 7. Polytechnischen Oberschule in Frankfurt (Oder) hatte sie mit durchgehend sehr guten Noten bestanden und hoffte deshalb darauf, sich nunmehr erfolgreich um ein Lehrerstudium am Lehrerbildungsinstitut in Neuzelle bewerben zu können. Die Note 5 im Fach Sport allerdings hatte zur Folge, dass trotz aller sonstigen Bestnoten der Schülerin nach dem Gesetz nur das Gesamturteil „Nicht bestanden“ ausgesprochen werden konnte und damit weder ein erfolgreicher Schulabschluss bestätigt noch die Aussicht wenigstens auf eine Lehrstelle, geschweige denn die Bewerbungsmöglichkeit für ein Studium möglich schienen. Sowohl die Schulleitung als auch alle übergeordneten Leitungen hatten diesen Sachverhalt übereinstimmend mit zum Teil drastisch abwertenden Beurteilungen der Schülerin schriftlich deren Eltern mitgeteilt. Es gehört in diesem Zusammenhang zu den interessanten Erinnerungen an die Geschichte von PRISMA, dass nach nur einem Jahr der Zugehörigkeit der Sendung zum festen Programm des Fernsehfunks offensichtlich unter den Zuschauern ein Bewusstsein gewachsen war, sich in Notfällen mit der Hoffnung auf Hilfe und Unterstützung gerade an die PRISMA-Redaktion wenden zu können. Der zum geflügelten Satz jener Zeit gewordene Spruch „Das könnte ein Fall für PRISMA sein“ ist authentisch und sagt nicht wenig aus über die öffentliche Wirkung, aber auch Erwartung an das Medium Fernsehen in der DDR dieser frühen Jahre. So auch im vorliegenden

Fall. Der Vater hatte sich nach den durchgehend negativen Bescheiden auf seine Eingaben tatsächlich an PRISMA gewandt und erfuhr, wie erhofft, auch sofortige Hilfe. Das Fernsehteam rückte in Frankfurt (Oder) an, es gab Gespräche mit allen Fachlehrern, die uneingeschränkt das überdurchschnittliche Talent, den Fleiß und die persönliche Reife der Schülerin lobten, eine einmütige Einschätzung, die auch der verantwortliche Direktor der Schule ausdrücklich bestätigte. Gleichzeitig verwies er auf die bestehenden Prüfungs- und Rechtsordnungen des Volksbildungsministeriums, die ihm keinen Spielraum in seiner Entscheidung zugunsten der Schülerin gelassen hätten. Natürlich gab es auch ein Gespräch mit der Sportlehrerin, die vor der Kamera ihre Notengebung noch einmal grundsätzlich verteidigte und entschieden jede Möglichkeit einer Zurücknahme oder Wiederholung der Prüfungen im Fach Sport ausschloss.

Was danach geschah, lief ab wie eine Kettenreaktion. Mit demonstrativer Autorität und der Macht des öffentlichen Mediums, setzte ein für alle Betroffenen in unterschiedlicher Weise entweder beglückender oder offen demütigender, in jedem Falle in den einzelnen Reaktionen insgesamt peinlich anmutender Lernprozess ein: „Der Prozess“ zugunsten der Schülerin und ihrer Eltern bewies einerseits die Fähigkeit zu staatlicher Kritik und Selbstkritik – welch eine Feier seiner fürsorgenden Gerechtigkeit. Übergeordnete Leitungen überboten sich geradezu in den Haltungen pädagogischer Sensibilität. Der Direktor der Schule dagegen musste zugeben, blind gewesen zu sein und elementare Regeln seines Amtes nicht beachtet zu haben – ein Bauernopfer. Die anwesende Familie reagierte darauf mit verzeihender Geste und voller Glück, endlich ihr Ziel erreicht zu haben – und das Fernsehen war dabei und schien seiner ersehnten Funktion, ein Stück lebendiger Demokratie erfolgreich in Szene gesetzt zu haben, mehr als nur einen Schritt näher gekommen zu sein. Der Moderator konnte abschließend verkünden, dass die ehemalige Schülerin nunmehr als Studentin weiterhin zu den Besten ihres Studienkollektivs gehöre und auch im Sport endlich gute Noten bekäme.

Bald zwanzig Jahre später wird sich Gerhard Scheumann im Rahmen eines Interviews dieses Vorgangs noch einmal erinnern, allerdings nunmehr im Verweis auf die seinerzeit unsichtbar gebliebenen Nebenschauplätze, „die sogenannten Rückläufe, also wenn sich irgendjemand beschwerte“[82]. Ein Vorgang, der sich regelmäßig wiederholte und auch diesen konkreten Fall betraf: „Es kam jemand vom Zentralkomitee und fragte grundsätzlich danach, wie wir es denn mit der Kritik in unserer eigenen Gesellschaft hielten usw. Und ich mußte dann 14 Tage später [...] so etwas wie ein versöhnlerisches Wort am Anfang an das Publikum richten, denn tatsächlich hatten sich über [das] Beispiel dieses Mädchens die Fronten von Kap [Arkona] auf Rügen bis zum Fichtelberg gespalten [...]. Die einen waren dafür, daß das Mädchen Lehrerin werden soll, und die anderen meinten, wenn es die Bestimmung gibt, mit einer Fünf darf man das nicht, soll sie keine werden [...] Nun war ich eines Tages im Ministerium für Volksbildung und [...] traf [dort zufällig Margot Honecker] auf dem Flur [...] und sie sagte zu mir: ‚Sag mal, hast du das nötig gehabt nach dem Beitrag über das Mädchen vierzehn Tage später so eine Erklärung abzugeben?‘ Ich sagte, das kommt von dir oder von euch hier, vom Ministerium für Volksbildung? Überhaupt nicht, sagte sie, wir haben uns das zuhause angesehen und fanden das sehr interessant. Also [...] kam diese Intervention nicht von dem Ministerium oder auch nicht vom Ehepaar Honecker (lacht), sondern [...] von der Abteilung [Volks-]Bildung im Zentralkomitee [...]. Da gab es den Genossen Oppermann, der war mit diesem Beitrag nicht einverstanden. Das lief dann auch, was man sich kaum vorstellen kann, bei gängigen Klischeevorstellungen vom Zentralismus [...] unter Umständen auch unterhalb des Ministeriums oder unter völliger Ausschaltung des Ministeriums für Volksbildung in die Redaktion [...] und veranlaßte dann diese etwas zermürbende Stellungnahme.“[83] Resümierend beschreibt Gerhard Scheumann damit eine sich ständig wieder-

[82] Gerhard Scheumann: Interview 1991, S. 43.
[83] Ebd., S. 43f.

holende, absurde Praxis äußerer Zensureingriffe im geheimen Dialog mit einer vorausdenkenden und insofern wohlkalkulierten Selbstzensur – als alltägliche Erfahrung des Umgangs mit der Staatsmacht: Das nannte man „die Schere im Kopf, so daß die Herrschenden das gar nicht mehr kontrollieren mußten [...] diese Erfahrung hatte irgendwann jeder einmal gemacht, daß er auf Grenzen stieß. Und dann hat er sich fortan einzurichten gewußt, seinen Bewegungsradius sozusagen selbst mitbestimmt."[84]

Der Sarkasmus dieser Argumentation aus dem Abstand der Jahre ist unverkennbar, doch wird eine weitere, wesentliche Dimension hier nicht einmal thematisiert, sondern nachträglich lediglich lachend abgeführt. Der erinnerte Fall belegt den allgemeinen Zustand einer zentralistisch gesteuerten Ordnung, die ihre eigenen Beschlüsse nicht mehr abstimmt und koordiniert und damit letztlich die Prinzipien ihres Herrschaftsverhaltens selbst unterläuft. Damit ist ein Muster benannt, das zeigt, wie die anfangs hohen Erwartungen der Zuschauer an eine tatsächlich offene Berichterstattung nicht wirklich eingelöst werden konnten. Wo Fehlverhalten benannt wurde, blieb die Analyse häufig genug in der Wahrnehmung bloß subjektiven Ungenügens stecken, selten oder kaum wurden die strukturellen, unter der Oberfläche liegenden eigentlichen Konflikte oder Hemmnisse als Probleme der Gesellschaft als Ganzes reflektiert.

Immerhin zwei Jahre oder sechzig Sendungen im Live-Mitschnitt hielt Gerhard Scheumann durch. Am 21. März 1963 war PRISMA das erste Mal über den Sender gegangen. Zwei Monate zuvor hatte der VI. Parteitag der SED mit seiner Beschlussfassung, nunmehr in eine neue Periode des sozialistischen Aufbaus der Gesellschaft eingetreten zu sein, Erwartungen geweckt, die als Ansprüche des Einzelnen auch an die Gesellschaft zurückzuwirken begannen – und entsprechend konkret formuliert wurden. PRISMA war in diesem Sinne als Medienereignis in einen kulturellen Raum von Hoffnungen und Zukunfts-Entwürfen integriert, die in der Folge nicht nur neue Perspektiven kom-

[84] Ebd., S. 44.

munikativen Handelns in Kunst und Literatur ebenso wie in den Massenmedien formulierten, sondern darüber hinaus sich auch in den Strategien des „Neuen Ökonomischen Systems der Planung und Lenkung der Volkswirtschaft“ abbildeten, einschließlich der ihnen zugrundeliegenden bzw. sie begleitenden systemtheoretischen Prämissen einer modernen, kybernetisch gesteuerten Wissensgesellschaft.

So war es auch nur konsequent, wenn Gerhard Scheumann resümierend für seine Zeit bei PRISMA nach zwei Jahren eine Bilanz seiner Arbeit zieht, die gerade von diesen Maßstäben ausgeht und zugleich einräumen muss, dass die Entwicklungsprobleme der sozialistischen Gesellschaft in publizistisch verantwortlicher Weise darzustellen immer wieder auf Widerstand und Abwehr gestoßen seien. Es war ein vertrauliches Papier, das sein Verfasser mit dem Begriff PRISMA-Testament überschrieben hatte, durchaus im Sinne eines persönlichen Vermächtnisses, dennoch aber noch immer von der festen Überzeugung ausgehend, mit seinem Anliegen, aber auch seiner Kritik, wenigstens intern seine Stellvertreter-Adressaten finden zu können, „da es z.Z. noch nicht üblich ist, entscheidende Entwicklungsprobleme der sozialistischen Publizistik öffentlich zu erörtern“[85]. Eine deutlich als Beschränkung empfundene Lage wird also anerkannt als vorübergehende, im historischen Prozess behebbare Praxis, stand dahinter doch die sich anschließende optimistische Prognose, „daß der Tag kommen wird, an dem eine öffentliche Aussprache als selbstverständlich gilt“[86].

Gerhard Scheumann sollte sich irren – wie schon in seinem Vertrauen auf die Macht der Bilder und die in ihnen liegende größere Freiheit des Mediums Fernsehen gegenüber dem im Rundfunk nur gesprochenen Wort. Weder Heinz Adameck, der Intendant des DDR-Fernsehens, noch sein Förderer Gerhart Eisler, Vorsitzender des staatlichen Komitees für Rundfunk

[85] Gerhard Scheumann: PRISMA-Testament, August 1965. Vertraulich!, S. 1. SAPMO-BArch DY 30/IV 2/2.033/116 (Büro Werner Lamberz).

[86] Ebd.

und Fernsehen, an deren Adressen er je ein Exemplar seines *Testaments* geschickt hatte, haben je auf die darin aufgeworfenen Fragen reagiert oder das Papier offiziell zur Kenntnis genommen, ebenso wenig wie seine Nachfolger in der Redaktion von PRISMA, denen er dieses Dokument ebenfalls übergeben hatte.

Elf Jahre später, im Zusammenhang mit der Ausbürgerung Wolf Biermanns, wird Gerhard Scheumann es dann dem Sekretär für Agitation und Propaganda beim Politbüro der SED, Werner Lamberz, als mittlerweile historisch gewordenes Dokument zukommenlassen.[87] Angesichts der angespannten Lage vielfacher Solidaritätsbekundungen und Proteste besonders unter Künstlern und Intellektuellen für Biermann bzw. gegen die staatlichen Maßnahmen der Aberkennung seiner Staatsbürgerschaft, wolle er das PRISMA-Testament als ein frühes Warnbild des Mangels an demokratischer Öffentlichkeit neu zu lesen empfehlen und als fatalen, weil versäumten Lernfall der DDR-Gesellschaft in seiner noch immer aktuellen Bedeutung zu bedenken geben. Lamberz habe das Testament als sehr interessant bezeichnet und dabei zugleich auf den verfassten knappen Kommentar in der Anlage des Dokumentes Bezug genommen, wie Gerhard Scheumann später zu Protokoll gab. Politisch erkennbare Schlussfolgerungen in der Sache selbst, etwa hinsichtlich etwaiger Korrekturen an der Informationspolitik der SED, hatte Lamberz – wie schon in den Jahren zuvor – auch jetzt nicht mehr setzen können. Offen bleibt zudem, ob er jene von Gerhard Scheumann schon mehr als zehn Jahre früher angesprochene Kritik einer zentralistisch gesteuerten Medienpolitik tatsächlich zu seiner eigenen hätte erklären können bzw. überhaupt die Macht besessen hätte, sie angesichts der konkreten Mehrheitsverhältnisse im Politbüro durchzusetzen. Werner Lamberz kam kurz darauf während eines Hubschrauberabsturzes über Libyen ums Leben. Sein Nachfolger im Amt, Joachim Herrmann, hat später über sein Büro das Schreiben von

87 Brief von Gerhard Scheumann an Werner Lamberz vom 10.12.1976 zusammen mit dem PRISMA- Testament; vgl. SAPMO-BArch DY 30/IV 2/2.033/116.

Gerhard Scheumann samt Testament an diesen kommentarlos zurückgeschickt.

Vergessen allerdings hatte er den Vorgang nicht. Nur wenige Jahre später, 1982, wird er ihn in der Wortmeldung Gerhard Scheumanns während des gerade stattfindenden IV. Kongresses der Film und Fernsehschaffenden wiedererkennen. Nunmehr analytisch vertieft und in die theoretische Konsequenz einer grundsätzlichen Kritik an der Informationspolitik der SED getrieben, bezeichnen Herrmann und sein Apparat den Text als einen gezielten „Dolchstoß in den Rücken der Partei". Gegen Gerhard Scheumann wird umgehend ein Parteiverfahren wegen parteischädigenden Verhaltens eingeleitet – erweitert durch die sofortige staatliche Abwicklung des gesamten Studios H&S. Der Beschluss über dessen Auflösung ist schon vollzogen, noch bevor überhaupt das Parteiverfahren eröffnet ist.

1965 lautete die offizielle Begründung des überraschenden Endes der Ära Gerhard Scheumann bei PRISMA noch, es seien gesundheitliche Probleme aufgetaucht, die eine weitere, mit so großem und ständig operativem Einsatz verbundene Tätigkeit nicht mehr verantwortbar erscheinen ließen. Richtig ist, dass Gerhard Scheumann tatsächlich schon zu dieser Zeit an chronischen Magenbeschwerden litt. Richtig ist aber auch, dass es daneben bei ihm deutlich Zeichen von Resignation gab angesichts jener mächtigen Tendenzen gestockter Widersprüche zwischen den Erfahrungen der Massen und jener ideologischen Konstruktion einer Wirklichkeit, die diese Erfahrungen systematisch ausblendete und, mehr noch, sie oft genug als bloße Propaganda aus dem Westen denunzierte. Genau an diesem zunehmend als „höhnische Kluft"[88] zwischen Führenden und Geführten erlebten besonderen Kommunikationsstau, den er mit seiner Sendung ja gerade aufzubrechen versucht hatte als Moderator in seiner „Reglerfunktion", war er letztlich gescheitert, obwohl er sich – im Auftrag der Partei und ausgerüstet mit der Terminologie der neu entdeckten Zauberformel Kybernetik – ausdrücklich als me-

[88] Gerhard Scheumann: Interview 1991, S. 10.

dialer Vermittler zwischen Oben und Unten verstanden hatte. Er musste scheitern in diesem Anspruch, trotz der herbeizitierten Autoritäten Lenin sowie zusätzlich noch Thomas Mann als historische Zeugen.

Es war allerdings ein Scheitern im aufrechten Gang. Seine Abschiedsworte an die Zuschauer am Ende seiner letzten Sendung Ende September hatten es in sich und betrafen erkennbar einen für Gerhard Scheumann immens wichtigen, weil inneren Zusammenhang und Widerspruch der eigenen gesellschaftlichen Verhältnisse, angesichts derer der Verweis auf einzelne Problemfelder, die die Sendung unter seiner Leitung kontinuierlich verfolgt habe, am Maßstab der „historischen Bewegung" gemessen, immer nur relativ sei: „Der Streit zwischen konservativen und revolutionären Denk- und Verhaltensweisen der Menschen aber ist absolut; und deshalb wird eine Fernseharbeit, die sich einer zeitkritischen Fragestellung verpflichtet fühlt, niemals selbst in Frage zu stellen sein, solange es dieses Massenmedium gibt."[89] Es ist dies nichts weniger als eine klare Ansage an die wachsamen Zensoren und Kontrolleure aller Parteibüros: Öffentliche Kritik und der Grad einer kritischen Öffentlichkeit der Gesellschaft seien Bewusstseinsformen der Revolution im Widerstand gegen die Herrschaft der von ihm als „konservativ" (im Sinne von fortschrittsfeindlich) umschriebenen „Denk- und Verhaltensweisen" auch innerhalb der eigenen Gesellschaft.

Gerhard Scheumann endet im Bewusstsein der langfristigen Überlegenheit eines solchen Denkansatzes, nach dem „öffentliche Kritik eine unumgänglich nötige Institution" sei, und mit einem persönlich daran gebundenen Versprechen an die Zuschauer, „den Geist von PRISMA wiedererkennen [zu] werden, wenn ich mich zu gegebener Zeit mit eigenen Programmbeiträgen wiedermelden werde"[90].

[89] Gerhard Scheumann, PRISMA, letzte Moderation.
[90] Ebd.

Das Studio H&S – Aufstieg und Fall eines Erfolgsmodells oder Der Preis einer Erfolgsgeschichte

Der Zeitpunkt, „den Geist von PRISMA" mit eigenen, neuen Programmbeiträgen wiederzubeleben, war schon bald gekommen. Am 9. Februar 1966, einem Mittwoch, wird um 20 Uhr – als besonderes Fernsehereignis in der Programmvorschau beschrieben – der Dokumentarfilm *Der lachende Mann. Bekenntnisse eines Mörders* von Walter Heynowski und Gerhard Scheumann ausgestrahlt. Die Einschaltquote des neuen Films zur besten Sendezeit ist ungewöhnlich hoch – mehr als 50 Prozent der DDR-Zuschauer entscheiden sich an diesem Abend für den Deutschen Fernsehfunk aus Adlershof und gegen die Tagesschau aus Hamburg – ein Ereignis ohne Vergleich, zumal bezogen auf ein Sendeformat, das seine politische Stoßrichtung keineswegs verschleiert hatte. Angekündigt wird ein Interview mit einem westdeutschen Söldner und Fremdenlegionär, der sich als Held der freien Welt mit Überlegenheit und dem Herrschaftsanspruch dieser Welt in Afrika und anderswo, zum Beispiel in Vietnam, brüstet. Müller ist der Allerweltname des Mannes, verwechselbar in jeder Hinsicht, ein gewöhnlicher Mörder, ohne jedes persönliche Schuldgefühl, lachend, selbstbewusst, in der Pose der Macht. Ein solches Porträt zu zeigen als zufälligen Datensatz einer deutschen Biografie des 20. Jahrhundert ist erschreckend, aber darüber hinaus? Geboren 1920: Oberleutnant der Wehrmacht, 1945 in amerikanische Kriegsgefangenschaft geraten, Entlassung 1947 und als amtlich registrierter Umsiedler aus Schlesien schließlich in Frankfurt am Main gelandet, wo er ab 1948 zunächst eine vorläufige Anstellung bei der unter amerikanischer Aufsicht stehenden Industriepolizei findet, ehe er später direkt in den Wachschutz amerikanischer Luftwaffenstützpunkte in Westdeutschland übernommen wird. 1962 wandert Müller nach Südafrika aus in der Hoffnung, dort oder in einem anderen Land des schwarzen Kontinents seine alten militärischen Kenntnisse noch einmal für sich privat gewinnbringend einsetzen zu können. Chancen dazu er-

Walter Heynowski, Gerhard Scheumann: *Der lachende Mann. Bekenntnisse eines Mörders*, Umschlagvorderseite des Begleitbandes zum Dokumentarfilm

geben sich bald. In den blutigen Kämpfen des Bürgerkrieges in Kongo wird er schon nach kurzer Zeit in geradezu narzisstischer Selbstverklärung auf Seiten des vom Westen militärisch unterstützten Tschombe-Regimes seinen Herrschaftswahn als einer der am brutalsten marodierenden Söldnerkommandanten eines Krieges ausleben können, der das Land nach der Ermordung seines gewählten Ministerpräsidenten Patrice Lumumba an den Rand des Abgrundes treiben sollte.

Wo also könnten die Gründe liegen für eine derartige Wirkung nicht nur bei den damaligen DDR-Zuschauern, sondern nachwirkend auch bei einem internationalen Publikum, die noch heute, ein halbes Jahrhundert später, filmgeschichtlich kontroverse Diskussionen auszulösen vermögen?

Es gibt mehrere Hinweise dafür, auch jenseits der immer wieder nur ideologisch abgeleiteten Deutungsmuster, gerade was die historische Wahrnehmung und Rezeptionshaltung der Zuschauer in der DDR betraf. Zunächst: Der Film war höchst professionell gemacht. Er inszenierte gekonnt und in scheinbarer Übereinstimmung aller Beteiligten vor und hinter der Kamera eine öffentliche Person der Zeitgeschichte entsprechend einer ihr zuvor ausdrücklich von der Regie eingeschriebenen und als verallgemeinerbar behaupteten Wirkungsintention: Brechts Warnung, „Der Schoß ist fruchtbar noch, aus dem das kroch" (Bertolt Brecht), steht als unabdingbarer Erfahrungsdruck jüngster deutscher Geschichte hinter jedem der Bilder dieser Inszenierung. Die auch später vergleichsweise nur in geringer Zahl nachfolgenden Erfolgsgeschichten speziell politischer Programmsendungen des DDR-Fernsehens bleiben fast ohne Ausnahme immer wieder mit den Namen Heynowski und Scheumann und den unter ihrem Logo H&S entstandenen Produktionen verbunden. Aber das allein und schon gar nicht die selbst für damalige Verhältnisse wiederholt propagandistisch schwachen Passagen des *Lachenden Mannes*, in denen seine Gestalt geradezu als Personifikation des westdeutschen Imperialismus stilisiert wird, vermögen zu erklären, weshalb dieser Film bis heute als ein Klassiker des neueren politischen Dokumentarfilms (nicht nur der DDR) gilt – auch wenn ganze Filmgeschichten, angehende Medientheoretiker in Seminar-Arbeiten oder -Verrissen nachträglich und angestrengt zu beweisen suchen, wie manipulativ, verfälschend, sogar unmoralisch und zumal im falschen Gewande H&S ihr Opfer gefunden, betrunken gemacht und zu Aussagen verführt hätten.

Vielleicht sollte zunächst der spannende, durchaus auch überraschende Unterhaltungswert bedacht werden, der den *Lachenden Mann* seinerzeit auszeichnete. Die Fernsehzuschauer waren die eingeweihten Mitspieler einer Camouflage, in der ein ebenso klug wie raffiniert agierender Gerhard Scheumann – entgegen jeder bis dahin vertrauten Rhetorik einheimischer agitatorischer Überführungsstrategien – sein ganz eigenes Spiel mit seinem Gegenüber arrangieren konnte. Auf dem Tisch zwischen sich und Müller hatte er eine ganze Batterie alkoholischer und nichtalkoholischer Getränke auffahren lassen, mit deren Hilfe er die anfänglich durchaus nervöse Gesprächssituation sofort zu entspannen vermochte, als er sich selbst und Müller einlud, miteinander anzustoßen.

Müller war zu ihrer Verabredung zunächst in Zivil gekommen, war dann aber im Tonstudio noch kurz in einem Umkleideraum verschwunden und plötzlich in Kampfuniform mit Springerstiefeln wieder erschienen. Gerhard Scheumanns erste Frage am Beginn ihres Gesprächs nach der gewünschten Anrede lag also durchaus nahe und verführte Müller in der Folge zu seinem immer wieder stereotypen Rollenverhalten des höhergestellten Offiziers gegenüber einem untergebenen Zivilisten, den Scheumann geradezu perfekt spielte in seiner künstlich betonten Unterwürfigkeit der eigenen Fragehaltung. Müller fiel auf alle in diesem Spiel aufgestellten Fallen und die sich daraus ergebenden Provokationen herein. Nach zweieinhalb Stunden war die Ernte eingefahren. Nur 65 Minuten des aufgenommenen Gesprächsmaterials genügten später, um die Charaktermaske des Typus Müller bis zu seiner Kenntlichkeit zu entstellen und damit ein Persönlichkeitsprofil bloßzulegen, das zu diesem Zeitpunkt zweifellos überall auf der Welt noch ausfindig zu machen gewesen wäre, auch später noch – und durchaus auch in der DDR –, das aber im Jahr 1966 besonders gut eine politische Landschaft wie jene der Bundesrepublik charakterisierte. Hier konnte ein Sprecher-Subjekt wie dieser Hauptmann Müller selbstgefällig – sozusagen von zu Hause aus – in der anmaßenden Pose des antikommunistischen Kämpfers für die Werte westlicher Demokratie werben. Im Rücken die gesamte politische Klasse der Bundesrepublik – vor der Ära Willy Brandt – mit ausweislichen Nazi-Größen in hohen bis höchsten Ämtern und gerade auch deshalb z. B. als fester Bündnispartner des weißen Apartheid-Regimes in Südafrika gewürdigt und anerkannt, ähnlich wie in seiner Bündnistreue zu den USA – und zwar nicht trotz, sondern gerade wegen deren vordersten Fronteinsatzes für die „Freiheit" der gesamten westlichen Welt in Vietnam. Nein, dieser „Kongo-Müller" war sicherlich kein Repräsentant der offiziellen Politik der Bundesrepublik, aber geeignet, diese für eine große Anzahl von Zuschauern authentisch und glaubhaft in ihren restaurativen Strukturen auch nach dem Ende der Adenauer-Ära zu decodieren.

Genau diesen komplexen politischen Zusammenhang ein Jahr nach dem Beginn des Frankfurter Auschwitzprozesses noch einmal als prinzipielle Kritik an der Haltung der Bundesrepublik gegenüber den Verbrechen des Naziregimes dokumentiert zu haben, erzielte eine Wirkung, die weit über die DDR hinausreichte. Das gilt auch im Vergleich zu der zwei Jahre zuvor schon abgedruckten Story der westdeutschen Illustrierten *Stern*, die mit einer dreiteiligen Artikelserie unter dem Titel *Auf der Straße der Landsknechte – Sternreporter Ernst Petry und Gerd Heidemann waren im Kongo*[91] tatsächlich die eigentliche Materialgrundlage geliefert hatte – sowohl für den *Lachenden Mann* als auch schon für die zuvor von Walter Heynowski mit seinem Kameramann Peter Hellmich beendete Arbeit an einem ersten Film-Projekt zu diesem Thema unter dem Titel *Kommando 52*. Peter Hellmich hatte seinerzeit als erster die im *Stern* veröffentlichte Fotostrecke über die Beteiligung westdeutscher Söldner an den Massakern des Kongo-Krieges als Materialfundus auch für eigene, möglicherweise künftige Arbeiten entdeckt und Heynowski sofort darüber informiert. Als Bundesbürger besaß Hellmich neben dem täglichen Zugang zu allen einschlägigen Medien des Landes darüber hinaus eine Reihe weiterer wichtiger institutioneller Verbindungen zu den verschiedensten Medienanstalten und Ämtern, auch außerhalb der Bundesrepublik, die für das spätere Studio H&S einmal von größter Bedeutung sein würden. Sie betrafen nicht nur seine tatsächlich hohe Professionalität als Kameramann, sondern insbesondere auch seinen Status als Bürger der Bundesrepu-

[91] Vgl. *Stern*, Nr. 47 vom 22.11.1964, Nr. 48 vom 29.11.1964 und Nr. 49 vom 6.12.1964.

blik mit einem entsprechenden und gültigen westdeutschen Reisepass. Als ständiger freier Mitarbeiter war Peter Hellmich schon seit 1953 als Kameramann für das DEFA-Dokumentarfilmstudio vor allem im Westen tätig und in dieser Eigenschaft im Laufe der Zeit zu einem der engsten künstlerischen Partner Walter Heynowskis hinter der Kamera geworden. Gemeinsam fuhren sie Anfang 1965 also nach Hamburg und kauften mit dem ihnen vom Studio offiziell zur Verfügung gestellten Devisenfonds in Höhe von 3 000,00 Valuta-Mark – und in gleichzeitig diskretem Einvernehmen mit Gerd Heidemann sowie auch *Stern*-Herausgeber Henri Nannen – verschiedene Bildstrecken Heidemanns nach ihrer eigenen Auswahl, weiterhin verschiedene Briefdokumente und Tonbandkopien.

Später wird sich Walter Heynowski daran erinnern, dass dieser Deal durchaus heikel für beide Seiten war und in gewisser Hinsicht auch eine der ersten Camouflagen seiner Karriere, da er die Quellen seines später verwendeten Materials sowohl gegenüber den entsprechenden DDR-Behörden als auch jenen der westdeutschen Seite verschleiern musste, um Nannen und Heidemann nicht als fragwürdig erscheinen zu lassen in ihrer kleinen Hilfestellung für den Osten. Aber es habe tatsächlich ja schon auch damals diesen intern kollegialen Umgang mit einer Reihe westlicher Journalistenkollegen und Filmreporter gegeben.[92] Mit dem so erworbenen Material jedenfalls konnte der von ihm selbst und Hellmich geplante und allein auf einer Fotomontage basierende Film *Kommando 52* schließlich realisiert werden. Auf der Dokumentarfilmwoche 1965 in Leipzig als Wettbewerbsbeitrag eingereicht, hatte er sensationell die „Goldene Taube" errungen, die höchste Auszeichnung des Festivals.

Mit diesem Erfolg im Rücken lag es natürlich nahe zu versuchen, die dubiose Figur dieses Hauptmanns Müller nun auch selbst vor die Kamera zu bekommen. Das geschah bis kurz vor

[92] Vgl. Walter Heynowski, in: Kongo Müller. Eine deutsch-deutsche Medienaffäre. Ein Feature von Siegfried Ressel, rbb, Kulturradio, Sendedatum: 20.6.2012.

dem tatsächlich dann von ihm bestätigten Drehtermin in München immer unter dem Druck, Müller könnte zufällig von einem Film mit dem Titel *Kommando 52* und dessen DDR-Herkunft erfahren haben und das Unternehmen deshalb am Ende noch platzen lassen. Aber alles ging gut. Die Legende, ein westdeutsches Fernsehteam würde Interesse an einem Interview mit einer Person der Zeitgeschichte haben und über die persönlichen Erfahrungen eines internationalen Kriegseinsatzes auch deutscher Kämpfer gegen zunehmend kommunistisch infiltrierte Befreiungsbewegungen in Afrika sprechen wollen, hatte Bestand. Allerdings glaubte Heynowski von vornherein nicht an die eigentlich naheliegende Möglichkeit, Müller darüber selbst zu befragen. Dazu brauche es eine andere Stimme, eine andere Gestalt, war seine feste Überzeugung. Auch ein Schauspieler käme nicht in Betracht, eher dagegen schon ein Journalist wie der PRISMA-Mann Gerhard Scheumann, der mit seiner ausgewiesenen Gesprächsintelligenz, seinem gesamten rhetorischen Habitus, geradezu als Projektion einer Idealbesetzung für diese heikle Aufgabe ins Blickfeld geriet. Natürlich war Walter Heynowski aus internen Quellen des Fernsehfunks bekannt, dass der Abschied Gerhard Scheumanns von der PRISMA-Redaktion nicht ausschließlich aus Krankheitsgründen erfolgt war und er in der Folge einen neuen Aufgabenbereich für sich erwog. Nicht zuletzt deshalb drängte er sehr darauf, ihn noch während seines Kuraufenthaltes auf Rügen treffen zu können und bei dieser Gelegenheit sehr gezielt einzuladen, sich an ihrem Projekt zu beteiligen. Er war zusammen mit Peter Hellmich zu ihm gefahren und tatsächlich erhielten sie – wie erhofft – unmittelbar darauf die feste Zusage Gerhard Scheumanns zur Mitarbeit.

Es sollte für beide, für Walter Heynowski wie für Gerhard Scheumann, der Start zu zwei der ungewöhnlichsten und zugleich international anerkanntesten langjährigen Karrieren als Dokumentarfilmer, Produzenten und Drehbuch-Autoren werden.[93]

[93] Alle Filmprojekte sind begleitet worden von sorgfältig präsentierten, mehrsprachig edierten Text- und Montagebüchern.

Gerhard Scheumann und Walter Heynowski, Mitte der 1970er-Jahre

Die Bedeutung Peter Hellmichs als später zum Chefkameramann ihres Studios avancierten Partners sei hier nur angedeutet, reicht aber weit über den bloßen Status eines gewöhnlichen Mitarbeiters hinaus. In insgesamt einundsiebzig Filmen und Fernsehproduktionen, in der Mehrheit der Fälle unter direkter Mitwirkung Peter Hellmichs über einen Zeitraum von fünfundzwanzig Jahren ihrer Zusammenarbeit (offiziell vom 1. Oktober 1965 bis 15. Februar 1990) erwuchs unter dem späteren Logo H&S ein künstlerisches Werk, das in die Filmgeschichte eingegangen ist und für dessen Profil Walter Heynowski und Gerhard Scheumann bis zum Ende gleichberechtigt verantwortlich zeichneten, aber auch gemeinsam öffentlich einstanden vor der Kritik in jeder Form und zu allen Zeiten.[94]

[94] Das gilt auch für die kritische Rückerinnerung an einige eher zweitrangige filmische Zeitdokumente, etwa über die Hellseherin von Bonn Buchela,

Der lachende Mann war der spektakuläre Ausgangspunkt ihrer Partnerschaft – und sie waren von vornherein klug genug, die sensationelle Innen- wie Außenwirkung des Films trotz aller vorheriger interner ideologischer Bedenken und Einwände sofort für sich zu nutzen. Noch am Tag der Uraufführung wandten sie sich in einem Brief an Erich Honecker,[95] der in seiner Tonlage einerseits dem landesüblichen Stil bekannter opportunistischer Ergebenheitsadressen entsprach, andererseits jedoch sehr direkt und selbstbewusst schon zu diesem frühen Zeitpunkt alle Forderungen künftiger Produktionsbedingungen des Studios vorformulierte, nach denen sie allein – unter der Voraussetzung eines künftig vorbehaltlosen Entgegenkommens der Parteiführung in ihren Angelegenheiten – eine erfolgreiche Zusammenarbeit weiterhin zusichern könnten. So verwiesen sie auf die Tatsache, absehbar „einen harten Strauß auf dem Feld der Kulturpolitik"[96] ausfechten zu müssen – und das auch zu wollen. Zunächst und dauerhaft sei das auf die Auseinandersetzung mit dem Westen als ihrem strategisch wichtigsten Einsatzgebiet als Filmemacher bezogen, ebenso aber auch und in verstärktem Maße im Kontext der aktuellen kulturpolitischen Debatten der DDR, zu denen sie ihre eigenen Positionen künftig noch offensiver vortragen würden.

Im Hinblick auf eine solcherart prognostizierte und zweifellos auch erwünschte Auseinandersetzung besonders mit dem westdeutschen Kino- und Dokumentarfilm, ließ sich gerade diese Wirkungsabsicht vorläufig allerdings noch nicht einlösen. Denn trotz vorheriger Zusage war ihr Film beispielsweise aus dem Programm der kurz darauf stattfindenden „Oberhausener Kurzfilmwoche" gestrichen und darüber hinaus sogar mit einem behördlichen Verbotsentscheid belegt worden. Zweifellos war auch das

über den „Präsidenten im Exil" (d. i. Walter Becher), die Versteigerung von Hermann Görings Nachlass usw.

95 Vgl. Brief von H&S vom 9.2.1966 an Erich Honecker, SAPMO-BArch DY 30/IV A 2/2.024/35.

96 Ebd.

eine besondere Art von Wirkung, allerdings nicht die eigentlich angestrebte. Dennoch sollte *Der lachende Mann*, wenn auch eingeschränkt, bald darauf auch in der Bundesrepublik erstmals sein Publikum finden. In der *Report*-Sendung des Ersten Deutschen Fernsehens vom 9. September 1967 wird über die Aktion eines gewissen Helmut Soeder berichtet. Dieser sei als Freiburger Bürger aktiv in der Friedensbewegung der Bundesrepublik tätig und hatte nach dem Bericht des Magazins den Film von H&S während eines Besuchs in Leipzig zufällig anschauen können. Leihweise habe er sich vor Ort eine Kopie erbeten und diese ohne Ausfuhrgenehmigung und damit rechtswidrig mit in die BRD genommen. Im Freundeskreis und in von ihm organisierten öffentlichen Filmveranstaltungen hätten daraufhin mehrere Tausend Besucher den *Lachenden Mann* gesehen. Helmut Soeder wurde dafür mit einer Geldstrafe belegt – und der Film bis auf Weiteres endgültig kassiert.

Die demonstrative Bekundung von H&S, neben ihrer hauptsächlichen Orientierung auf das Feld des antiimperialistischen Kampfes künftig mit aller Kraft auch bei der weiteren Durchsetzung der kulturpolitischen Linie des erst wenige Monate zurückliegenden 11. Plenums der SED aktiv zu werden, gehörte wie immer bei solchen Anlässen zentraler parteipolitischer Orientierungen zu den allgemeinen Konventionen und Regeln jeder politischen Rhetorik in der DDR. Hier war sie aber unüberhörbar mit dem ergänzenden (und eigentlich unbotmäßigen) Hinweis verbunden, dass bei aller grundsätzlichen Berechtigung der Kritik des Plenums etwa an der DEFA (bezogen auf deren die DDR-Entwicklung vermeintlich verfälschender Themenwahl in mehreren ihrer jüngeren Filmproduktionen) es ebenso wünschenswert gewesen wäre, auch auf die vorhandenen Gegenbeispiele einer vorbehaltlos positiven Ausrichtung von Kunstentwicklungen zu verweisen – etwa an der Front des „antiimperialistischen Kampfes“, die gleichfalls aus dem Bereich der DEFA hervorgegangen seien. Ihr eigener Film *Der lachende Mann* stehe nachweisbar für diese Tendenz und sei geradezu der praktische Beleg einer vollen Übereinstimmung von „Geist und

Macht“ in der Politik der DDR. Walter Heynowski und Gerhard Scheumann regten an, in einem persönlichen Gespräch mit Erich Honecker als dem verantwortlichen Politbüromitglied die Gelegenheit zu erhalten, in diesem Sinne ihre Vorstellungen über die materiellen Rahmenbedingungen ihrer künftigen Arbeit und die weiteren konkreten Projekte nach dem großen publizistischen Erfolg von „Kongo-Müller“ und seiner ungewöhnlich hohen Zuschauerresonanz (schon vor der Uraufführung im Kino) darzulegen.

Dieses Gespräch fand dann tatsächlich am 18. März 1966 statt und kulminierte in der als Bitte um Unterstützung vorgetragenen Forderung, dem neuen Filmteam H&S künftig einen Status als von der DEFA und dem Fernsehen unabhängige künstlerische Arbeitsgruppe zu gewähren. Begründet wurde diese Forderung mit den negativen Erfahrungen in Vorbereitung des „Kongo-Müller“-Projektes, die seine Realisierung beinahe unmöglich gemacht hätten. Honecker sagte daraufhin seine grundsätzliche Unterstützung zu, verwies aber auf die notwendige Prüfung ihrer Vorschläge durch den dafür verantwortlichen Sekretär des Politbüros Albert Norden.[97] Zwar seien die gemachten Vorschläge „in der vorliegenden Form nicht akzeptabel“[98], heißt es da, sollten aber weiter konstruktiv bearbeitet werden.

Unmittelbar nach dem Gespräch mit Honecker erarbeiteten Heynowski und Scheumann noch im April 1966 eine Beschlussvorlage zur Gründung einer „DEFA-Gruppe 11“ mit dem Ziel, unter diesem Logo schon ab dem 1. Juni 1966 auftreten zu können. Die Wahl dieses nicht zufällig so angestrebten Firmenzeichens könnte nachträglich bestenfalls als eine persönliche Geste gegenüber Honecker angesehen werden, der als Berichterstatter der 11. Tagung des ZK der SED eine hohe persönliche Verantwortung trug für die drastischen Strafaktionen gegenüber einzelnen Künstlern, aber auch ganzen Institutionen, die von diesem

[97] Handschriftliche Notiz Honeckers zu H&S, 23.4.1966. SAPMO-BArch D 30/IV A 2.024/35.
[98] Ebd.

Plenum ausgegangen waren. Schwerwiegender jedoch wog die Tatsache, dass sich H&S damit demonstrativ (zumindest kurzzeitig) gegen die Gesamtheit kritischer sozialistischer Kunst in der DDR gestellt hatten. Denn diese war in einer jeder marxistischen Analyse hohnsprechenden dogmatischen Weise gerade durch das 11. Plenum diskreditiert worden. Erst Anfang 1967, als sich ein Jahr später erwies, dass die Orientierungen der Partei sich gegen einen deutlichen Widerstand in allen Künstlerverbänden nur sehr schwer würden durchsetzen lassen (und im Übrigen auch gegen die politischen Entwicklungen in den Bruderländern der Volksrepublik Polen und der ČSSR liefen, auf die nach innen durchaus aufmerksam reagiert wurde), wandelten sich mit der leisen Korrektur der politischen Großwetterlage zugleich auch die bisherigen ideologischen Orientierungen. Vor diesem Hintergrund richtete sich schließlich auch die Gruppe H&S neu aus und kündete nunmehr von sich unter dem Zeichen „DEFA-Gruppe Heynowski und Scheumann“.

Anzumerken bleibt für den gesamten Vorgang der Gründungsphase ihres Projektes, dass Walter Heynowski in den frühen Stadien der Planung in jeder Hinsicht der die Linie vorgebende Partner war. Zusammen sind sie jedoch ein überzeugendes, zunehmend durchaus auch mit allen demagogischen Mitteln ihre Interessen durchsetzendes, erfolgreiches Team. Dabei ist die Methode denkbar einfach. Der spektakuläre Erfolg des „Kongo-Müller“ wird zum Paradigma einer auf dieser Grundlage weiter auszubauenden Strategie ständiger Auseinandersetzung mit dem „Gegner“. Was im konkreten Falle zunächst noch gegen bürokratische Hürden, finanzielle Grenzen, ideologische Bedenken etc. fast nur zufällig gelang, müsse nunmehr verstetigt werden. Daher der Anspruch auf Autonomie ihrer Produktionsbedingungen. Man wolle schneller reagieren können, die Schnelligkeit der westlichen Medien als Herausforderung annehmen und dazu alle Mittel nutzen, auch die der verdeckten Arbeit. *Der lachende Mann* habe bewiesen, dass eine solche Methode möglich und außerordentlich erfolgreich sei – und zudem die Zuschauer in einer bisher nie dagewesenen Weise erreiche.

Am 25. August 1966 kommt es zu dem von Erich Honecker vermittelten Gespräch bei Albert Norden. Es endet mit der Maßgabe, H&S sollten ihre Beschlussvorlage vom April überarbeiten und danach neu vorlegen. Das geschieht und führt dennoch nicht zu einem entscheidenden Fortschritt in der Angelegenheit. H&S spielen in diesen Monaten mit hohem Einsatz und Risiko, indem sie Honecker in einem späteren Schreiben vom 18. Februar 1967 auffordern, endlich ein Machtwort zu sprechen – oder sie sähen längerfristig keine Möglichkeit mehr, gemeinsam auf dem bisher eingeschlagenen Wege weiterzuarbeiten. So kommt es schließlich am 27. Februar 1967 zu einem Spitzengespräch zwischen Werner Lamberz, den Vertretern des DEFA-Dokumentarfilm-Studios, der Hauptverwaltung Film, der Kulturabteilung des ZK und H&S – mit abschließend positivem Ergebnis. Am 28. Februar 1967 wird der Beschluss über die Gründung der „DEFA-Gruppe Heynowski & Scheumann" mit den Unterschriften von Mättig, Adameck, Schnabel, Heynowski und Scheumann beglaubigt.[99] Der 1. März wird später als offizielles Gründungsdatum der Gruppe benannt, ihre Arbeitsordnung tritt ab dem 19. September 1967 endgültig in Kraft.

Zwei Jahre später, im Rückenwind des Erfolgs von *Piloten im Pyjama*, wird auf dieser Basis der Status eines nunmehr ganz und gar unabhängigen Studios H&S definiert. Dieses Studio wird erstmals ab dem 1. Mai 1969 als Rechtsträger in der Form eines eigenständigen Wirtschaftsbetriebs der DDR auftreten. Solcherart Rechtsform entsprach einer „Offenen Handelsgesellschaft", die innerhalb und außerhalb der DDR über ihre Aufführungs- und Vertriebsrechte selbständig verhandeln konnte, ihre eigenen Urheber- und Leistungsschutzrechte definierte, unterschiedliche Dienstleistungen kaufte oder verkaufte sowie finanztechnisch Einnahmen wie Ausgaben selbständig bilanzierte. Unterstellt war das Studio ausschließlich dem Filmminister der DDR, weiterhin dem Finanzminister mit einem eigenen Finanztitel sowie dem Vorsitzenden des Komitees für Fernsehen – im Sinne einer

[99] Vgl. SAPMO-BArch DY 30/IV A 2/2.024/35.

allgemeinen politischen Abstimmung künftiger Produktionsplanungen.

Es begann die Glanzzeit des Studios. *Piloten im Pyjama* war ja nur der bis dahin spektakulärste Film innerhalb eines großen Vietnam-Zyklus von später insgesamt vierzehn Filmen. Anfang der Siebzigerjahre wurde mit den Recherchen zu dem danach in ähnlicher Weise berühmt gewordenen Zyklus über das Chile vor und nach Salvador Allende begonnen, bevor am Ende des Jahrzehnts die Tragödie Kambodschas mit ihren Gewaltexzessen unter dem Terror des „roten" Pol-Pot-Regimes für einen längeren Zeitraum ins Zentrum der Aufmerksamkeit des Studios rücken würde.

Und genau an diesem historisch wie politisch konkreten Ort, nach dem Sieg der „Roten Khmer" über die USA-Interventen, sollte der danach nie mehr wirklich ausgleichbare innere Konflikt zwischen dem Anspruch auf unbedingte künstlerische Selbstbestimmung und einem von H&S genauso unbedingt verinnerlichten anderen Glaubensgrundsatz aufbrechen, sich nämlich immer und vor allem im Auftrag der Partei als Propagandisten ihrer Weltanschauung zu verstehen (und verstehen zu müssen). Es war das absolute Primat des Ideologischen, das sich als allgemeiner Krisenzustand des Studios hier abbildete und sich von da an immer weiter fortschreiben sollte – bis zum Ende nicht nur des Studios selbst, sondern der ganzen Gesellschaft, die es trug.

Mehr oder weniger verdeckt gab es solchen Erfahrungsdruck einer notwendigen „Einsicht in die objektiven Bedingungen des Klassenkampfes" schon immer, erstmals drastisch und unmittelbar erlebt Anfang der Siebzigerjahre, wenn auch zu dieser Zeit in einem öffentlich kaum wahrgenommenen und bis heute weitgehend vergessenen Vorgang – der jedoch auch damals weit mehr bedeutete als eine bloß kurzzeitige Unterbrechung der bisherigen Erfolgsgeschichte aller Filme von Heynowski und Scheumann seit dem *Lachenden Mann*.

Die Steiner-Variante, ein Zwischenspiel

Es ist die Geschichte eines Projektes, für das H&S sich nach nur kürzester Bedenkzeit engagiert hatten, unter Zurückstellung aller anderen bis dahin schon in der konkreten Planungsphase befindlichen eigenen Produktionen für die nächsten Jahre. Die Gründe dafür, den höchst spektakulären Fall des in Sudan auf sein Todesurteil wartenden Söldner-Kommandanten Rolf Steiner als nächsten Filmstoff für sich auszuwählen, lagen auf der Hand. Es war einmal die offensichtliche politische Sprengkraft des Materials, das sich mit diesem Namen und den hinter ihm stehenden Mächten verband. Zum anderen war es wohl auch der Gedanke, noch einmal direkt anknüpfen zu können an den ersten großen Erfolg ihrer gemeinsamen Arbeit. Die legendäre Wirkung des *Lachenden Mannes* noch einmal zu erleben, sie womöglich noch überbieten zu können, war überaus reizvoll – und alle Voraussetzungen dafür schienen mehr denn je zuvor gegeben. Diesmal war der Ort kein mehr nur angemietetes, provisorisches Studio in München, in dem ein ausgemusterter und unter Alkohol zu jeder Auskunft bereiter Hauptmann Müller auf alle von Gerhard Scheumann gestellten Fallen hereinfällt und dabei ebenso eitel selbstgefällig wie schamlos über sein ehemaliges Mord-Kommando im Kongo zur angeblichen Verteidigung der Werte westlicher Demokratie schwadroniert. Das neue Unternehmen würde auch keine Camouflage mehr sein, vielmehr ein von höchster Stelle genehmigtes, von dem Staatspräsidenten des Sudan höchstselbst, Dschafar Muhammad an-Numairi, exklusiv einem Filmteam aus der DDR angebotenes Interview mit dem gefangenen westdeutschen Söldner-Obersten Rolf Steiner, einer Gestalt, der gegenüber jener „Kongo-Müller" im Nachhinein geradezu wie eine schlechte Kopie erscheinen musste in seiner durchsichtigen Physiognomie des gedungenen Mörders.

Mit Steiner behauptet sich vor ihrer Kamera dann tatsächlich ein weitaus intelligenterer Typus, sich selbst stilisierend in der Maske des modernen Söldners, der den Krieg nicht nur zu seinem

Beruf, sondern zu seiner lebenslangen Berufung erklären wird – und mit diesem Ehrenkodex die Freiheit des Westens (gegen seine Feinde in jeder beliebigen Gestalt, ob in Indochina oder auf dem afrikanischen Kontinent, wie zuletzt in Sudan) immer mit allen Mitteln zu verteidigen bereit war und weiterhin sein würde. Diesem Eid verpflichtet, fällt selbst seiner endgültigen Niederlage als Krieger noch Sinn zu, wo sie sich als Haltung des aufrechten Gangs öffentlich demonstrieren lässt. So versteht er seine Rolle auch ab dem 2. August 1971 in Khartum vor einem Militärgericht, wenn in öffentlicher Verhandlung und unter Beobachtung internationaler Medienvertreter der Prozess gegen ihn u. a. wegen der „Vorbereitung und Durchführung kriegerischer Handlungen gegen die gewählte Zentralregierung des Landes, wegen Schmuggels, illegalen Aufenthalts im Lande und der bewussten politischen Verleumdung der Regierung" seinen Anfang nimmt. Es verspricht als Schauspiel eigener Machtdemonstration eine Sensation zu werden. Ein weißer Legionär als gescheiterter Warlord vor einem schwarzen Gericht: eine bewusst inszenierte und ausgespielte Provokation neuer nationaler Stärke vor der Welt.

Nur einen Tag vor dem Beginn des Prozesses erhalten Walter Heynowski und Gerhard Scheumann die schriftlich autorisierte Erklärung Steiners einschließlich seiner Versicherung, „daß das von mir gegebene Filmton – Interview an die Herren Heynowski und Scheumann (Studio H&S – DDR) mit meinem vollen Einverständnis erfolgte und daß ich in keiner Weise zu meinen Ausführungen genötigt wurde"[100].

Angesichts des schon vor Prozessbeginn laut Medienberichten scheinbar feststehenden Todesurteils stellt sich Steiner den Fragen von H&S ganz offensichtlich in der Annahme, durch seine Bereitschaft zur Kooperation mit der Anklagevertretung, d. h. zum Beispiel durch Preisgabe seiner Kontaktpersonen und ihrer geheimdienstlichen Auftraggeber, die Chancen auf ein milderes Urteil erhöhen zu können. Die aus der DDR an den Verhören im Vorfeld des Prozesses beteiligten militärischen Berater

[100] Vgl. Immer wenn der Steiner kam, Text- und Montagebuch, Berlin 1976, S. 5.

hatten unter Hinweis auf ihren möglichen politischen Einfluss auf den Ausgang des Gerichtsverfahrens ihn dahingehend ermutigt. So musste die DDR in gewisser Weise für Steiner in einem Augenblick höchster existenzieller Bedrohung gleichsam als eine Art Schutzmacht seiner eigenen Interessen erscheinen. Seine spätere Aussagebereitschaft in dem über viele Stunden währenden Interview mit H&S spricht jedenfalls für sich. Da beschreibt er seine Karriere und Lebensgeschichte als Söldner in jeder Hinsicht rückhaltlos offen, d. h. einerseits ohne jeglichen moralischen Skrupel, was diese Tätigkeit über Jahrzehnte an tatsächlicher und vollzogener Gewalt- und Tötungspraxis beinhaltete, andererseits aber auch in der Entschiedenheit eines um seine persönliche und militärische Ehre vor Gericht streitenden Angeklagten.

Es ist das psychopathologisch-kranke Selbstbewusstsein eines vom Trauma des faschistischen „Untergangs“ 1945 nicht losgekommenen damals jungen Deutschen, der – Jahrgang 1933 – schon mit siebzehn Jahren aus dem kriegszerstörten Nachkriegsdeutschland geflohen war, um in der französischen Fremdenlegion seinen persönlichen Krieg weiterzuführen. Fünf Jahre später erfuhr er in Indochina die endgültige Verwandlung zum fanatischen, gnadenlosen Typus des ewigen Kämpfers an sich – trotz oder gerade wegen der noch einmal erlebten tiefen Kränkung, die mit der Niederlage in der Schlacht von Dien Ben Phu 1954, an der er aktiv beteiligt war, für ihn zusammenfiel. Aber das konnte nicht das Ende sein. Denn später lässt er sich erneut als Legionär rekrutieren, diesmal für die OAS (Organisation de l'armée secrète), einer Terrororganisation unter der Führung französischer Offiziere, die sowohl gegen die algerische Befreiungsbewegung als auch gegen die französische Algerienpolitik der Regierung de Gaulle für den Bestand Algeriens als Kolonie des französischen Mutterlandes kämpfte. Wieder erlebt er Anfang der Sechzigerjahre eine Niederlage, die anschließend zu seiner (wenn auch wiederum nur vorläufigen) Demobilisierung führt. Es folgt darauf eine kurze Phase des zivilen Wartestandes als sogenannter Schläfer in seiner nunmehrigen Wahlheimat Süd-Frankreich, ehe er seine nächste „Bewährungssituation“ vor sich sieht, diesmal endlich im höheren Kommandostand des 1967 von internationalen Öl-Konzernen und verschiedenen westlichen Geheimdiensten gesteuerten Biafra-Krieges im Süden Nigerias, an der Seite der gegen die Zentralregierung kämpfenden Stämme der Igbo. Auch hier erlebt Steiner gegen Ende seiner „Mission" ein Desaster, er muss außer Landes fliehen, um endlich dann doch noch seinem Zenit als Berufskrieger in Sudan entgegenreisen zu können – mit dem finalen Schlusspunkt vor dem Militärgericht in Khartum, das zugleich das Ende seiner militärischen Karriere als Oberbefehlshaber der südsomalischen Rebellenarmee in einem ebenfalls, wie zuvor in Biafra, gescheiterten neokolonialistischen Sezessionskrieg bedeutete.

Unter dem Datum des 6. Februar weist ein interner Maßnahmeplan[101] des Ministeriums für Staatssicherheit (MfS) aus, was sich in den Beratungen zuvor auf höchster Leitungsebene unter dem Codenamen „Projekt Afrika" (konkret bezogen auf den Sudan) an Schlussfolgerungen ergeben hatte. Dazu gehört unter dem Titel „Operative Maßnahmen" die zu prüfende Möglichkeit einer „Kontaktaufnahme" mit der Gruppe H&S. Konkret handelte es sich dabei um die Hoffnung auf operativen Erkenntnisgewinn anlässlich der geplanten Aussagen Steiners vor der Kamera über die Offenlegung geheimdienstlicher Verwicklungen der Großmächte, besonders der USA, Großbritanniens, Frankreichs, aber auch Israels sowie der Bundesrepublik Deutschland, in die inneren Konflikte der nationalen Befreiungsbewegungen – im speziellen Falle als offen Partei beziehende Konfliktpartner im Rahmen neokolonialer militärischer Interventionen.

Am 22. Februar 1971 kommt es während eines ersten Treffens mit H&S zur Verabredung über eine Zusammenarbeit in Sachen Steiner mit dem MfS: H&S erhalten das gesamte Hintergrundmaterial des Ministeriums zu dessen Fall ausgehändigt. Ein halbes Jahr später, am 21. September 1971, liegt schon das fertige Konzept des künftigen Steiner-Films vor. Es ist laut Protokoll

[101] Vgl. Maßnahmeplan (2) Projekt „Afrika" des MfS – HA XX Nr. 12751, Bl. 52.

abgestimmt und bestätigt durch Werner Lamberz, den verantwortlichen Sekretär des Politbüros für Agitation und Propaganda beim ZK der SED. Dieser Sachverhalt wird durch die Vertreter des MfS kommentarlos zur Kenntnis genommen, trotz des damit offensichtlich verbundenen Verstoßes gegen die zuvor verabredete und bestätigte Diskretion ihrer Zusammenarbeit. Im November 1971 verweist eine Kostenaufstellung von H&S in Höhe von 31 625 DM-W auf die entstandenen Aufwendungen im Zusammenhang der durch das Studio selbst übernommenen Recherche-Arbeiten in der Bundesrepublik und in Frankreich auf den Spuren Rolf Steiners, die vom Ministerium wie die vorangegangene Abstimmung mit der Parteiführung ebenfalls bestätigt und als Rechnungslegung anerkannt wird.

Am 19. Mai 1972 liegt schließlich das gesamte Drehbuch des Films vor, am 28. September erfolgt durch H&S die Ankündigung, dass die „Voraufführung des Steiner-Films im ZK [...] nunmehr am 13.10.72 stattfinden [soll]“[102]. Gleichzeitig wird dem MfS durch Heynowski und Scheumann mitgeteilt, dass das Studio „als nächste Aufgaben Projekte erhalten [habe, durch die Leitung der DEFA bzw. des Fernsehens], die Chile und palästinensische Befreiungsbewegung betreffen“[103]. Im November 1972 werden H&S eine Studienfahrt durch Chile unternehmen. „Es ergeht die Bitte an uns zu prüfen“, heißt es weiter, „ob zu diesen Projekten Unterstützung gegeben werden kann.“[104]

Am 22. Januar 1973 schließlich empfiehlt Markus Wolf als Leiter der Hauptverwaltung Aufklärung (HVA) des Ministeriums für Staatssicherheit in einem Schreiben an den „Genossen Minister Generaloberst Mielke“, konkrete Vorgaben zur „politisch-operative[n] Auswertung des Filmes“[105].

102 Vgl. Abteilung Agitation MfS vom 28.9.1972, MfS – HA XX Nr. 12751, Bl. 20.

103 Ebd.

104 Ebd.

105 Vgl. Aktenvermerk, politisch-operative Auswertung des Filmes „Immer wenn der Steiner kommt“, Markus Wolf an Erich Mielke vom 22.1.1973, MfS – HA XX ZMA Nr. 20327, Bl. 7.

Danach sollte der Film *Immer wenn der Steiner kam* „im Umlaufverfahren (6 Kopien) über die Propagandaorgane der Partei bis in die Kreisleitungen vor Parteiaktivisten, einschließlich der Nationalen Volksarmee, gezeigt werden“[106]. Jede darüber hinausgehende Überlegung zur öffentlichen Verbreitung des Films, z. B. im Fernsehen oder Kino, bleibt dagegen hier noch unerwähnt.

In einem abschließenden Bericht des MfS ist von einer zunächst uneingeschränkt positiven Bewertung des Films die Rede. Das Studio H&S habe mit seiner Arbeit „eindrucksvoll und beweiskräftig die neokolonialistischen und Geheimdienstpraktiken imperialistischer Mächte einschließlich ihres diesbezüglichen Instrumentariums gegen junge Nationalstaaten [sowie] [...] gleichzeitig das Engagement sozialdemokratischer Führer bei der Durchführung der neokolonialistischen Politik“[107] enthüllt. Nur wenige Wochen später kommt es zu einer völlig überraschenden Wendung, und der Film wird trotz des ausgesprochenen Prädikats „sehr wertvoll“ ohne jede weitere konkrete Begründung aus dem Verkehr gezogen bzw. sollte in wenigen Kopien nur noch intern, das heißt lediglich innerhalb des kleinsten Machtzirkels der Partei sowie der bewaffneten Organe ausgewertet werden.

Es ist der absurde Fall einer in ihrer gesamten damaligen Medien- und Informationspolitik geradezu eklatanten Unsicherheit der SED-Führung, der gleichzeitig der Beleg ihrer ebenso großen Sicherheit entgegensteht, dem Urteil der Zuschauer in keinem Falle trauen zu dürfen. Das liest sich in der holprigen Rhetorik eines lakonischen Herrscherbescheides wie folgt: „Von den zuständigen Mitgliedern des Politbüros, und soviel uns bekannt ist, auch von dem Genossen Minister, wurde festgelegt, den Film aus Gründen politischer Zweckmäßigkeit nicht wie vorgesehen im

106 Ebd.

107 MfS, Abteilung Agitation, Leiter Oberst Dr. Halle an Generalleutnant Beater vom 6.3.1973, Dokumentarfilm des Studios Heynowski/Scheumann, MfS – HA XX ZMA Nr. 20327, Bl. 5.

Immer wenn der Steiner kam. Ein Film von Heynowski & Scheumann, Peter Hellmich, Umschlagvorderseite der Presseinformation des DDR-Fernsehens

Fernsehen oder anderweitig öffentlich vorzuführen […] und ihn vor Parteikadern in geschlossenen Veranstaltungen zu zeigen.“[108]

Das Argument der Absage aus Gründen „politischer Zweckmäßigkeit“ verweist allerdings auf Realitäten: Die DDR kämpft um ihre internationale Anerkennung und muss deshalb die Androhung Dschafar Muhammad an-Numairis durchaus ernst nehmen, es möglicherweise zu einem diplomatischen Eklat kommen zu lassen, sollte der Steiner-Film trotz seines präsidia-

[108] Ebd.

len Einspruchs dennoch öffentlich gezeigt werden. Nach einem gerade erst glücklich überstandenen Putschversuch gegen sich und der nachfolgenden demonstrativen Wieder-Annäherung an den Westen vollzieht sich hier an einem konkreten Beispiel, was politisch im großen schon seit längerem die offizielle Politik des Sudan zunehmend bestimmt hatte – und letztlich einer der Gründe war für den gegen den Präsidenten gerichteten Aufstand ehemaliger Kampfgefährten: an-Numairi war längst in die Rolle des Realpolitikers geschlüpft, der es am Ende immer mit denen hält, von denen er das meiste bekommen kann.

Die zum Aufnahme-Team des Studios H&S gehörenden Horst Donth, Manfred Berger und Joachim Stoff hatten den Putschversuch einer Gruppe von Offizieren unter der Führung Hashim el-Attas gegen an-Numairi unmittelbar vor Ort miterlebt und davon Filmaufnahmen gemacht.

Nachdem in den Tagen nach der Niederschlagung des Putsches die Hinrichtungen an allen als vermeintliche kommunistische Verschwörer gefangen genommenen Unterstützer des Aufstands (einschließlich el-Attas) auf Befehl des Präsidenten exekutiert worden waren, bedeutete das unmittelbare Lebensgefahr auch für die plötzlich mitverdächtigte Gruppe um H&S. Dieses unvorhergesehene Risiko, allein durch die Hilfe der noch im Sudan anwesenden früheren Militärberater aus der DDR abgewendet, sollte für die spätere politische Einordnung des gesamten Steiner-Projektes prägend bleiben. Daraus abgeleitet auch die Bereitschaft von H&S, das de-facto-Verbot ihres Filmes kommentarlos, ohne Einspruch anzunehmen. Ein weiteres kam möglicherweise hinzu und könnte die nicht genau zu kalkulierende Haltung des DDR-Publikums gegenüber der Person und Rolle Rolf Steiners betreffen. Es sollten in jedem Falle unerwünschte Reaktionen möglicher Identifikationshaltungen mit seiner Figur vor allem unter Jugendlichen in der DDR ausgeschlossen werden – aber das bleibt eine reine Spekulation.

Dennoch weisen die Bilder Steiners in der Verhörsituation mit Gerhard Scheumann ihn als einen wachen und reflektierenden Untersuchungsgefangenen aus, der die Rechtspositionen seiner

Auftraggeber aus der Bundesrepublik, den USA, Großbritanniens und Israels direkt auf sein eigenes Geschäftsgebaren überträgt. Gerhard Scheumann erweist sich ihm gegenüber erneut als äußerst professioneller und exzellent vorbereiteter Interviewer, dessen moralisch-politische Haltung und Distanz zu Steiner vor allem in den wiederholt eingesprochenen Zwischenkommentaren aus dem Off deutlich wird. Allerdings wirkt sie in ihrer Rhetorik pathetisch-feierlicher Anklage des Weltimperialismus eher als gestanzte und endlos wiederholte Parteisprache denn als wirklich überzeugende Sprache eigener Kritik. Die Gründe dieser Schwäche des Kommentars haben ihre Ursache wohl vor allem dort, wo sich der Angeklagte Steiner (in dem ja offensichtlich nur zum Schein als Interview inszenierten Verhör) als viel zu trainiert und insofern auf derartige Situationen selbst der extremsten Belastung eines möglichweise am Ende vollstreckten Todesurteils als zu vorbereitet erweist, um sich wie einst der „lachende Mann" schon während des Gesprächs mit seinen Überzeugungen vom Recht oder Unrecht „seines" Krieges persönlich zu desavouieren. Insofern widerspricht er seinem Interviewer Gerhard Scheumann auch nicht, sondern antwortet ihm nachdenkend. Auch provoziert er als Gefangener keine Situation, die in den Reaktionen der Gegenseite später zu seinen Gunsten als Verstoß gegen die Genfer Kriegsgefangenen-Konvention ausgelegt werden könnte, sondern stellt sich in der für ihn schwierigen Lage kontrolliert und im Respekt seinem Gegenüber, dessen Rolle er vorher ebenso schriftlich bestätigte, wie er die Freiwilligkeit seiner Aussage betont hatte. Gleiches gilt im umgekehrten Falle zweifellos auch für die Haltung Gerhard Scheumanns.

Auch aus diesen Umständen ergab sich eine Reihe von Problemen, die für die Entscheidung, den Film besser nicht öffentlich zu zeigen, maßgeblich gewesen sein dürften. Als Dokument der Zeitgeschichte hatte er andererseits seine eigentliche Funktion intern ja erfüllt: Er bewies eindringlich die strukturelle Verwicklung offizieller und inoffizieller Stellen der Bundesrepublik wie auch aller anderen westlichen Mitspieler auf weltpolitischer Ebene im Kampf um eine strategische Vormachtstellung gegenüber dem

Sozialistischen Lager. Und er bewies noch einmal, dass dieser Kampf auf der Seite des Westens mit allen Mitteln geführt würde.

Der Kalte Krieg, eingedenk seiner heißen Schauplätze in Afrika sowie auch an vielen anderen Orten der Welt, war vor diesem Hintergrund niemals ein Kampf Gut gegen Böse, Recht gegen Unrecht oder Frieden vs. Krieg, wie das schon Anfang der Siebzigerjahre und mit Blick von heute aus schon gar nicht mehr in solcher einseitigen Beschreibung möglich war und ist. Aber das betrifft schon nicht mehr allein bzw. noch nicht einmal zuerst die Sprache eines Kommentars, sondern die Wirklichkeit und in ihr die realen Machtverhältnisse selbst.

Tatsächlich verschoben sich die kurzzeitig privilegierten Beziehungen zwischen dem Sudan und der DDR bald wieder zugunsten des Westens, nachdem die DDR bestimmte materielle Erwartungen der Solidarität aus ökonomischen Gründen nicht bedienen konnte (oder wollte) und die Bundesrepublik sofort dankend einsprang. Das führte letztendlich auch zu dem Ergebnis, dass das nicht vollstreckte Todesurteil gegen Steiner, wenn überhaupt, nur kurzzeitig auf die taktische Unterstützung aus der DDR zurückzuführen war. Tatsächlich „herausgeholt“ hat ihn am Ende der im Auftrag der Regierungen Brandt und Schmidt zu legendärem Ruhm aufgestiegene Nah-Ost-Unterhändler und spätere Staatsminister Hans-Jürgen Wischnewski, mythisierend „Ben Wisch“ genannt. Er konnte die vorzeitige Entlassung von Rolf Steiner aus „humanitären Gründen“ (nach Absprache mit an-Numairi) fast drei Jahre nach dessen Verurteilung sowie seine Ausreise in die Bundesrepublik diskret vorbereiten lassen – mit den Garantien gegenseitiger handfester ökonomischer und politischer Vorteilsnahmen.

So war der Steiner-Film in der doppelten Bedeutung des Wortes abgedreht worden. Alle Beteiligten waren wenigstens glücklich in Schönefeld gelandet, und H&S starteten – wie seit langem geplant – kurz darauf in Richtung Lateinamerika, nach Chile: vorerst noch zur Feier des ersten demokratisch gewählten marxistischen Politikers im Amt des Präsidenten eines Landes auf dem amerikanischen Subkontinent.

Hoffnung und Tragödie: Chile 1970–1973

Salvador Allende, Kandidat der „Unidad Popular", der „Vereinigten Linken", war am 4. September 1970, wenn auch nur mit knappem Vorsprung (36,29 % zu 35,76 %) vor seinem konservativen Mitkonkurrenten Jorge Alessandri, als Sieger aus den Präsidentschaftswahlen Chiles hervorgegangen und konnte sich danach, dank der Unterstützung durch die Christdemokratische Partei, in das höchste Staatsamt wählen lassen. Es war ein historischer Sieg, der erstmals den Umbau eines Landes mit kapitalistischer Ordnung hin zu einem demokratischen Sozialismus auf friedlichem Wege als realistische Perspektive eröffnete. Und es war zugleich ein riskanter Sieg, denn in seiner Folge war das neue Chile unter Allende nach den Wahlen als ein politisch tief gespaltenes Land zurückgeblieben. Wie im Wahlprogramm der „Unidad Popular" angekündigt, begann unmittelbar nach Übernahme der Regierungsverantwortung das Kabinett Allende mit der Verstaatlichung der wichtigsten Wirtschaftszweige des Landes, so etwa des Bergbaus, des Bankwesens, der Landwirtschaft sowie der Industrie. Einher ging dieser Prozess mit der Enteignung gleichzeitig auch des gesamten ausländischen Vermögens an Großunternehmen des Landes. Demonstrativ vollzog sich dieser staatliche Eingriff im Falle des US-amerikanischen Kapitals, das jahrzehntelang mit riesigen Investitionen vor allem in den Kupferbergbau und in die Kommunikationsindustrie einen ständigen Vermögensabfluss in Milliardenhöhe außer Landes produziert hatte.

Dass solche Enteignungsmaßnahmen auf entschiedenen Widerstand der vom Verlust ihres Besitzes betroffenen reichen Kapitalanleger sowohl aus dem eigenen Land als auch vor allem von jenen aus den USA stoßen würde, und dabei verdeckt oder offen beide die Solidarität der US-Regierung zugesagt bekommen würden, war absehbar und trat auch schon nach kurzer Zeit ein – bis hin zu offener politischer Erpressung und unverhohlener Androhung auch bewaffneter Einsatzoptionen zur Verteidigung und Wahrung der alten Machtverhältnisse.

Großen Zuspruch erfuhr die Regierung Allende dagegen vor allem von den armen Bevölkerungsschichten der Industrie- und Landarbeiter: Deren allgemeines Lohnniveau wurde merklich erhöht, es wurde eine kostenlose Schulbildung für alle Kinder verfügt, hohe Subventionen in allen sozialen Bereichen (Mieten, Schuldentilgung etc.) führten zu einer deutlichen Erhöhung des Lebensstandards – und auch die Verteilung von täglich einem halben Liter Milch an alle Kinder des Landes war mehr als nur eine populistische Geste, vielmehr ein wichtiger Beitrag wirklicher, gesamtstaatlicher Gesundheitsvorsorge.

In diesem Spannungsverhältnis von demonstrativer Solidargemeinschaft mit der besitzlosen breiten Masse der Bevölkerung einerseits und dem politischen Abwehrkampf gegen die Macht des nationalen und internationalen Kapitals andererseits trieb das Land schon nach relativ kurzer Zeit immer weiter in eine soziale und Wirtschaftskrise, die sich zur inneren Verfassungskrise ausweitete. Es erwies sich, dass die materielle Unterstützung durch die Sowjetunion und deren Verbündete ökonomisch nicht hinreichend war, um in einem Wirtschaftskrieg mit den USA und deren Bündnispartnern auf der anderen Seite erfolgreich zu bestehen.

Zudem war das sich in Chile abzeichnende Modell eines „dritten Weges" – des versuchten friedlichen Überganges eines ehemals kapitalistischen Landes in eine sozialistische Staatsordnung auf streng parlamentarisch-demokratischer Basis – nach der herrschenden Lehre des Marxismus durchaus umstritten, zumindest was seinen unübersehbar voluntaristischen Charakter anbelangte. Das offizielle Solidaritätsbekenntnis in den Ländern des Realsozialismus blieb weiterhin und bis zum Ende ungebrochen, wenngleich es interne Vorbehalte gab – bezüglich einer vermuteten Beispielwirkung für die anwachsenden Bürgerrechtsbewegungen Europas. Unmittelbar revolutionierend wirkte das Beispiel Chiles darüber hinaus vor allem im gesamten lateinamerikanischen Subkontinent.

In diesem Sinne bleibt die Annahme wohl richtig, dass die direkte Einmischung der US-Regierung in den am 11. September 1973 erfolgten militärischen Putsch gegen die Regierung

Allende, angeführt von einer Offiziersclique um den Chef des Heeres, General Augusto Pinochet, in letzter Konsequenz der Sicherung des strategischen Gleichgewichtes mit der Sowjetunion und damit der Aufrechterhaltung des Status quo diente. Dieses hätte sich bei Erfolg des chilenischen Experiments nach Ansicht der USA einseitig zugunsten der Sowjetunion verschoben – und das war der eigentliche Grund für die vor allem durch den amerikanischen Geheimdienst CIA mit allen Mitteln betriebene Beteiligung an der schließlich erfolgreich in Gang gesetzten Konterrevolution gegen das Sozialismus-Modell Allendes. Mit dessen Liquidierung konnten unmittelbare wirtschaftliche Interessen der USA gesichert werden, zudem war – mit Blick auf den gesamten Subkontinent – offen politische Macht demonstriert worden und in letzter Konsequenz sogar noch der Beweis einer überlegenen Politik der Stärke gegenüber der Sowjetunion als Probebühne für Künftiges erbracht. Das verweist – mit der tragischen Geschichte des Untergangs einer Hoffnung, die immer mit dem Namen Salvador Allende verbunden sein wird – zugleich auf die tragische Geschichte aller bisherigen Vorstellungen von einem Sozialismus mit menschlichem Antlitz – und das nicht nur in Chile.

H&S waren mit ihrem Kamerateam Augenzeugen und solidarische Weggefährten dieser Geschichte – und nach dem 11. September 1973 auch ihre Dokumentaristen.

Mitbürger titelten sie den ersten, unmittelbar nach dem 11. September produzierten Beitrag ihres später in einen ganzen Filmzyklus einmündenden Engagements. Es ist die Aufzeichnung des Wortlautes der letzten Rede, die Salvador Allende über die noch verbliebene Radiostation des schon brennenden Präsidentenpalastes La Moneda an das chilenische Volk richtete. „Mitbürger" ist die Anrede, mit der er kurz vor seinem Tod sich noch einmal an seine Landsleute gewandt hat. Es ist eine nur kurze Rede von genau acht Minuten, die der Film in Synchronzeit im Original der spanischen Sprache mit deutschen Untertiteln dokumentiert, untersetzt mit eindringlichen Bildausschnitten und Fotomontagen und einem an den Anfang gestellten filmhistorisch einzigartigen Mitschnitt der Bombardierung der Moneda durch die Luftwaffe, die von den Kameramännern Peter Hellmich und Manfred Berger aus einem Hotelzimmer in nächster Nähe des Palastes aufgenommen worden war. Es war der letzte Moment zu sprechen – unmittelbar danach wird Salvador Allende Selbstmord begehen mit derselben Waffe, mit der er zuvor seinen Amtssitz verteidigt hatte gegen die Übermacht des eindringenden Militärs, das ihn mit seiner Gefangennahme und Inhaftierung öffentlich zu erniedrigen beabsichtigte. Dieser Demütigung wird er sich entziehen, nachdem er seine Ansprache mit den Worten beendet: „Ich werde weiter unter Ihnen sein." Es ist ein erschütterndes, einzigartiges Dokument, das H&S mit diesem kurzen Film hinterlassen haben.

Ihm folgen in kurzem Abstand innerhalb nur eines Jahres weiterhin *Der Krieg der Mumien* (DDR-F: 5.3.1974, UA Kino: 31.5.1974), *Psalm 18* (UA Kino: 28.6.1974, DDR-F: 29.12.1974), *Ich war, ich bin, ich werde sein* (DDR-F: 11.9.1974, UA Kino: 28.1.1975), *El Golpe Bianco. Der weiße Putsch* (DDR-F: 4.3.1975, UA Kino 25.3.1977) und *Geldsorgen* (UA Kino 7.11.1975).

Zwei Jahre später ist ein Aufnahmeteam des Studios H&S erneut vor Ort und dreht trotz bekannt gewordener Fahndungsmaßnahmen gegen das Studio *Eine Minute Dunkel macht uns nicht blind* (UA Kino und DDR-F: 11.1.1976), *Die Toten schweigen nicht* (DDR-F: 19.4.1978) sowie *Im Feuer bestanden* (DDR-F: 11.9.1978).

Ebenfalls als zum Chile-Zyklus gehörend sind die aus dem Abstand von einem Jahrzehnt und mehr entstandenen Filme *Im Zeichen der Spinne* (DDR-F: 2.10.1983), *Hector Cuevas* (DDR-F: 18.12.1985 und UA Kino: 12.12.1986) und *Schnappschüsse* (UA Kino: 14.3.1986) zu nennen.

Jeder dieser Filme, ob als Langmetrage- oder im Kurzfilm-Format geplant, kann für sich in Anspruch nehmen, ein bleibendes Dokument ebenso engagierter wie sich seiner formalen Mittel äußerst souverän versichernder Arbeitshaltungen zu sein.

Die Gründe dafür sind ebenso komplex wie einzigartig. H&S fahren als künstlerisch erprobte und sich ihrer Mission bewusste Filmemacher nach Chile, um als Zeugen vor Ort zunächst ein

Der Krieg der Mumien. Ein Film von Heynowski & Scheumann, Peter Hellmich, Umschlagvorderseite der Sonderausgabe des Fernsehdienstes

gesellschaftliches Experiment zu begleiten, das in seiner historischen Dimension bisher ohne Vergleich ist und deshalb die Aufmerksamkeit weltweit auf sich zieht. In freien, demokratisch anerkannten Wahlen war es in Chile zu einer revolutionären Umwälzung der Gesellschaft gekommen, und seitdem war das Land auf dem Wege, einen Sozialismus aufzubauen, der eine Hoffnung für die Welt hätte werden können. Am Tag seiner Niederlage starb deshalb auch eine Hoffnung für die Welt. Niemals zuvor und danach hatte es in der DDR eine so ungeteilte und lebendige Solidarität mit den politisch Verfolgten eines einzelnen Landes gegeben, wie das jetzt mit den leidenden Menschen in Chile selbst oder im Besonderen zu den aus ihrer Heimat vertriebenen Emigranten geschah. Niemals zuvor gab es eine vergleichbare Übereinstimmung zwischen der offiziellen Politik der DDR und der Stimmung in weiten Teilen der Bevölkerung. Das „Venceremos" („Wir werden siegen") der chilenischen Musikgruppen, die zu Konzerten ohne Rückkehr in die DDR gekommen waren und dort ihr jahrelanges Exil fanden, war eine ebenso romantisch anrührende wie elegische Botschaft des Widerstandes, die zu einer kollektiven Haltung immer wieder besungener Selbstgewissheit des künftigen Sieges wurde, aber auch gleichzeitig zu lebendiger Solidarität in Zeiten der Niederlage der Revolution aufrief – beides bekam sie massenhaft auch bestätigt.

Von solchem Gefühl der Übereinstimmung einer gemeinsamen Hoffnung bei gleichzeitiger Anerkennung von Realitäten der tragischen Niederlage im revolutionären Kampf sind alle Filme des Chile-Zyklus von H&S geprägt – ohne Ausnahme.

Schon am 5. März 1974 wird der abendfüllende Film *Der Krieg der Mumien* im 1. Programm des DDR-Fernsehens ausgestrahlt. Nur wenige Monate nach dem Putsch des 11. September legen H&S mit ihm eine die Gewalt der Zusammenhänge umfassend darstellende Analyse der Ereignisse vor, die dem Erfahrungsdruck der Wirklichkeit nach der Niederlage der Revolution nicht ausweicht, vielmehr als Kamerablick ihm bis in den Abgrund nachfolgt und standhält.

Es beginnt mit der Eröffnungsszene des Films: ein Karneval ausgelassener junger Leute. „Los momios" ist ihr Motto: „Wer nicht hüpft, ist eine Mumie!" Tanzend und singend skandieren sie den Satz immer wieder auf den Straßen Santiagos. „Mumien" – in der Übersetzung – galt im revolutionären Chile als das weithin bekannte Synonym für Ausbeuter oder Kapitalist – eine ganze Klasse wurde mit diesem Begriff verlacht. Es war ja gerade auch die junge Generation, mit deren Stimme die alte Ausbeuterklasse abgewählt worden war. Ihr Held war Salvador Allende, ein Präsident des Volkes, der ihnen diese neue Freiheit versprochen hatte, den sie dafür gewählt haben – und den sie lieben.

Der Rückerinnerung an den Moment größter Freude des Sieges folgt unmittelbar darauf eine weitere Rückblende des Films. Auf einem kahlen Feld stehen mehrere aus Decken zusammengebundene Zelte. Familien in großer Armut mit ihren Kindern sind zu erkennen; sie haben dieses Feld in Besitz nehmen können, erzählen sie, und werden darauf ihre Häuser bauen, wie ihr neuer Präsident es ihnen versprochen hat. Er wird sein Versprechen einlösen, im Bewusstsein, das allermeiste würde dennoch – und noch lange – vor ihnen allen liegen. Bei einer späteren Schlüsselübergabe an glückliche neue Wohnungsinhaber, an die die Bilder des Films danach erinnern, ist der Fortschritt überaus sichtbar und wird gefeiert, aber es fehlen noch immer sechshunderttausend Wohnungen. Allendes Ansprache an die Leute während der Feier der Schlüsselübergabe ist ebenso heiter selbstironisch wie ernst. Er appelliert an ihre Wachsamkeit gegenüber den alten Feinden, an ihre patriotische Verantwortung, die neue Freiheit nicht aufs Spiel zu setzen, also zu lernen und sich zu informieren.

Das nächste Bild zeigt schon das Ende – in einem radikalen Filmschnitt. Am 11. September morgens brennt die Moneda und stirbt mit Salvador Allende die von so vielen erträumte Zukunft unter der Diktatur und dem Terror des Faschismus.

Nur in der Erinnerung treten die Bilder vom Anfang noch einmal hervor: so die Wahl Allendes zum chilenischen Staatspräsidenten 1970, davor als Bild-Zitate eines ganzen Jahrhunderts Dokumentationen des andauernden Widerstandskampfes chilenischer Arbeiter gegen Ausbeutung und Unterdrückung im Zeichen der „Internationale“, des langsamen Aufstiegs schließlich einer starken sozialistischen Opposition bis zu ihrem Sieg 1970.

Genau das war dann der Zeitpunkt, so der eingesprochene Kommentartext, da der Krieg nicht mehr nur wie zuvor ein Krieg der Besitzenden gegen die Besitzlosen des Landes war, sondern der „Krieg der Konzerne gegen Chile begann“.

Dokumentiert werden die einzelnen Etappen dieser Eskalation staatlicher Gewalt im Auftrag internationaler Kapitalinteressen bis hin zur Katastrophe ihres letzten Arguments: des faschistischen Staatsstreichs. Auf die Politik des bewusst gesteuerten ökonomischen Kollapses folgt zunächst die Probe des gescheiterten „weißen Putsches“, das heißt die Abwahl der Regierung Allende per Stimmzettel. Mit ihm einher geht ein anhaltender internationaler Handelsboykott und schließlich, mit der Folge schlimmster innenpolitischer Auseinandersetzungen, der gelungene Versuch der Spaltung der chilenischen Bevölkerung aufgrund verschiedener sich feindlich gegenüberstehender sozialer Interessenlagen, hinter denen nicht nur eine ökonomische Realität steht, denn Bestechung und Verrat geben sich die Hand. Von der CIA bezahlte Agenten organisieren im Frühjahr 1973 den „Marsch der Kupferarbeiter auf Santiago“, verschiedene Berufsverbände, wie die der Lastkraftwagenbesitzer, sabotieren durch Streiks die Versorgungssicherheit im Lande. Als alle diese Versuche dennoch nicht die Mehrheit der Bevölkerung hinter sich bringen, internationale Hilfe und Solidarität dagegen wenigstens zu Teilen wirksam werden, so auch in berührend-anrührenden Erinnerungen an die Hilfe z. B. von DDR-Ingenieuren bei Instandsetzungs- und Reparaturarbeiten im Kupferbergbau, ihre eigenen Erfahrungen der „Störfreimachung“ von Westdeutschland vor Augen, greift das internationale Kapital im Verbund mit der nationalen Reaktion zum letzten Mittel: der direkten militärischen Intervention zur Sicherung ihrer Macht.

Ich war, ich bin, ich werde sein erlebt am 11. September 1974, auf den Tag genau ein Jahr nach dem faschistischen Putsch, seine Fernsehpremiere in der DDR. Der Film zeigt Aufnahmen, die trotz strengsten Verbots in zwei Konzentrationslagern im Norden Chiles, in Chacabuco und Pisagua gedreht und aus dem Lager geschmuggelt werden konnten. Das Risiko für Peter Hellmich und sein Team, dabei entdeckt zu werden, war enorm. Es wurde in Kauf genommen für den dadurch endgültig dokumentierten Nachweis eines Staatsterrors, der mit seiner Verletzung elementarster Menschenrechte die faschistische Gewaltherrschaft der chilenischen Junta eindeutig vor der Weltöffentlichkeit belegen konnte und unter Anklage stellte. Gleichermaßen bezeugen aber auch die durch den Film aus der Anonymität geholten Gesichter

Ich war, ich bin, ich werde sein. Ein Film von Heynowski & Scheumann, Peter Hellmich, Umschlagvorderseite der Presseinformation des DDR-Fernsehens

und erkennbaren Haltungen der Gefangenen deren unbedingte Willensstärke zu überdauern, bereit zu sein für die Zukunft nach dieser Diktatur.

H&S gewinnen mit dieser Betrachtungsweise der historischen Ereignisse eine so noch nie zuvor in ihrem Werk in ähnlicher Weise vorhandene Authentizität sowohl in der Sprache ihres Films als auch seiner Kameraperspektive. Es ist die Einsicht in die Wirklichkeit einer Niederlage der konkreten chilenischen Revolution als Annahme der sich darin wiederholenden welthistorischen Tragödien der proletarischen Revolution des 20. Jahrhunderts. Aber es ist nicht das Ende der Geschichte selbst, das sich mit diesem Scheitern als endgültige und fatale Einsicht formuliert, sondern vielmehr der Versuch, rückblickend als Beteiligte wenigstens einige der möglichen Gründe für dieses Scheitern zu erfassen, das auch das Bewusstsein eigenen Scheiterns mit einschließt. Und es bleibt der Glaube an eine nach vorn hin weiter offene Geschichte, der nicht relativiert wird – trotz der Erfahrung des „furchtbaren Materialismus" aller bisherigen Geschichte.

Die Befriedung unmittelbar nach der militärischen Intervention unter der Junta-Diktatur Pinochets beruhigt sofort die Märkte. Auch bundesdeutsche Unternehmen bestätigen ausdrücklich die neue Kreditwürdigkeit Chiles. All das zeigen H&S in großer Genauigkeit, mit klarer und zugleich illusionsloser Analyse der Verhältnisse. Zu ihrer Bilanz tragen die von ihnen interviewten neuen Repräsentanten der Junta selbst bei, die neben der Überzeugung von der Endgültigkeit ihres Siegs noch immer von einem herrschenden inneren Krieg im Lande ausgehen. Als Gegner von ihnen erfasst sind alle überlebenden Sozialisten und Kommunisten im Land selbst oder auch im Exil. Sie erscheinen den neuen Machthabern auch jetzt noch als ihre ärgsten Feinde – und sie sind es geblieben.

Genau daraus erwächst unter den Linken in ihren Aktionen und Aufrufen gegen den Faschismus in Chile für längere Zeit noch die Hoffnung auf eine mögliche Wiederkehr der Zeit und des Sieges der „Unidad Popular". Diese Haltung ist auch und vor allem in den frühen Chile-Filmen von H&S anzutreffen und reicht bis zur satirischen Überzeichnung etwa in *Geldsorgen*, einer Miniatur aus dem Jahre 1975, oder den Wahrheiten des Widerstandes der Kirchen Chiles: *Psalm 18* (1974). Immer ist darin zugleich der Reflex eines allgemein wachsenden Widerstandes gegen das Pinochet-Regime auch international, seiner zunehmenden Isolierung sogar in der politischen Öffentlichkeit des Westens aufgehoben, eingedenk der symbolischen Erfolge gegen die Macht der Junta. Der Kampf um die Befreiung Luis Corvaláns zum Beispiel steht für diese besondere Erfahrung. 1976 wird der Generalsekretär der Kommunistischen Partei Chiles unter dem Druck einer internationalen Solidaritätsaktion aus seiner KZ-Haft befreit und erlebt, auf dem Weg in sein späteres Exilland Sowjetunion, einen ungewöhnlich emotionalen Empfang in allen von ihm zuvor bereisten sozialistischen Ländern, besonders auch in der DDR.[109]

Dennoch schwindet allmählich die ursprüngliche Hoffnung auf eine mögliche Wiederholung der Geschichte und die glückliche Wiedererweckung der Volksfront der Unidad Popular. Chile fällt aus dem Fokus des internationalen Interesses heraus, als es beginnt, sich Ende der Siebzigerjahre ökonomisch zu konsolidieren. Und das geschieht nicht zuletzt im Interesse des amerikanischen Kapitals. Im gleichen Interesse liegt auch die spätere allmähliche Entmachtung des Pinochet-Regimes. Es hat seine historische Aufgabe erfüllt. Seit Mitte der Achtzigerjahre kehren die ersten der ins Exil getriebenen Chilenen zurück in eine Heimat auf dem Wege in eine halbwegs befriedete Gesellschaft, viele folgen ihnen schon bald darauf. Ende der Achtzigerjahre wird die Diktatur abgelöst durch die am 14. Dezember 1989 erstmals wieder abgehaltenen freien Wahlen. Fast genau zwanzig Jahre nach der Wahl Salvador Allendes tritt Patricio Aylwin am 11. März 1990 sein Präsidentenamt an.

Am anderen Ende der Welt wird fast zeitgleich eine Geschichte und damit zugleich eine ganze Epoche dagegen von der Weltbühne abtreten, die auf lange Zeit auch die kurze Geschichte des Sozialismus in Chile als Teil ihrer eigenen Geschichte mitaufheben wird. Mit ihr zusammen werden auch die meisten ihrer

[109] Diese besondere Geschichte ist nicht nachträglich zu relativieren. Weder mit Hinweis auf den realpolitischen Zusammenhang der Freilassung Luis Corvaláns durch die chilenische Junta auf ausdrücklichen Wunsch der USA in diplomatischer Abstimmung mit der sowjetischen Seite, um auf diesem diskreten Wege die Freilassung und den Austausch mit dem sowjetischen Dissidenten Wladimir Bukowski realisieren zu können, noch auf die weiterreichende Geschichte des Exils Tausender sonstiger chilenischer Kommunisten und Sozialisten in der DDR, die trotz mancher politischer Probleme dort solidarische Haltungen erfahren haben, die noch heute in der Öffentlichkeit Chiles gewürdigt werden.

historischen Akteure abtreten, darunter in der zum Beitrittsgebiet der Bundesrepublik Deutschland erklärten DDR die Filmdokumentaristen Gerhard Scheumann und Walter Heynowski. Auch sie haben dann ihre Aufgabe erfüllt.

Doch bis zu diesem Abspann wird es noch mehr als fünfzehn Jahre dauern, nachdem H&S mit ihrem belichteten Filmmaterial das Chile der Junta unter Pinochet verlassen hatten, auf dem Weg in die Schnitträume ihres Studios in der Berliner Kronenstraße. Was dort entsteht, sind ihre Filme. Zu den bedeutendsten aber werden für immer jene zählen, die aus dem Chile Salvador Allendes und von der Trauer eines Landes berichten.

Von der Not des verfehlten Engagements – Biermann und die Folgen

Am 13. November 1976 tritt der Liedermacher Wolf Biermann auf Einladung der Gewerkschaftsjugend der IG Metall zum ersten Mal nach mehr als zwei Jahrzehnten wieder öffentlich in der Bundesrepublik Deutschland auf. Er hatte die dafür notwendige Genehmigung zur einmaligen Aus- und Wieder-Einreise in die DDR von den staatlichen Behörden der DDR bestätigt bekommen. Nach seinem ersten Konzert in der Kölner Sporthalle wird es allerdings für ihn kein Zurück mehr in die DDR geben: „Wegen grober Verletzung der staatsbürgerlichen Pflichten"[110] war ihm unmittelbar nach seinem Auftritt die DDR-Staatsbürgerschaft entzogen worden.

Es war eine Entscheidung, mit der sich die DDR selbst enormen Schaden zufügen würde, sowohl was die unmittelbaren politischen Reaktionen als auch die Langzeitwirkungen betraf, die nach der Hybris einer solchen Machtdemonstration (ohne Bedenken der Folgen nach innen wie nach außen) abzusehen waren. Menschen allein auszubürgern, weil sie anders denken oder zu denken wagen als die Herrschenden, steht in einer fatalen deutschen Traditionslinie. Der sofort nach der Bekanntgabe der Aberkennung der Staatsbürgerrechte für Wolf Biermann über westliche Medien verbreitete Protest von zwölf prominenten DDR-Schriftstellern,[111] dem in den Tagen danach rund 150 weitere Unterzeichner der von Stephan Hermlin initiierten Petition folgten,[112] war eine demonstrative politische Antwort, die

[110] Vgl. Pressemitteilung ADN vom 16.11.1976.

[111] Die Namen der Erstunterzeichner waren: Sarah Kirsch, Christa Wolf, Gerhard Wolf, Volker Braun, Franz Fühmann, Stephan Hermlin, Stefan Heym, Günter Kunert, Heiner Müller, Rolf Schneider, Jurek Becker und Erich Arendt.

[112] Zu den nachfolgenden Mitunterzeichnern zählten u. a. Ulrich Plenzdorf, Klaus Schlesinger, Fritz Rudolf Fries, Thomas Brasch, Kurt Bartsch, Hans Joachim Schädlich, Bettina Wegner, Günter de Bruyn, Karl-Heinz Jakobs, Helga Schütz, Elke Erb, Klaus Poche neben vielen weiteren bildenden

sich allerdings, auch späterhin, weitgehend auf intellektuelle und Künstler-Kreise beschränken wird.

Das ist insofern bemerkenswert, weil es geradezu schlaglichtartig die Entscheidung der DDR-Regierung als hysterische Reaktion auf ein ausschließlich ideologisch konstruiertes inneres Feindbild bloßstellte. Der großen Mehrheit der DDR-Bevölkerung war Wolf Biermann bis dahin kaum bekannt und weder vor noch nach seinem Auftritt in Köln besonders überzeugend in seinen Botschaften – sie waren für die meisten viel zu links. So wurde der Akt der Aberkennung seiner Staatsbürgerschaft, für viele sozusagen ohne Grund, gegen jemanden ausgesprochen, der mehr als drei Stunden vor über 6 000 begeisterten Zuhörern von der Überlegenheit des Sozialismus sang („So oder so, die Erde wird rot!") – zum eigentlichen Skandal. Aus dem Fall Biermann wurde ein Beispielfall des Missbrauchs staatlicher Macht.

Die SED-Führung reagierte angesichts der offenbar so nicht erwarteten Öffentlichkeit des Protestes sehr schnell mit der Taktik selektiver Konfliktbewältigung bei gleichzeitigem Versuch möglicher Schadensbegrenzung. Mit drastischen Einschüchterungen und nicht selten unmittelbarer Strafandrohung wurden besonders außerhalb Berlins in den Universitätsstädten der DDR studentische Sympathiebekundungen für Biermann verfolgt. Dabei kam es wie in Jena auch zu Verhaftungen und gewaltsamen Übergriffen staatlicher Behörden. Im Zentralorgan der SED *Neues Deutschland* wurden über mehrere Tage dagegen Solidaritätsbekundungen von Werktätigen und ganzen Arbeitskollektiven, aber auch Zustimmungserklärungen von prominenten Künstlern zu den Maßnahmen der Regierung abgedruckt.

Anna Seghers' Name ist darunter zu finden wie u.a. der von Hermann Kant, Erik Neutsch, Paul Wiens, Konrad Wolf und Peter Hacks, aber auch der von Ruth Berghaus und Paul Dessau sowie Fritz Cremers Name als einige der wenigen, die ihre frühere Solidaritätsadresse für Biermann widerrufen hatten.

Künstlern, Schauspielern, Musikern, Filmemachern und Theaterleuten, in einigen Fällen auch Wissenschaftlern.

Angesichts der Vielzahl menschlicher und politischer Notlagen, die aus diesem Skandal für jeden Einzelnen erwuchsen, sowie der Tatsache, dass viele der damals noch unmittelbar Beteiligten heute schon nicht mehr leben (und vor allem die vermeintlich zu schützende staatliche Souveränität, gegen die Biermann mit seinem Auftritt verstoßen haben sollte, mit der untergegangenen DDR zusammen seit mehr als einem Vierteljahrhundert der Vergangenheit angehört), bleibt die Frage relevant, wofür denn die Voten pro oder contra Biermann damals grundsätzlich standen (und rückblickend noch heute stehen können) – unabhängig davon, wie Biermanns eigene Geschichte seitdem verlaufen ist. Es ist eine Frage nach dem Stellenwert literarischer Öffentlichkeit in einer Gesellschaft, die um der politischen Kultur willen immer wieder aufs Neue aufzuwerfen ist.

1976 bildete die Ausbürgerung Wolf Biermanns in der Geschichte der DDR eine tiefe Zäsur, denn solche Maßnahmen staatlichen Eingriffs waren auf deutschem Boden bis dahin allein dem Nationalsozialismus vorbehalten gewesen. Nun exekutierte ein sich sozialistisch nennender Staat Gleiches im eigenen Namen. Er hätte die in letzter Konsequenz gegen sich selbst gerichteten Maßnahmen (wie sich erweisen sollte) allerdings so nicht durchsetzen können, wenn nicht auch Kollegen Schriftsteller, Künstler oder Wissenschaftler von Rang ihm dabei zur Seite gestanden hätten in der Bestätigung oder später auch der versuchten Glättung bzw. nachträglichen Harmonisierung des Geschehenen, umschrieben gern als „ideologischer Kampf um die Herzen und Hirne der Menschen".

Einen prominenten Beweis für diesen Kampf liefert der Mitschnitt einer Diskussion zwischen mehreren der Petitions-Unterzeichner und dem Politbüromitglied Werner Lamberz im Pankower Haus des Schauspielers Manfred Krug, das dieser heimlich aufgezeichnet hatte und später, lange nach 1990, veröffentlichte.[113] Da geht es einer bestimmten Funktionärselite der

[113] Vgl. Manfred Krug: Abgehauen. Ein Mitschnitt und Ein Tagebuch, Berlin 2001.

Partei, verbunden immer wieder mit dem Namen Werner Lamberz, erkennbar um den Versuch einer Schadensbegrenzung auf der Suche nach dem kleinsten gemeinsamen Nenner möglicher Verständigung zwischen den Konfliktparteien. Das ersehnte Ziel ist zunächst die Zurücknahme der abgegebenen Voten gegen die Ausweisung Biermanns, vor allem unter dem Hinweis ihrer erfolgten Weitergabe an eine westliche Nachrichtenagentur. Mit Blick auf die in der Folge eingeleiteten Rechtsschritte gegen die Unterzeichner der Petition – abgestuft nach Prominentenstatus – und der wachsenden Zahl der darauffolgenden Anträge auf ein Dauervisum zur Ausreise aus der DDR, konzentriert sich das Gespräch sodann auf den Versuch, diese Anträge zurückzunehmen unter Hinweis auf dann ebenso mögliche Zurücknahmen der verhängten disziplinarischen Maßnahmen. Werner Lamberz scheitert bei diesem Versuch, einen nachträglichen Deal mit seinen prominenten Gesprächspartnern zu verhandeln. Dennoch ist nicht zu übersehen, dass es sein Bemühen ist, eine sich immer weiter zuspitzende politische Lage zu beruhigen und im günstigsten Falle wieder rückgängig zu machen – was ihm offensichtlich schon im Vorfeld nicht gelungen war gegen jene Übermacht von Befürwortern der Ausbürgerung Biermanns – einschließlich der Entscheidung über die nachfolgend drastische Verfolgung seiner Sympathisanten. Zur letzteren Gruppe solcher Unterstützer einer weichen Linie der Partei gehörte auch Gerhard Scheumann. Er besaß seit langem schon das Vertrauen von Werner Lamberz und war auf dessen Bitten hin bereit, noch einmal das persönliche Gespräch mit Angelica Domröse, Hilmar Thate sowie mit der Ehefrau von Wolf Biermann, Tine Biermann, zu suchen, um sie eventuell dazu bewegen zu können, ihre Ausreiseabsichten wenigstens zu überdenken, wenn nicht zurückzunehmen. Auch er war in diese Gespräche eingetreten mit dem Wunsch eines erhofften Ausgleichs, womöglich sogar in der Überzeugung, tatsächlich einen Beitrag leisten zu können, zerstörtes Vertrauen wiederherzustellen – gegen die Gefahr, mit dem absehbaren Weggang so wichtiger Persönlichkeiten in den Westen endgültig alle Beziehungen zu ihnen abgebrochen zu sehen. Auch er scheitert. In den Lebenserinnerungen von Angelica Domröse wird später die ganze Absurdität der beiderseitigen Zumutung noch einmal anschaulich, sich überhaupt auf einen solchen Überredungsversuch eingelassen zu haben. Sie verurteilt Gerhard Scheumann wegen seiner damaligen Rolle nicht, sondern – im Gegenteil – bedauert ihn eher angesichts seiner schon damals persönlich eingestandenen Gewissensnot. Das verweist neben dem menschlichen Takt, der aus dieser Haltung spricht, zugleich auf ein Maß nachträglicher Einsicht – bezogen auf ihre beiderseitig beschädigte persönliche Würde durch die Macht einer herrschenden Ideologie. „Er war ein weicher Mann", lautete deshalb das Resümee Angelica Domröses, „seine Besorgnis – um Hilmar? – um sich? – war ehrlich"[114] – und sie sollte recht behalten.

An Werner Lamberz schrieb Gerhard Scheumann unter dem Datum des 10. Dezember 1976 und dem wohl unmittelbaren Erfahrungsdruck der zurückliegenden Gespräche, dass sich in ihnen ein für ihn seit langem bestehendes Defizit an innerparteilicher Demokratie, an mangelndem „Meinungsaustausch" endgültig erwiesen habe. Der Wunsch, wenigstens jetzt aus der entstandenen Lage zu lernen und als Partei noch enger zusammenzurücken, auch dadurch, dass gehört wird, was „unten" gesprochen und gedacht würde, scheint in diesem Moment noch ganz auf Zukunft gerichtet zu sein. Es brauchte allerdings nur wenige Tage, um diesen (solchen Kinder-)Glauben an die Lernfähigkeit der Partei (oder mindestens ihren Willen dazu) grundsätzlich in Zweifel ziehen zu müssen. Aber noch herrscht bei Gerhard Scheumann diese Hoffnung, nicht zuletzt im Verweis auf das eigene Zeugnis solchen Engagements:

„Lieber Werner! Du hast in den letzten Wochen viel Zeit aufwenden müssen, um klärende Gespräche zu führen. Versonnen frage ich mich, ob es nicht auch wichtig wäre, in ‚normalen' Zeiten wenigstens einen Bruchteil dieses Aufwands zum Meinungsaustausch mit solchen Genossen zu verwenden, deren sich die

[114] Angelica Domröse: Ich fang mich selbst ein. Mein Leben, Bergisch Gladbach 2003, S. 239.

Führung in Situationen sicher sein kann, vielleicht ließen sich dann sogar die Zuspitzungen vermeiden. In der Anlage findest Du ein Dokument, das über elf Jahre alt ist und deshalb sprachlich stellenweise überholt. In der Sache aber ist es bedauerlicherweise erstaunlich frisch geblieben. In vielen Diskussionen der letzten Wochen erkannte ich die Probleme wieder, die mich damals bewegten, als ich wegen eines nervös gewordenen Magens die Redaktion von PRISMA niederlegte. Das ‚Testament' habe ich seinerzeit meinen staatlichen Leitern artig auf dem Dienstweg zur Kenntnis gebracht. Es blieb, wie viele andere Dokumente dieser Art, ohne Echo. Eine anregende Lektüre wünscht Dir Gerhard Scheumann"[115]

Nur wenige Wochen später schon sah Gerhard Scheumann sich selbst in eine Lage versetzt, die der von Angelica Domröse und Hilmar Thate annähernd glich, ohne dass er allerdings die gleiche Schlussfolgerung, wie sie es mit ihrem Ausreiseantrag getan hatten, auch für sich selbst bis in die persönliche Konsequenz zu treiben imstande war.

In Moskau war Matti Geschonneck, Ziehsohn Gerhard Scheumanns über fast zehn Jahre während seiner Ehe mit Hannelore Wüst und nunmehr kurz vor dem Abschluss seines Regie-Studiums am Moskauer Filminstitut stehend, von der Leitung seiner Parteiabteilungsorganisation zur schriftlichen Verurteilung des Auftritts von Wolf Biermann in Köln, einschließlich einer Zustimmung zur Entscheidung seiner Ausbürgerung aus der DDR aufgefordert worden. Als enger Freund von Wolf Biermann sah er sich dazu gerade als Genosse nicht imstande und hatte das auch in mehreren Parteigesprächen zuvor angekündigt. Nach Gewährung eines mehrmaligen terminlichen Aufschubs war ihm schließlich eine solche schriftliche Stellungnahme definitiv bis zum 17. Dezember 1976 abverlangt worden, sollten nicht parteierzieherische und weitere disziplinarische Maßnahmen gegen ihn eingeleitet werden.

[115] Gerhard Scheumann an Werner Lamberz, vgl. SAPMO-BArch Dy 30/IV 2/2.033/116.

Gerhard Scheumann war sofort nach Bekanntwerden dieser zugespitzten Situation noch am 16. Dezember 1976 nach Moskau geflogen, um Matti, dem er sich emotional als väterlicher Freund nach wie vor eng verbunden fühlte, die augenblicklich notwendige, unbedingte politische Distanzierung von Biermann klarzumachen. Das gelang nicht. Für Matti war und blieb seine Absage eine grundlegende Gewissensfrage, zu der er stand und für die er auch die Konsequenz eines Parteiausschlusses in Kauf nehmen wollte. Mit dieser Haltung konfrontiert, wandte sich Gerhard Scheumann noch am 17. Dezember, unmittelbar vor seinem Rückflug nach Berlin, an den Parteiorganisator der Botschaft der DDR und bemühte sich trotz der erfahrenen Zurückweisung seiner eigenen Bemühungen dennoch um eine weiterhin auf politische Vernunft setzende Verfahrensweise. So konnte er am Ende des Gesprächs darauf hoffen, mindestens über eine kurze Zeitspanne weitere Möglichkeiten eigener Einflussnahme auf das Verfahren zu haben, ehe endgültig über den Verbleib Mattis in Moskau bis zur Beendigung seines Studiums entschieden werden würde. Denn alle Fragen im Zusammenhang einer zu befürchtenden Relegation vom Studium würden nicht in Moskau, sondern durch das Ministerium für das Hoch- und Fachschulwesen in Berlin getroffen und nicht vor drei bis vier Wochen, also nicht vor Mitte Januar 1977 wirksam werden. Dagegen sei die Eröffnung eines Parteiverfahrens bei nochmaliger Verweigerung Matti Geschonnecks nicht mehr hinauszuschieben. Zurück in Berlin, informierte Gerhard Scheumann unmittelbar darauf sowohl Werner Lamberz als auch Ursula Ragwitz auf der Ebene des ZK der SED sowie weiterhin Heinz Adameck und Hannes Schäfer als Leitungsspitze des Fernsehens der DDR über die Ergebnisse seiner Moskau-Reise.

Dann kam der Schock: Am 30. Dezember 1976 erfuhr Gerhard Scheumann am Telefon, dass sowohl ein Parteiverfahren als auch die höchstmögliche disziplinarische Strafe gegen Matti schon ausgesprochen worden waren mit dem Ergebnis, dass er mittlerweile Moskau längst verlassen habe und inzwischen in Berlin sei. Dazu wird Gerhard Scheumann später unter anderem zu Protokoll geben: „Am 10.1.1977 erschien nachmittags gegen 16.00 Uhr Matti in meiner Wohnung zu einem nicht angemeldeten Besuch. Bei dieser Gelegenheit gab er mir eine umfassende Darstellung des Ablaufs der Vorgänge in Moskau. Danach sei für Sonntag, den 19.12.197[6], überraschend eine Versammlung seiner Abteilungsparteiorganisation einberufen worden, auf der er als Mitglied der SED gestrichen wurde. Zugleich sei er vom Studium in Moskau durch die Botschaft abberufen worden. Es habe in Moskau einen tränenreichen und spektakulären Abschied auf dem Belorussischen Bahnhof gegeben. Viele Studenten vieler Nationalitäten haben ihn mit Gesang zum Zug geleitet und er sei dann am 22.12.1976 hier in Berlin eingetroffen. Die sowjetische Seite, also die Leitung des Instituts, habe für die Maßnahmen der Botschaft kein Verständnis gezeigt. Paradoxerweise hat Matti die schnelle Einberufung der Versammlung am 19.12.1976 und das Ergebnis dieser Versammlung darauf zurückgeführt, daß ich in der Botschaft mit den Vertretern der Zentralen Parteileitung gesprochen hätte. Am 24.12.1976 fand in Moskau die Vorführung der Prüfungsarbeiten seines Studienjahres vor den versammelten Meisterregisseuren statt. Dabei sei sein Film, sein Prüfungsfilm, mit besonderem Beifall [au]fgenommen worden und von den 30 vorgelegten Arbeiten als die beste erklärt worden.“[116]

Gerhard Scheumanns Entrüstung geht zunächst auf die erfahrene Kränkung zurück, durch die Botschaft in Moskau nicht wenigstens persönlich informiert worden zu sein vom weiteren Gang des Verfahrens nach seiner Abreise, zumal angesichts des von ihm selbst als offen empfundenen Gesprächsverlaufs am 17.12. Es war kein Versehen: Stattdessen erlebte er lediglich an einem ihn nunmehr selbst unmittelbar mitbetreffenden familiären Fall, trotz seiner persönlichen Interventionsmöglichkeit auf höchster Parteiebene, den offensichtlichen Missbrauch des Prinzips innerparteilicher Demokratie. Nichts anderes hatten Wo-

[116] Gerhard Scheumann: Zusammenfassende Darstellung meiner Kenntnisse über die Behandlung und Entwicklung Matti Gescho[n]ne[c]ks seit dem 17.12.1976; Tonbandabschrift, MfS AIM 10844/84, Bl. 142.

chen zuvor die zwölf Erstunterzeichner der Biermann-Petition für sich ebenfalls zur Kenntnis nehmen müssen: die desillusionierende Ignoranz der Partei selbst auf eine Geste geradezu demutsvoller Bittstellung durch einen Kreis höchst anerkannter, auch international geehrter Künstler: „... und bitten darum, die beschlossenen Maßnahmen zu überdenken“[117]. Möglicherweise war es in beiden Fällen aber auch die Selbstüberschätzung und der noch immer vorhandene Glaube, mehr zu sein als bloß zur Entgegennahme zentral gefasster Beschlüsse einsetzbare und verpflichtete Objekte der Politik. Gerhard Scheumann jedenfalls, der mit diesem Glaubensgrundsatz und als Dokumentarist sich im Auftrag der Partei zugleich als ihr Propagandist zu definieren gelernt hatte, gleichzeitig aber ebenso glaubte, dennoch auf seinem „Ich“ bestehen zu können, erlebte mit der Biermann-Affäre und seiner Rolle in ihr möglicherweise zum ersten Mal einen Riss, der seine gesamte Identität als parteiverbundener Intellektueller betraf – und diesen Status zugleich infrage stellte.

Einen „sehr deprimierten Eindruck“ habe er auf ihn gemacht, bescheinigte eine „zuverlässige inoffizielle Quelle“ des MfS nach einem längeren Gespräch mit Gerhard Scheumann und dessen Ehefrau: „Er leidet sehr darunter, daß sein Stiefsohn Mathias GESCHONNEK [sic!] vom Moskauer Institut exmatrikuliert wurde. Er sei vom Können und Talent seines Stiefsohnes überzeugt und sei deshalb auch bei Genossen Werner Lamberz vorstellig geworden, um eine Neuaufnahme des Studiums in Potsdam-Babelsberg zu erreichen. [...] SCHEUMANN äußerte weiter, daß er die Verhaltensweisen von Biermann nicht pauschal verurteilen könne, da er davon überzeugt sei, daß Biermann mit Herz und Seele ein Bürger der DDR war und darüber hinaus über wirkliches künstlerisches Vermögen verfügte, sich zu artikulieren und Tagesprobleme zu erfassen. Er halte es deshalb nach wie vor für falsch, wie mit Biermann verfahren wurde. Biermann

117 Vgl. Petition der Erstunterzeichner, in: Roland Berbig [Hg.] u.a.: In Sachen Biermann. Protokolle, Berichte und Briefe zu den Folgen einer Ausbürgerung, Berlin 1994, S. 70.

hätte für die DDR durchaus wertvoll sein können. Dessen ungeachtet sei von ihm nicht zu erwarten gewesen, daß er gegen Biermanns Ausweisung protestiert und sich den Protesterklärungen anschließt. Dies habe er auch gegenüber Eva-Maria HAGEN sehr deutlich zum Ausdruck gebracht, die ihn mit diesem Anliegen in seiner Wohnung aufgesucht hatte. Er glaube auch, daß sie seinen Standpunkt, daß er sich als Teilhaber des Studio H&S so etwas einfach nicht leisten könne, für richtig akzeptiert habe. Neben seiner Haltung zu Biermann sei andererseits von ihm aber nicht zu erwarten gewesen, daß er sich öffentlich gegen ihn ausspricht. Eine etwa gleiche Grundhaltung nehme sein Stiefsohn ein und sei deshalb wegen der gegen ihn verhängten Maßnahmen (Exmatrikulation, Parteiausschluß) so verbittert."[118]

Das Protokoll endet mit der Einschätzung der „inoffizielle[n] Quelle, ... SCHEUMANN ist davon überzeugt, daß man seinen Stiefsohn Mathias ungerecht behandelt habe"[119]. Keine Ausrede mehr: Die gestockten Widersprüche seiner Gesellschaft sind zu den eigenen geworden.

118 Über den Filmdokumentaristen Gerhard Scheumann, vom 21.2.1977, (erfasst für HA II/3), MfS AIM 10844/84, Bl. 1.

119 Ebd., Bl. 3.

Aus- und Fluchtweg Vietnam: Ort der Hoffnung – Kein Ort. Nirgends

Gerhard Scheumann, um 1974

Wäre da nicht die Hoffnung auf eine auch anders mögliche, alternative Form geistig-politischer Auseinandersetzungen gewesen. Für Gerhard Scheumann war sie allerdings von nun an nur noch jenseits der ideologischen Provinz der DDR auffindbar, konkret zu erfahren fast erst am anderen Ende der Welt. In Vietnam beginnen für H&S gerade während der Zeit, als in der DDR eine nahezu manische Sehnsucht und Spurensuche nach dem inneren Feind und damit vermeintlich allem oppositionellen, sozialismusfeindlichen Denkens ausbricht,[120] die Dreharbeiten zu

[120] Vgl. Ausbürgerung Wolf Biermann, November 1976; Ausreise Reiner Kunze 1977, nach Ausschluss aus dem Schriftstellerverband der DDR in Reaktion auf *Die wunderbaren Jahre* 1976; Robert Havemann, Hausarrest 1976–

einem neuen Vietnam-Zyklus. Die Filme, die unter dem Zeichen des Sieges über die Weltmacht USA und deren Aggressionskrieg nach 1975 entstehen, zeigen als erste Bilder tief berührende Szenen einer nach all den Opfern für die Überlebenden endlich Realität gewordenen Friedenszeit.[121] Von Zukunftsgewissheit und zugleich einer noch euphorischen Hoffnung angesichts der Erinnerung an die Schrecken des Krieges (die gerade auch für Gerhard Scheumann eigene, sehr persönliche Erinnerungen einschließen, etwa an das Jahr 1967 und seine Begegnung mit den abgeschossenen amerikanischen „Piloten im Pyjama"), aber vor allem auch seiner Wiederbegegnung mit den vietnamesischen Freunden von damals, erzählt der Film *Der erste Reis danach* (Erstsendedatum 9.2.1977).

Dieses Thema erweitert sich in den dokumentierten Haltungen eines um seinen inneren Frieden kämpfenden Landes, seitdem die während des Krieges zwischen den feindlichen Lagern und politischen Systemen sich als Feinde gegenüberstehenden Menschen in Nord- und Südvietnam wieder als Nation vereint sind (*Ich bereue aufrichtig*, Erstsendedatum 30.3.1977). Die Verbrechen der USA, einschließlich ihrer südvietnamesischen Verbündeten, werden wieder lebendig – wie die Erinnerung an solche Massaker wie das von My Lai, die nie vergessen werden dürfen, um zu einem solchen Frieden einer möglichen Versöhnung gelangen zu können (*Am Wassergraben*, Anlaufdatum 29.12.1978 und *Ein Vietnamflüchtling*, Anlaufdatum: 15.6.1979).

Im Juli 1979 findet in Berlin die Premiere des Films *Die fernen Freunde nah* statt. H&S sind eben zurückgekehrt von einem weiteren ehemaligen Kriegsschauplatz Indochinas, dem eben erst vom Terror der Roten Khmer unter Pol Pot befreiten Kambodscha, dessen jüngste Geschichte unter sie in den nächsten Jahren noch intensiv weiter beschäftigen und herausfordern wird.

1979; Rudolf Bahro, *Die Alternative* 1977, Verhaftung 1977; Volker Braun, *Unvollendete Geschichte* 1975; Jürgen Fuchs, Verhaftung 1976, u. a.

121 Vgl. Die Teufelsinsel, Erstsendedatum: 29.4.1976; Eintritt kostenlos, Erstsendedatum: 11.1.1976 [Premierendatum: 25.11.1976].

Studio H&S: *Die fernen Freund nah. Erinnerungen, Gedanken, Vietnam 1966–79*, Umschlagvorderseite des Begleitbandes zum Dokumentarfilm, Berlin 1979

Gedreht während des Aufenthalts einer vietnamesischen Freundschaftsdelegation, die fast zwei Jahre zuvor, im November 1977, zur Uraufführung des Films *Die eiserne Festung* in die DDR eingeladen worden war,[122] dokumentiert der neue Film so etwas wie eine Bilanzgeschichte politischer und menschlicher Solidarität der DDR mit dem kämpfenden Vietnam. Im begleitenden Montage-

[122] Die eiserne Festung, Anlaufdatum 28.11.1977, Erstsendedatum 30.11.1977.

buch schreibt Robert Michel als verantwortlicher Redakteur über die leitende Idee dieser besonderen Produktion des Studio H&S: „An diesem Film ist vierzehn Jahre lang gearbeitet worden. Auch wenn die Idee zu ihm erst Monate zurückliegt. Dies beides mußte zusammenkommen: Die Begegnung einer Woche – vietnamesische Freunde, Helden des dokumentarischen Films, Ende 1977 zu Gast in der DDR – und die Begegnung der Autoren mit deren Land über nun bald eineinhalb Jahrzehnte.“[123]

Vom „Bekenntnis einer Lebensbindung“ wird anschließend die Rede sein. Sie gilt tatsächlich für alle an diesem großen Filmzyklus von Beginn an Beteiligte des Studios gleichermaßen, insbesondere aber wohl für Gerhard Scheumann. Das hat einerseits mit seiner eigenen Rolle innerhalb der Gruppe als deren Sprecher, mehr noch aber als deren öffentlicher Rhetor zu tun. Gerhard Scheumann ist in diesem Sinne nicht nur das Gesicht und die Stimme von H&S, er prägt vielmehr von Beginn seiner Zusammenarbeit mit Walter Heynowski entscheidend die dramaturgisch-theoretischen Debatten innerhalb der Gruppe. Damit nimmt er immer die erste Position, wenn auch nicht am Set selbst, wohl aber in der inhaltlichen Auseinandersetzung mit dem Material ein, auch in den oft konfrontativen Situationen mit den an ihren Filmen direkt oder indirekt beteiligten Partnern. Aus diesem besonderen Profil einer sehr eigenen künstlerischen Begabung, verbunden mit dem Vermögen zu großer menschlicher Empathie, wird die Erfahrung Vietnam über die Dauer vieler Jahre zu seinem zentralen Lebensthema. Er plant ein Buch über die Geschichte und Kultur des Landes mit den Porträts der Menschen zu verbinden, denen er mehr als ein Jahrzehnt als Filmdokumentarist während des Krieges nahe war und denen er nun wieder begegnet bei ihrer Arbeit am friedlichen Wiederaufbau ihres lange geteilten und jetzt vereinten Landes. Bis zuletzt wird er an dieser Idee festhalten und all seine Kraft in sie investieren. Aber die Geschichte wird auch dieses Projekt überholen, es bleibt

[123] Robert Michel, in: Montagebuch, Die fernen Freunde nah, Studio H&S, Geleitwort.

zurück in den Fragmenten einzelner Manuskriptbögen, Situations- und Naturbeschreibungen, Porträts. Denn es ist zunächst wiederum der Erfahrungsdruck eines Krieges, der ihn zwingt, eigene schriftstellerische Pläne zurückzustellen. Und auch diesmal, 1978/79, bleibt Vietnam der Ausgangspunkt des Geschehens – allerdings nunmehr als militärische Befreiungsmacht über den Unterdrückungsapparat der Roten Khmer in Kambodscha und dessen Herrschaft unter dem Banner der roten Fahne mit dem Symbol von Hammer und Sichel.

Die filmische Dokumentation dieser Tragödie, die nach dem historischen Sieg über den äußeren Aggressor USA 1975 Kambodscha unmittelbar danach in die innere Schreckensherrschaft des Pol-Pot-Regimes führte, wird sich für H&S in den nächsten Jahren als eine ihrer schwierigsten Missionen erweisen. Denn hier geschah ein Massenmord an Millionen unschuldiger Menschen im Namen und unter Führung der Kommunistischen Partei des Landes, massiv unterstützt durch die Pekinger Führung. Der notwendige, politisch offensive Umgang mit diesem Schrecken, andererseits seine mediale Verdrängung über viele Jahre in der DDR, einmündend in eine fatale diplomatisch opportunistische Anpassung an neu vorgegebene geopolitische Sprachregelungen, hatten schon die Rezeptionserfahrungen mit dem ersten Film des Studios zu diesem Themenfeld, *Kampuchea – Sterben und Auferstehn* (Anlaufdatum 10.11.1980 / Erstsendedatum 2.12.1980) mitgeprägt. In der Aufnahme des Nachfolgeprojektes *Die Angkar* (Anlaufdatum 10.12.1981) war der direkte Eingriff der Zensur dann auch äußerlich nicht zu übersehen. Der Film wurde nicht mehr in das Programm des DDR-Fernsehens aufgenommen, wie das zuvor mit allen größeren Produktionen des Studios H&S seit dem *Lachenden Mann* jeweils zur besten Sendezeit geschehen war. Das war gegenüber der gängigen Praxis von Zensurmaßnahmen, etwa bezogen auf Neuerscheinungen der DDR-Literatur oder gegenüber neuen Werken der Bildenden Kunst, zwar noch immer eine fast exklusive Privilegierung – zumal die Uraufführung des Films immerhin in einem zentralen Berliner Premierenkino vor leitenden Genossen der SED- und

Studio H&S: *Kampuchea. Sterben und auferstehn*, Umschlagvorderseite des Begleitbandes zum Dokumentarfilm, Berlin 1979

Staatsführung annähernd in der Repräsentation eines Staatsaktes stattfand. Dennoch war die ideologische Zurückhaltung der offiziellen Stellen unverkennbar – und das, obwohl H&S bis zur Selbstverleugnung gegangen waren, enn sie stellten sich der eigentlichen und wichtigsten von ihnen selbst aufgeworfenen Frage ihres Films nicht wirklich. Diese auch für sich nicht zugelassen zu haben – die Frage nach den womöglich auch strukturellen Ursachen einer politischen Gewalt, die hinter dem historischen Son-

Studio H&S: *Die Angkar*, Umschlagvorderseite des Begleitbandes zum Dokumentarfilm, Berlin 1981

derfall Kambodscha stand und auch noch nach der Entmachtung des Mörders Pol Pot „in der Welt" war – bleibt ein Grundwiderspruch im Denken wie in der Praxis aller bisherigen kommunistischen Gesellschaftsentwürfe. Darin eingeschlossen ihr Anspruch, gegenüber allen anderen zuvor auf Gewalt gegründeten Gesellschaftsmodellen hervorzutreten aus der scheinbar notwendigen Determination und den daraus abgeleiteten Zwängen historischer Epochenabläufe.

Der Absturz: Rekonstruktion einer Sicherungsmaßnahme sozialistischer Demokratie

Ein Jahr nach der Premiere ihres Films *Die Angkar* wird Gerhard Scheumann eine Rede halten, die durch den Fall Kambodscha ihre eigentliche Inspiration erfahren hatte und in eine öffentliche Kritik der Informations- und Medienpolitik der DDR einmündete, in deren Folge es zur sofortigen Liquidierung des gesamten Studios H&S kam, Gerhard Scheumann selbst eine „Strenge Rüge" als SED-Mitglied erhielt und das Studio zudem intern in seinem bisherigen Zusammenhalt langfristig zerrissen wurde. Für den Verursacher selbst wird der Vorgang langfristig den Abschied nicht nur von seiner Partei bedeuten.

Vom 15. bis 17. September 1982 findet im Kongresszentrum des Palasthotels in Berlin der IV. Kongress des Verbandes der Film- und Fernsehschaffenden der DDR statt. Lothar Bellag, der Präsident des Verbandes, hält das einleitende Referat. Anschließend beginnt im Plenum die Diskussion, eine Grußadresse des ZK der SED wird verlesen, ausländische Delegationen kommen zu Wort. Als Gäste der Parteiführung nehmen die Mitglieder des Politbüros der SED Joachim Herrmann und Kurt Hager sowie Ursula Ragwitz, Abteilungsleiterin Kultur im ZK der SED, an der Konferenz teil. Es herrscht eine perfekt durchorganisierte Arbeitsatmosphäre, die sich am zweiten Kongresstag während der Beratungen in den Arbeitsgruppen fortsetzt, bis es am Nachmittag in der Arbeitsgruppe III zu einem Zwischenfall kommt, der intern den gesamten weiteren Verlauf des Kongresses bestimmen wird und in seinen darauf folgenden disziplinarischen wie administrativen Konsequenzen eine kulturpolitische Zäsur setzt, die das politische Klima innerhalb des Verbandes noch über Jahre entscheidend mitbestimmen sollte.

Gerhard Scheumann hält unter der allgemeinen thematischen Vorgabe „Geschichte und Geschichtsbewusstsein in der gegenwärtigen Klassenauseinandersetzung" einen Diskussionsbeitrag, der von ihm mit *Dokumentarfilm im Spannungsfeld von Strategie und Taktik* überschrieben ist und durch den Untertitel *Gedanken zur Selbstverständigung und Diskussion*[124] ganz offensichtlich auf ein eher noch vorläufiges Nachdenken unter Gleichgesinnten verweisen will.

In mancher Hinsicht erinnert seine kurze Rede in ihrem Gestus an jene einst durch das Präsidium der Akademie der Künste unmittelbar nach dem 17. Juni 1953 an die Regierung der Deutschen Demokratischen Republik gerichtete Erklärung zur aktuellen politischen Lage. Wiederum handelt es sich um ein ausdrücklich solidarisches Bekenntnis intellektueller Teilhabe, nunmehr gerichtet an die Partei selbst und erneut getragen von der Überzeugung gemeinsamer Verantwortung im Interesse einer Verbesserung der Informationspolitik der SED und der damit verbundenen Problematik eines weiter zu qualifizierenden Begriffs sozialistischer Öffentlichkeit.

Es ist ein über die gesamte Geschichte der DDR sich wiederholender Gestus öffentlicher Rede, der (in der vorangestellten persönlichen Einsicht eigener, subjektiver Begrenztheit) einen politisch gleichberechtigten Dialog zwischen Führenden und Geführten niemals wirklich einlösen konnte, sondern es den einzelnen Sprechern allenfalls ermöglichte, in der Funktion konstruktiver Bittsteller gegenüber der herrschenden Partei angehört zu werden, die sich ihrerseits immer als das allein legitimiert sprechende gesellschaftliche Subjekt verstand – und diesen Anspruch auch offen behauptete. 1953 war es lediglich der angespannten äußeren Lage geschuldet, durch Zeichen einer vermeintlichen Dialogbereitschaft Zeit zu gewinnen, die alte Ordnung wiederherzustellen.[125]

[124] Gerhard Scheumann: Dokumentarfilm im Spannungsfeld von Strategie und Taktik. Gedanken zur Selbstverständigung und Diskussion, Diskussionsbeitrag auf dem IV. Kongress des Verbandes der Film- und Fernsehschaffenden, Berlin, 15.–17. September 1982, SAPMO BArch DY 30/IV 2/2.037 (Büro Joachim Herrmann) bzw. MfS – HA XX ZMA Nr. 20327, BStU 000010-15.

[125] Und selbst der Jahrzehnte später alle bis dahin geltenden Regeln überschreitende Protest prominenter Künstler gegen die Ausbürgerung Biermanns war

In eben diesem Sinne kritisiert auch Gerhard Scheumann im Ausgangspunkt seiner Wortmeldung keinesfalls die Politik der SED, ganz im Gegenteil. Vielmehr ginge es ihm zunächst allein um eine Kongressatmosphäre bzw. ein mangelndes Problembewusstsein in den bisher zum Vortrag gelangten Reden des ersten Kongresstages, wie er sie aus einer Haltung persönlicher Beunruhigung registriert habe. Angesichts der objektiv erhöhten Anforderungen, die sich aus der Verschärfung des Klassenkampfes an ihre künstlerischen Arbeiten herleiteten, hätte sich ein solcher Problemdruck doch in den gehaltenen Reden und geäußerten Überzeugungen abbilden müssen. Er selbst allerdings, so der Redner, habe sich mit seinen Problemen jedoch im bisherigen Verlauf des Kongresses nicht wiedergefunden. Weit eher dagegen sehe er sich in einem von der Sektion Darstellende Kunst der Akademie der Künste gemeinsam entworfenen „kleinen Papier" verstanden, das die Ergebnisse anhaltender Gespräche „über Fragen unseres Berufes" unter den Akademiemitgliedern zusammengefasst und für die Leitung der Akademie der Künste vorbereitet habe. Der Text begebe sich durchaus und bewusst „auf das glatte Parkett der Medienpolitik", für welche sich seine Verfasser in Gänze selbstverständlich nicht als verantwortlich betrachten würden. Für den Verband der Film- und Fernsehschaffenden gelte das gleichermaßen, doch er selbst, Gerhard Scheumann, glaube, dass gerade auch der eigene Verband „bei der Beratung über Medienpolitik ein kompetenter Gesprächspartner sein müßte, weil die Filmemacher in ihren Kontakten mit dem Publikum zum Teil auf Wahrheiten aufmerksam gemacht werden, die nur sie und sie alleine bei diesen Gelegenheiten erfahren"[126], so das Resümee. Der Beitrag sei also als ein Angebot „zur Selbstverständigung und zur Diskussion" aufzufassen, mit dem Ziel, in

in seiner Ansprache an die Führung der SED von diesem nachsuchenden Gestus eines erhofften Einsehens durchdrungen, vgl. den Wortlaut der Petition, wie Fußnote 117.

[126] Gerhard Scheumann: Dokumentarfilm im Spannungsfeld, vgl. Fußnote 124.

einer „komplizierter gewordene[n] Weltlage unsere komplizierte Arbeit besser [zu] leisten als bisher“[127].

Damit ist der Ausgangspunkt des unmittelbar darauf einsetzenden politischen Skandals mit allen seinen disziplinarischen und schließlich auch juristischen Folgerungen umschrieben, auf den zunächst allerdings nichts hindeutete. Es gab Beifall nach der kurzen Rede, die Versammlungsleiterin forderte zur Diskussion auf. Niemand reagierte direkt auf das in fünfzehn knappen Thesen zusammengefasste Papier, an dessen Anfang wohl nicht zufällig die politische Autorität Manfred Wekwerths ausdrücklich als Zeugenschaft aufgerufen wird. Dieser war kurz zuvor nach dem Tod von Konrad Wolf neu in das Amt des Präsidenten der Akademie der Künste gewählt worden. Der international hoch angesehene Theaterregisseur am Berliner Ensemble, einer der ersten Schüler Brechts und darüber hinaus von der Parteiführung seit langem geschätzter und bewährter Genosse, wird mit einer kleinen, seit Jahrzehnten geradezu allabendlich erfahrbaren Dialogsituation des DDR-Theaters zitiert: Zuschauer „durchschauen“ die Provokationen einer beliebigen Szene durch direkte Übertragung. So auch in dem Beispielfall Wekwerths. In einer Aufführung des *Jegor Bulitschow und die anderen* von Maxim Gorki sei kürzlich im eigenen Hause bei dem Satz „Die Zeitungen lügen mal wieder“ geklatscht worden. Die erkenntnisleitende Frage laute nun: Warum?

Bei Gerhard Scheumann folgte darauf die aufs Gesellschaftsganze erweiterte Antwort, dass sich an diesem Beispiel mittelbar ein allgemeiner Mangel an Medienöffentlichkeit abbilde, der allerdings nichts weniger sei als „ein Gradmesser für die soziale Kultur eines Landes“ insgesamt – und damit letztlich über dessen „Reife oder Unreife“ entscheiden würde. Zugrunde liege dieser ebenso weitreichenden wie kritischen Schlussfolgerung ein Begriff von „Medienpolitik“, deren Qualität, „bezogen auf die Widerspiegelung von Tagesgeschehen durch Presse, Rundfunk und Fernsehen“, sich von jener im „Kunstprozess“ „sub-

[127] Ebd., BStU 000011, BStU 000015.

Gerhard Scheumann mit dem damaligen Präsidenten der Akademie der Künste der DDR, Konrad Wolf, vermutlich Anfang der 1980er-Jahre

limierten" sehr wesentlich unterscheide. Solche Annahme der Unterscheidung zwischen der Alltäglichkeit von „Tagesgeschehen" und einem davon nur mittelbar, d. h. „funktional" betroffenen „Kunstprozess" werfe Fragen auf. Denn auch der Eigensinn künstlerischer Welterfahrung sei kommunikativ mit aufgehoben in einem weiten Begriff von Öffentlichkeit als eine seiner besonderen Ausdrucksformen und verhielte sich darin neben anderen Formen kommunikativen Handelns, wie etwa denen der Presse, des Rundfunks, Fernsehens usw. Kunst, Theater oder Literatur würden vielmehr eine problematisch kompensatorische Funktion ausfüllen, wenn sie lediglich als Ersatzmedium in Ermangelung anderer kommunikativer Felder benutzt (oder auch vernutzt) werden und gerade dadurch ihre besondere ästhetische Qualität gefährdeten. Was vordergründig und jahrzehntelang als besonderer Reiz „mutiger" Kunsthaltungen in der DDR gefeiert wurde, verweise so gesehen weit mehr auf deren Provinzialität als auf eine eigentliche emanzipatorische Funktion, aufzuklären und gerade dadurch die „Verhältnisse zum Tanzen zu bringen".

Bei Gerhard Scheumann erfolgt nach diesem Präludium anregender, aber für die kunsttheoretischen Debatten jener Jahre in der DDR alles andere als grenzüberschreitender rezeptionstheoretischer Erwägungen,[128] der direkte Verweis auf die kritische Lage des Dokumentarfilms. Er spricht hier als unmittelbar Betroffener und wehrt sich gegen die immer wiederkehrende Tendenz, die Wirklichkeitsverhältnisse des Dokumentarfilms mit den wirklichen Verhältnissen gleichzusetzen. Es ist ein Plädoyer für die Subjektivität des Autors, für das Verständnis subjektiver Authentizität im zu behauptenden Widerspruch gegenüber den „Sachzwänge[n] der täglichen Medienpolitik, deren schnelle Schwankungen und oft diametrale Veränderungen" die Auseinandersetzung mit dem dokumentarischen Material immer wieder erschwerten, wo dessen Wirklichkeiten nicht „mit den Bewertungen übereinstimmen, die von der täglichen Medienpolitik vorgegeben sind"[129].

Es folgt ein großes Wort: „Dokumentarfilm im hier verstandenen Sinne ist nicht die Nachrichtensendung, das Wochenmagazin oder der aktuelle Bericht im Programm des Fernsehens. Dokumentarfilm beurteilt die Gegenwart mit dem Blick auf das Endziel, erstrebt nicht Stunden- oder Tageswahrheiten, sondern Epochenwahrheiten."[130] Das mag als absoluter künstlerischer Anspruch programmatisch ebenso gerechtfertigt sein wie die gleichzeitige Einsicht in die hier „klassenmäßig" begründe-

[128] Vgl. z. B. Manfred Naumann u. a., Gesellschaft, Literatur, Lesen. Literaturrezeption in theoretischer Sicht, schon 1975 in der DDR (Aufbau-Verlag Berlin und Weimar) erschienen.

[129] Gerhard Scheumann: Dokumentarfilm im Spannungsfeld, vgl. Fußnote 124.

[130] Ebd., BStU 000013.

ten Rücksichtnahmen auf „diplomatische Beziehungen und außenwirtschaftliche Verbindungen"; es müsse aber die Frage gestellt werden, ob der Dokumentarfilm aus eben diesen Gründen die „Kaiserliche Hoheit" aus Persien oder den „Präsidenten auf Lebenszeit" Idi Amin Dada ebenso zu würdigen habe, wie das durch die tägliche Medienpolitik geschah. Gerhard Scheumann verneint diese von ihm selbst gestellte Frage vehement und erfindet dafür erneut einen stilisiert überhöhten Begriff drohender künstlerischer Selbstgefährdung: „Wenn der Dokumentarfilm nur als Vehikel der täglichen Medienpolitik benutzt werden soll, muß er verkommen. Wenn er sich entwickeln soll, muß er einen weiteren Radius ausschreiten dürfen, als die auf den Tag und die Stunde orientierte Politik."[131]

Die Rezeptionserfahrung mit dem Film *Die Angkar II* habe ergeben – und damit schließt sich der Argumentationsrahmen im indirekten Verweis auf das konkrete Anfangsbild der spontanen Publikumsreaktionen im Theater Brechts wie in den Filmen von H&S –, dass die „Zuschauer 1980 an die Dokumentaristen die Frage stellten, warum unsere Medien sich in den Jahren 1973 über Kampuchea ausgeschwiegen haben. Die Frage zielt nicht darauf, welche Rücksichten dies bewirkt haben mögen, sondern welche Vertrauenswürdigkeit unseren Medien zuerkannt werden darf."[132]

Damit war der Eklat vorgegeben. Ein Diskussionsbeitrag, gehalten in einem geschlossenen Arbeitskreis des IV. Kongresses der Film- und Fernsehschaffenden am 16. September 1982, vorgetragen von einem der prominentesten, höchst dekorierten Pioniere des internationalen und nationalen Dokumentarfilms, jahrzehntelangen Stars des DDR-Rundfunks, später wiederholt zum Fernsehliebling gewählten Moderators der ersten politischen Magazinsendung des DDR-Fernsehens, Präsidiumsmitglied der Akademie der Künste und designierten Jury-Präsidenten der

[131] Ebd., BStU 000013-14.
[132] Ebd., BStU 000014.

„Internationalen Leipziger Dokumentar- und Kurzfilmwoche für Kino und Fernsehen."

Schon in der Pause tritt die Konferenzparteigruppe zusammen und distanziert sich geschlossen von den in der Rede vertretenen Positionen des Genossen Scheumann. Ursula Ragwitz, als Leiterin der Abteilung Kultur des ZK der SED Delegierte des Kongresses, verurteilt einleitend „kurz und prinzipiell Scheumanns Haltung" und verweist darauf, dass die Auseinandersetzung mit ihm „parteimäßig" fortgesetzt werden würde, „nicht auf dem Kongress, sondern in den Parteigremien, die dafür zuständig sind".[133]

Auch die anwesenden Mitglieder der Akademie der Künste Lothar Bellag, Hans Dieter Mäde und Günter Reisch schließen sich dieser Kritik an und distanzieren sich zudem ausdrücklich von jenem als Diskussionspapier vorgetragenen Akademie-Text, den sie nicht zu kennen vorgeben. Kritik verschärfend kommt hinzu, dass im stenographischen Protokoll der Abteilung Agitation des ZK vermerkt wird, „Scheumanns Angriffe erhielten von etwa der Hälfte der [...] Kongreßteilnehmer starken Beifall, und zwar überwiegend von Mitarbeitern des DEFA-Dok.-Filmstudios und Studenten der Hochschule für Film und Fernsehen, darunter auch Genossen".[134]

In der ideologischen Einschätzung des Vorfalls, die am nächsten Tag durch den Sekretär des Politbüromitglieds Joachim Herrmann an Erich Honecker weitergegeben wird, heißt es dann, Scheumann habe einen „gezielten Angriff gegen unsere Medienpolitik gestartet, der sich gegen die Grundpositionen der Politik unserer Partei richtet"; er habe „ein genau vorbereitetes Papier (zum Vortrag gebracht), das den Charakter einer politischen Plattform trägt".[135]

[133] ZK Abteilung Agitation: Information vom 17.9.1982. SAPMO-BArch DY 30/IV 2/2.037 (Büro Joachim Herrmann).

[134] Ebd.

[135] Ebd.

Am selben Tag noch, es ist der Abschlusstag des IV. Verbandskongresses, erklärt Gerhard Scheumann vor der Versammlung der Genossen Delegierten, „daß der am Vortage von mir in die Arbeitsgruppe 3 des Kongresses eingebrachte Diskussionsbeitrag ausschließlich meine persönliche Meinung darstelle, daß ich bereit bin, diesen Beitrag zurückzuziehen, damit er nicht im Protokoll des Kongresses erscheinen müsse, daß ich mich einer parteimäßigen Auseinandersetzung stelle, nachdem ich vor dreiunddreißig Jahren das Statut unserer Partei anerkannt habe“[136]. Er kommt damit direkt jener von Ursula Ragwitz vorgegebenen Sprachregelung nach.

Wenig später, am 5. Oktober 1982, wird Gerhard Scheumann in der ihm durch die Zentrale Parteileitung des DEFA Studios für Dokumentarfilme abverlangten „Stellungnahme zu meinem Auftreten auf dem IV. Verbandskongreß des VFF“ ergänzend anfügen, dass „diese Erklärung [...] den weiteren Ablauf des Kongresses sichern“[137] half. Weiter heißt es dann: „Die scharfe Reaktion, die mein Auftreten ausgelöst hat, veranlaßte mich zu selbstkritischer Befragung. Zunächst glaubte ich, daß ich meine ‚15 Punkte‘ nur am falschen Platz vorgetragen hätte [...] Inzwischen habe ich begriffen, daß ich ein falsches Papier am falschen Platz hervorgeholt habe. Ich versuche darzustellen, wie ich zu dieser Einsicht gelangt bin. Dazu gehört die Versicherung, daß ich ohne Einschränkung die Politik des X. Parteitages und des 4. Plenums unserer Partei mittrage. Aber ich trage mich zugleich schon seit einiger Zeit mit der Sorge, ob unsere Massenmedien in der derzeitig angespannten Situation das optimal Mögliche leisten. [...] Die Massenmedien – wo und von wem auch immer benutzt – sind Instrumente der Machtausübung. Deshalb anerkenne ich vorbehaltlos, daß die Führung unserer Partei auch die Massenmedien führt. Wer sollte sie denn sonst führen? Wenn ich mich heute dem Vorwurf ausge-

136 Gerhard Scheumann: Stellungnahme zu meinem Auftreten auf dem IV. Verbandskongress des VFF der DDR, datiert auf den 5.10.1982, aus dem Nachlass.

137 Ebd., S. 1.

setzt sehe, ich habe einem bürgerlichen ‚Meinungspluralismus' das Wort geredet, einen ‚Gegenentwurf' vorgelegt, einen ‚Dolchstoß' geführt, so trifft mich das außerordentlich schwer. Wie schwer muß ich also die Parteiführung getroffen, wieviel Vertrauen, das ich besaß, enttäuscht haben?"[138]

Man hatte Gerhard Scheumann die Instrumente gezeigt: zunächst schon während des Kongresses selbst, dann aber vor allem auch während der Aussprache vor der Zentralen Parteileitung der DEFA am 29. September 1982, zu der er einbestellt worden war. Dort wird ihm mitgeteilt, dass wegen seines parteischädigenden Auftretens, das für die Parteileitung „einen schwerwiegenden Verstoß gegen die Parteinormen und das Statut der Partei" darstellt, der Beschluss gefasst wurde, in eine „parteimäßige Auseinandersetzung" mit ihm einzutreten mit dem Ziel der Eröffnung eines Parteiverfahrens. Darüber hinaus wird er per Parteiauftrag verpflichtet, „von jedem öffentlichen Auftreten" und allen „Äußerungen in der Presse zu diesen Vorgängen" Abstand zu nehmen. Als „dringende Empfehlung" wird festgelegt und mit dem Hinweis versehen, „aus Gründen der laufenden Auseinandersetzung und im Interesse einer Vermeidung von möglichen Auseinandersetzungen oder Auswirkungen auf die Teilnahme an den Festivals in Neubrandenburg und Leipzig zu verzichten". Ebenso dringend ergeht die Empfehlung an ihn, „umgehend von der Präsidentschaft der Jury der Leipziger Dokumentarfilmwoche zurückzutreten"[139]. Über das unmittelbare Verfahren gegen Gerhard Scheumann hinaus verweist der gleichzeitige Beschluss zur Auflösung der bisherigen Grundorganisation der SED des Studios H&S und ihrer Neu-Eingliederung in die Parteiorganisation der DEFA auf eine Schärfe der Diskussion, die den Verdacht einer kollektiven ideologischen Abweichung naheliegend erscheinen lässt.

[138] Ebd., S. 1 f.

[139] Vgl. Protokollnotiz über einer Aussprache, Zentrale Parteileitung VEB DEFA Studio für Dokumentarfilme, gez. Parteisekretär Rolf Schnabel, S. 1 f., aus dem Nachlass.

Am Ende wird „gegenseitige Vertraulichkeit" über die Gespräche vereinbart und ausdrücklich vermerkt, dass „Genosse Scheumann [...] sich mit dem vom Parteisekretär Schnabel vorgetragenen Verfahrensweg einverstanden" erklärt und ebenso den Vorwurf akzeptiert, „mit seinem Auftreten auf dem Kongreß einen schweren Fehler gemacht"[140] zu haben. Protokollarisch festgehalten ist darüber hinaus seine Versicherung, bis zum 5. Oktober 1982 die von ihm erwartete Stellungnahme zu seinem parteischädigenden Verhalten der Parteileitung vorzulegen, die Präsidentschaft der Jury während der Leipziger Dokumentarfilmwoche mit dem Hinweis auf zwingende gesundheitliche Gründe nicht anzutreten und zudem davon Abstand zu nehmen, die Festivals in Neubrandenburg und Leipzig zu besuchen.[141]

Noch bevor das angekündigte Parteiverfahren tatsächlich eröffnet wird, verfügt Kulturminister Hans-Joachim Hoffmann indes schon am 24. September 1982 die Auflösung des Studios H&S. Auch diese Tatsache bestärkt den Verdacht einer kollektiven Abstrafung, für die Gerhard Scheumann einen passenden Anlass geliefert hatte. Der Beschluss wird durch Horst Pehnert, den stellvertretenden Minister, übermittelt und stellt klar, dass das Studio künftig wieder in das DEFA-Studio für Dokumentarfilme eingereiht und als Künstlerische Arbeitsgruppe (KAG) weiterexistieren kann. Alle bisherigen Sonderregelungen, sowohl die Valutaregelungen für Technik und Reisen als auch die bisherigen Arbeitsverträge aller Mitarbeiter seien aber gekündigt und würden nach Beratung grundsätzlich neu verfasst.

Dazu gehörte, dass nicht nur Gerhard Scheumann, sondern auch Walter Heynowski sowie weitere leitende Mitarbeiter des Studios ihre vorherigen personenbezogenen Vergünstigungen, die sich aus ihren Einzelverträgen mit dem Fernsehen bzw. der DEFA ableiteten, verloren, so etwa auch die ihnen seit 1961 gewährten Reise-Visa zur ständigen Ausreise aus der DDR ins

140 Ebd., S. 2.

141 Er wird danach niemals mehr die Dokumentarfilmwoche in Leipzig besuchen.

westliche Ausland und nach Westberlin, ihre individuellen Einkommensregelungen oder die bevorzugte ärztliche Versorgung durch das Regierungskrankenhaus usw.

Eine erste praktische Konsequenz, mit der Gerhard Scheumann sich wenige Tage später, am 22. September, konfrontiert sah, war seine Zurückweisung durch die Grenzbeamten an der Grenzübergangsstelle Invalidenstraße nach Westberlin, die ihm ohne Angabe von Gründen seine geplante Ausreise aus der DDR verwehrt hatten. Offensichtlich war ihm zuvor nicht mitgeteilt worden, dass es einen solchen Sperrvermerk künftig für ihn geben würde.

Der Beschluss „zur Einleitung eines Parteiverfahrens [...] wegen Nichterfüllung der Beschlüsse der Partei und Nichtbeachtung der innerparteilichen Demokratie, entsprechend des Abschnittes 1–8 des Parteistatuts“[142], ergeht am 19. Oktober 1982. Am 6. Dezember 1982 schließlich wird gegen Gerhard Scheumann als Parteistrafe eine „strenge Rüge“ ausgesprochen.

Aus dem Abstand bald eines Jahrzehnts, im Sommer 1991, wird er diese Geschichte als den exemplarischen Beispielfall eines gescheiterten Versuchs erinnern, damals gesprochen zu haben „als eine Stimme aus der Partei für die Partei. Nicht aber als eine Stimme gegen die Partei oder, wie man das später definiert hat, als Dolchstoß in den Rücken der Partei“[143].

Es ist die Zeit kurz nach dem Ende der DDR, als über die historischen Voraussetzungen dieses Scheiterns noch aktuelle und sehr emotionale Debatten stattfanden. Und tatsächlich, der Mangel an innerparteilicher Demokratie gehörte zu den strukturellen Defiziten des realsozialistischen Systems in der DDR. Die Unfähigkeit zum Dialog betraf also nicht nur das Verhältnis der SED gegenüber der Masse der Bevölkerung, sondern und vor allem die politische Kultur innerhalb der Partei selbst, und das entscheidend.

[142] Zentrale Parteileitung DEFA-Studio für Dokumentarfilme Berlin, Parteiinternes Material, Berlin, den 19.10.1982, aus dem Nachlass.

[143] Gerhard Scheumann: Interview 1991, S. 11.

Die gegen Gerhard Scheumann vorgebrachten Anschuldigungen entbehrten, so gesehen, nicht nur sachlich jeder Grundlage – man hätte nur genau nachlesen müssen, sie betrafen den Anspruch eigenen Sprechens überhaupt. Dabei war der gemeinte und intendierte Ansatz seines Beitrags alles andere als ein opponierendes, schon gar kein oppositionelles Pamphlet. Es war vielmehr ein aus dem Geist jener Schrittmacher-Aktivisten (in der Terminologie der frühen Honecker-Jahre) erwachsendes Bekenntnis zur ungeduldigen Erneuerung der Partei im vermeintlichen Aufbruch. Aber das war die SED tatsächlich schon Anfang der Siebzigerjahre längst nicht mehr – selbst wenn sie gerade diesen Anspruch mit dem Machtwechsel von Walter Ulbricht zu Erich Honecker 1971 immer wieder hervorhob – und noch viel weniger 1982. Insofern sind die fünfzehn Thesen Gerhard Scheumanns, wie er sie selbst sofort kritisiert und zurückgenommen hatte – kaum dass sie von ihm öffentlich gemacht worden waren –, nicht nur „ein falsches Papier am falschen Platz“ gewesen, sondern ein überhaupt aus der Zeit herausgefallenes Agitationsmaterial. Es ist bezeichnend, dass der oberste Sekretär aller Agitatoren der DDR, das Politbüromitglied Joachim Herrmann, seinen ungebetenen und vorlauten Propagandisten danach sofort in der vertrauten Rhetorik des Anklägers als den ewigen und schlimmsten Feind der Partei, den Partei-Feind, ausmachte und verfolgte.

Noch einmal mehr als eine Generationserfahrung später, seit sich Gerhard Scheumann 1991 zum letzten Mal öffentlich in dieser Angelegenheit geäußert hatte, erscheint heute die Phraseologie der gegen ihn erhobenen Beschuldigungen, jene Zügellosigkeit ideologischer Verleumdungen, aber ebenso auch die Demut des Beschuldigten selbst, seine Selbstaufgabe als Person, gleichsam als ein Albtraum geistigen Verfalls einer politischen Kultur.

Es ist richtig, Gerhard Scheumann „hatte den Rahmen des Möglichen gesprengt“[144], aber es waren lediglich die von ihm

[144] Rüdiger Steinmetz, Tilo Prase: Dokumentarfilm zwischen Beweis und Pamphlet. Heynowski & Scheumann und Gruppe Katins, Leipzig 2002, S. 111.

überschätzten Möglichkeiten seines eigenen, lange Zeit privilegierten Sprecher-Raumes im Zentrum dieser Macht, die er vergessen hatte für sich realistisch zu kalkulieren, als er in seiner Rede die Partei vor allem dadurch provozierte, dass er die ihm und seinem Partner Heynowski einstmals von ihr verliehenen Privilegien von der daran gebundenen Treue-Verpflichtung glaubte abtrennen zu können. Ein Sakrileg, das jederzeit mit dem Entzug aller Pfründe des Lehens geahndet werden konnte, was denn auch geschah. Insofern war das kurz darauf administrierte Ende des Studio H&S nur folgerichtig und geschah gleichsam exklusiv. Kaum jemand außerhalb der Funktionseliten der SED selbst wäre zu diesem Zeitpunkt in der DDR noch für einen solchen Beitrag in politisch vergleichbarer Weise verurteilt und diszipliniert worden, wie das im Falle Gerhard Scheumanns jetzt in seiner besonderen, wenn auch von ihm nicht beanspruchten Stellvertreter- und Sprecherrolle für das Studio H&S als Propaganda-Instrument der Partei geschehen war, als das es sich allerdings selbstbewusst präsentiert hatte und in besseren Zeiten feiern ließ – auch um den Sonderstatus seiner vermeintlich ökonomischen und künstlerischen Unabhängigkeit zu autorisieren.

1982, zum Zeitpunkt seines Auftritts, war die Kritik an der Informationspolitik der SED schon seit Jahren zu einem der Schwerpunkte aller politischen Debatten des Landes, zugleich einer Vielzahl gerade auch innerparteilicher Auseinandersetzungen geworden. Begegnet wurde ihr in der Regel phraseologisch von „oben“ mit dem Hinweis auf das notwendige Vertrauen in die Führungsrolle der Partei und allenfalls im Verweis auf den alten Lenin'schen Begriff der „Kinderkrankheit“ und damit der grundsätzlichen Unreife der besonderen Kritik, wo sie sich als „linke Kritik“ präsentierte. Nicht so in der Inszenierung des Skandals um Gerhard Scheumann. Hier wurde weit mehr und darüber hinaus ein noch ganz anderes Tabu geahndet: Ein kleines Thesenpapier als Angebot gemeinsamen Nachdenkens musste wegen seines Eigensinns prinzipiell politisch verfolgt werden, weil es sich – wie geringfügig auch immer – innerhalb der Partei von der offiziell beglaubigten Sprache ihrer Führung unterschied. Es gab Anfang der Achtzigerjahre keinen Raum mehr für einen solchen Dialog außerhalb der festgelegten Sprachregelungen, und damit der Herrschaftssprache der Partei.

Den gab es allerdings längst in anderen, alternativen Räumen, nicht nur, aber vor allem auch in den Kunsträumen der DDR sowie dem Raum der Kirche, besonders jedoch im öffentlichen Raum der Straßen und Plätze des Landes. Die dort gesprochene Sprache, gerade auch der Jungen (Hineingeborenen, wie es bei Uwe Kolbe hieß), war lange schon nicht mehr zu überhören. Sie wurde auch aufgezeichnet und blieb deshalb erhalten, nicht zuletzt in einer zunehmenden Anzahl bedeutender Dokumentarfilme der DDR, die entstanden waren unter ungleich schlechteren materiellen Voraussetzungen als die Filme von H&S, dafür aber in selbstbehaupteten künstlerischen Handschriften, die sich einer Vormundschaft durch die Partei prinzipiell entzogen.

Möglicherweise lassen sich hieraus die verschiedenen Haltungen erkennbarer Distanz, auch des teilweisen Verlustes kollegialer Solidarität erklären, mit denen nachfolgend Gerhard Scheumann, mehr noch aber das abgewickelte Studio H&S sich als Institution insgesamt konfrontiert sahen.

Es bleibt eine widersprüchliche Erfahrung. Vordergründig ging es in den internen Debatten unter den Kollegen – in ihrer Reaktion auf die offiziell verhängten Sanktionen – oft um nicht mehr als die leise Schadenfreude angesichts der Erfahrung einer nunmehr wiedergewonnenen Gleichheit im Mangel, gemildert allenfalls durch die etwas verbesserten Zugriffsmöglichkeiten auf jene technischen Ausrüstungen endlich auch für sich selbst, die bisher allein dem Studio H&S zur Verfügung gestanden hatten (allerdings dort auch als Valutavermögen erwirtschaftet worden waren).

Auf anderer Ebene wesentlich wichtiger war der Eindruck, dass der hohe Ton der Imperialismus-Kritik bei Heynowski & Scheumann lange schon von einer gleichzeitig weitgehenden Ausblendung der inneren Widersprüche der DDR-Gesellschaft begleitet war, der ihre Produktionen zunehmend problematischer erscheinen ließ. So kam es zu jenem (wenn auch nur äußerlich merkwürdigen) Bild von Übereinstimmung zwischen der parteioffiziellen und einer intern künstlerischen Kritik (unter Kollegen).

Der Stern von H&S hatte – so gesehen – schon lange vor dem Eklat der Kongressrede Gerhard Scheumanns zu sinken begonnen; 1982 war weit mehr ein Endpunkt als der Ausgangspunkt einer Kontroverse erreicht, mit Folgen nicht nur für den (nach Überzeugung aller daran direkt beteiligten Parteiinstanzen) plötzlich vom Glauben Abgefallenen, sondern für eine ganze Institution, die sofort liquidiert wurde. Anzumerken bleibt allerdings, dass diese Folgen zwar ideelle Kränkungen und auch erhebliche materielle Beschränkungen einschlossen, niemand aber seinen Beruf verlor. Gleichzeitig war die Rückführung ins „große Kollektiv" als Erziehungsmaßnahme ebenso scheinheilig wie unproduktiv, andererseits zwingend in der Logik der Macht und ihrer Reaktion auf die sich veränderten Rahmenbedingungen der Politik.

Mit der internationalen Anerkennung der DDR wurde ein diplomatischer Verhaltenskodex als verbindlich angenommen und akzeptiert, der vielfache Rücksichtnahmen und Sonderregelungen einschloss und vor allem nach Helsinki 1975 erstmals die Rahmenbedingungen für eine gleichberechtigt in internationale Abkommen integrierte Außenpolitik der DDR geschaffen hatte. Damit waren zwar die Jahrzehnte der Diskriminierung durch Nichtanerkennung endgültig vorbei, gleichzeitig aber auch die guten alten Zeiten eines bis dahin propagandistisch auf ideologische Konfrontation gegründeten Politikverständnisses, das für H&S geradezu ideale Voraussetzungen geboten hatte – für ihren damals zwar noch nicht so genannten, von ihnen aber höchst professionell eingesetzten investigativen, vielfach verdeckt arbeitenden, aggressiven Produktionsstil. Das begann mit ihrem ersten gemeinsamen Film-Projekt „Kongo-Müller", setzte sich fort über die Vietnam- und Chile-Zyklen, erweiterte den Raum der Auseinandersetzung mit Westdeutschland über „Kongo-Müller" hinaus zu Steiner, dem *Präsidenten im Exil* und andere mehr.

Wenn es denn jemals so etwas wie einen kurzen Sommer der Anarchie gegeben haben sollte in der DDR – spätestens seit Mitte der Siebzigerjahre war er vorbei. Zudem verloren H&S mit Werner Lamberz bald darauf einen ihrer mächtigsten Verbündeten. Denn Lamberz, der als Kronprinz Erich Honeckers gehandelte Sekretär für Agitation und Propaganda beim ZK der SED, war so etwas wie ein früher Pate für sie, auch er verantwortlich für die ideologische Ausrichtung der SED, aber zu seiner Zeit ein Hoffnungsträger der nachrückenden, jüngeren Politiker-Generation der DDR. Was mit ihm in vertrauten Gesprächen möglich war und auf gegenseitigem Vertrauen basierte, hinterließ eine Leerstelle, die nie mehr geschlossen werden sollte. Von der internen, exklusiven Ersatzöffentlichkeit eines Entre-nous unter Genossen blieb nachfolgend allein das einsame Auf-sich-selbst-bezogen-Sein des Tagebuchschreibers Gerhard Scheumann übrig.

Die Tagebücher I (1983–1989): Selbstermutigung und Trauer

Die Entfremdung in der Zusammenarbeit mit seinem langjährigen Partner Walter Heynowski war in den Achtzigerjahren unübersehbar geworden. Dieser hatte nach dem Eklat 1982 in großer Betroffenheit Gerhard Scheumann mit einer Aussage konfrontiert, die diesen endgültig an ihrer bisherigen Solidargemeinschaft zweifeln ließ, nachdem die bisherigen Produktionsbedingungen ihres Studios durch die übergeordneten staatlichen und Parteileitungen nicht nur grundsätzlich infrage gestellt, sondern tatsächlich administrativ zerschlagen worden waren. Unter dem Datum des 27. Oktober 1982 kommt es nach dem Eintrag in Scheumanns Tagebuch im Beisein von Peter Hellmich zu einer persönlichen Aussprache mit Walter Heynowski, bei der dieser ihn, Gerhard Scheumann, einerseits mit der Versicherung entgegengekommen war, auch weiterhin zusammenbleiben zu wollen. Andererseits warf Walter Heynowski seinem Partner vor, dafür verantwortlich zu sein, mit der Zerstörung des Studios auch sein Lebenswerk zerstört zu haben.

Es war der danach nie mehr zu verdrängende Konfliktpunkt einer Beziehung, an dem erstmals in dieser Direktheit das Ende einer langen und bis dahin so produktiven Partnerschaft absehbar wurde. Beide, Gerhard Scheumann wie Walter Heynowski, waren in diesem Konflikt gleichermaßen Handelnde wie auch in ihren eigenen Verhältnissen je verhandelte Objekte einer gemeinsamen Geschichte. Nur unter Mühen konnte sich in den darauffolgenden Jahren das Studio sowohl in materieller Hinsicht als auch in seinem künstlerischen Selbstanspruch weiter so behaupten wie zuvor; es waren Zeiten des Abschieds vom alten Ruhm, auch zunehmend interner künstlerischer Kritik, nur einmal noch unterbrochen durch den Erfolg des Films *Die Generale* (Teil 1: Premierendatum 5.5.1986, Erstsendedatum 25.9.1986, Teil 2: Premierendatum 6.5.1986, Erstsendedatum 28.9.1986).

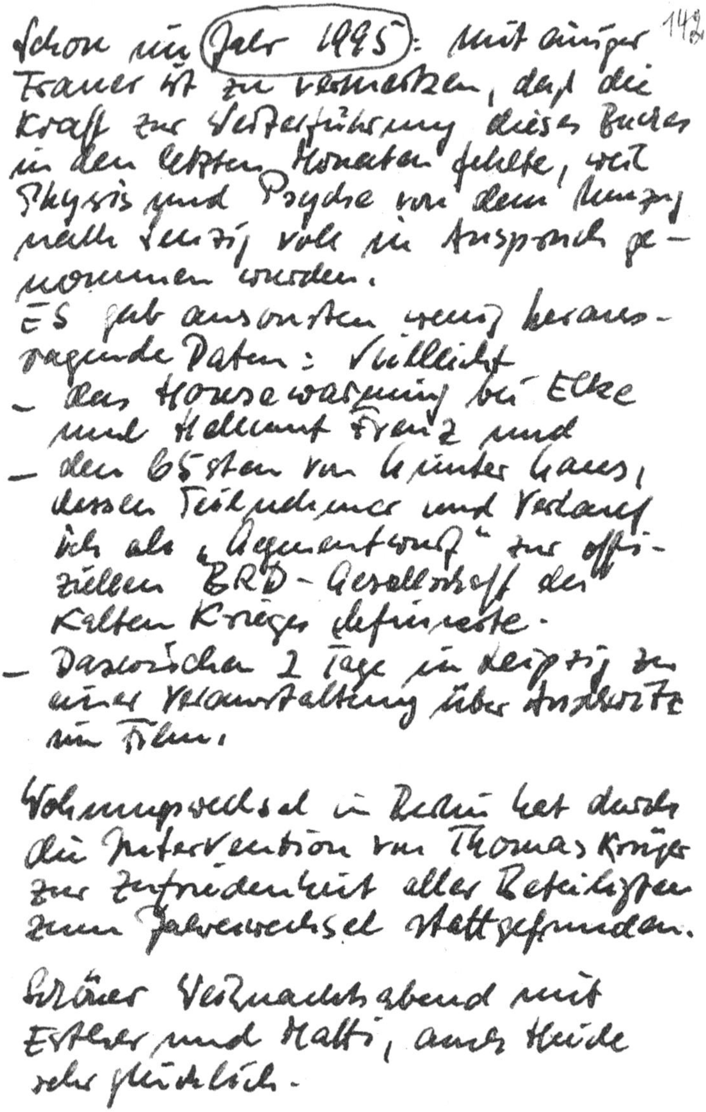
Schon im Jahr 1995: Mit einiger Trauer ist zu vermerken, daß die Kraft zur Weiterführung dieses Buches in den letzten Monaten fehlte, weil Physis und Psyche von dem Umzug nach Leipzig voll in Anspruch genommen worden. 142

Es gab ansonsten wenig herausragende Daten: Vielleicht
– das Housewarming bei Elke und Helmut Franz und
– den 65sten von Günter Gaus, dessen Teilnehmer und Verlauf ich als „Gegenentwurf" zur offiziellen BRD-Gesellschaft der Kalten Krieger definierte.
– Dazwischen 2 Tage in Leipzig zu einer Veranstaltung über Insiderworte im Film.

Wohnungswechsel in Berlin hat durch die Intervention von Thomas Krüger zur Zufriedenheit aller Beteiligten zum Jahreswechsel stattgefunden.

Schöner Weihnachtsabend mit Esther und Malti, auch Heide sehr glücklich.

Auszug aus Gerhard Scheumanns Tagebuch, Januar 1995

Nach der Disziplinierung: Trauerarbeit

Die aus dem privaten Nachlass Gerhard Scheumanns im Rahmen dieser Arbeit jetzt erstmals eingesehenen und in größeren Auszügen hier veröffentlichten Tagebuchaufzeichnungen beginnen in der Form regelmäßiger Notate mit dem Datum des 4. Mai 1983. Es handelt sich über Hunderte von Seiten chronologisch geordneter, handschriftlicher Eintragungen zum Zeitgeschehen, zu Personen der Zeitgeschichte und Ereignissen des persönlichen Umfelds und vor allem – immer wiederkehrend – zum Problemfeld der Medienöffentlichkeit und -kritik in der DDR, die in kontinuierlichen Abständen zu Papier gebracht werden. Durchgehend erkennbar bleibt der stark autobiografische Bezug des Ganzen. Gerhard Scheumann arbeitet offensichtlich angestrengt im Bemühen um eine für ihn gültig erscheinende literarische Form innerer Selbstverständigung, zu der Weggefährten ihn wiederholt aufgefordert hatten – auch im Hinblick auf eine Veröffentlichung. Aber der Plan scheitert. Zunehmend von Müdigkeit und Krankheit geschwächt und einem Gefühl „entsetzlicher Langeweile“ (Georg Büchner) überwältigt, gibt er auf. „Schon im Jahr 1995“: Ohne genauere Datumangabe bricht der Text ab im Gestus der Resignation über die Leere der Zeit – die eigene wie die allgemeine – und der hieraus erwachsenden Entscheidung, den soeben vollzogenen Wohnortwechsel aus der Mitte Berlins nach Senzig im Brandenburgischen als endgültigen Ausstieg aus allen bisherigen Verhältnissen für sich neu zu definieren, nach mehr als einem Jahrzehnt konzentrierter Arbeit an dem Manuskript:

> „Mit einiger Trauer ist zu vermerken, daß die Kraft zur Weiterführung dieses Buches in den letzten Monaten fehlte, weil Physis und Psyche von dem Umzug nach Senzig voll in Anspruch genommen wurden.
> Es gab ansonsten wenig herausragende Daten: Vielleicht
> - das Housewarming bei Elke und Hellmut Franz und

- den 65sten von Günter Gaus, dessen Teilnehmer und Verlauf ich als ‚Gegenentwurf' zur offiziellen BRD-Gesellschaft des Kalten Krieges definierte.
- Dazwischen 2 Tage in Leipzig zu einer Veranstaltung über Auschwitz im Film.
Wohnungswechsel in Berlin hat durch die Intervention von Thomas Krüger zur Zufriedenheit aller Beteiligten zum Jahreswechsel stattgefunden.
Schöner Weihnachtsabend mit Esther und Matti, auch Heide sehr glücklich." (TB Anfang 1995)

Damit endet eine Arbeit, die er als unmittelbare Reaktion auf die gegen ihn gerichteten Disziplinarmaßnahmen des Jahres 1982 ausdrücklich angekündigt hatte: weiter nachzudenken über einen Begriff von Öffentlichkeit und veröffentlichter Meinung, wie er in der DDR seit jeher ausschließlich ideologisch definiert worden war und in fataler Weise den systemimmanenten Schaden mitbestimmt hatte, an dem der Sozialismus letztlich insgesamt scheitern würde, wie sich Ende der Achtzigerjahre endgültig erweisen sollte.

Gerhard Scheumanns Aufzeichnungen belegen den exemplarischen Lernfall einer Arbeit ohne Hoffnung. Er wusste von Anfang an, dass seine Aufzeichnungen in der DDR selbst nur für die Schublade geschrieben, gleichwohl aber ein für ihn selbst unabdingbarer Versuch wären, den eigenen Erfahrungen und Einsichten endlich nicht weiter auszuweichen, sondern sich ihnen zu stellen und sie in die Konsequenz zu treiben bis zu jenem Punkt einer möglichen Absage an die eigene, über Jahrzehnte verinnerlichte Überzeugung scheinbar endgültiger weltanschaulicher Gewissheiten.

Dass zu seinen Lebzeiten diese Erinnerungen auch dann nicht öffentlich wahrgenommen und als Beleg einer besonderen historischen Zeugenschaft erkannt worden sind, nachdem die DDR längst schon aufgehört hatte zu existierten, gehört zu den bitter ironischen Wendungen jüngerer deutsch-deutscher Geschichte, deren tragische Seite Gerhard Scheumann unmittelbar mitverkörperte. Der Riss, der durch die Zeit ging, ging auch durch die Person – und spaltete sie.

Eine der ersten Eintragungen seines Tagebuches ist unter dem Datum des 10. Mai 1983 festgehalten. Alexander und Margarete Mitscherlichs Verdikt, nach welchem die „Unfähigkeit zu trauern" für die Deutschen nach 1945 sowohl eine Folge als auch die gleichzeitige Bedingung einer damit einhergehend kollektiven Schuldverdrängung historischen Ausmaßes sei, wird von Gerhard Scheumann als notwendige und zugleich höchst aktuelle Kritik angenommen und zum Ausgangspunkt eines persönlichen Eingeständnisses auch eigener politischer Mitverantwortung und Betroffenheit erklärt, in die er ebenso wie sich selbst den Staat DDR als Ganzes miteinbezogen sieht – als ein an seinen eigenen Maßstäben gescheitertes Gesellschaftssystem.

Vor allem drei der jüngeren Filme aus dem eigenen Studio erscheinen paradigmatisch als äußerer Bezugsrahmen und besonderer Hintergrund dieser Einlassung: *Kampuchea – Sterben und Auferstehn* (1979), *Die Angkar* (1981) und *Der Dschungelkrieg* (1983). Die Filme zeigen das Grauen eines im Zeichen von „Hammer und Sichel" und unter den Porträts der Klassiker des Marxismus-Leninismus befohlenen Massenmordes im Namen der Revolution.

Es war wichtig, dass sich Filmemacher aus einem sozialistischen Land dieser Herausforderung als Dokumentaristen stellten. Zugleich war es die Schwäche ihrer Arbeiten, den Fall Kambodscha lediglich als Sonderfall oder bloßen Unfall der Geschichte des Sozialismus, in letzter Konsequenz sogar als ganz und gar außerhalb von dessen Theorie und historischer Praxis angesiedelt, allein mit dem Hinweis auf das Komplott mit der chinesischen Konterrevolution und ihrer Verbrechen begründet zu haben.

Mit dem Abstand nur weniger Jahre reflektiert Gerhard Scheumann in seinen Tagebüchern den gleichen Vorgang einer (aus dem Überlegenheitswahn der ehemals revolutionären Sieger über die USA wachsenden) Gewaltherrschaft Pol Pots und ihres massenhaften Terrors gegen die eigenen Landsleute grundsätzlich anders, als das noch in seinen Filmen geschah. Auch wenn er selbstverständlich keine direkten Parallelen zieht zwischen dem historischen Lernfall Kambodscha und einer lediglich persönlichen Erfahrung tiefer Kränkung, die er selbst in der Folge des kurz zuvor gegen ihn eingeleiteten und durchgeführten Parteiverfahrens erlebte, so wird doch klar, wie sehr beide Ereignisse zu jener argen Erkenntnis eines fatalen Zusammenhanges beigetragen hatten, über den er sich in seinem Tagebuch nunmehr zum ersten Mal Rechenschaft gibt, d.h. jenseits aller Öffentlichkeit, gleichzeitig aber auf den unbedingten Zeugnischarakter seiner Aufzeichnungen bestehend.

Dabei erscheint in der eigenen Erinnerung an jenen folgenreichen Diskussionsbeitrag auf dem Kongress der Film- und Fernsehschaffenden 1982 das historische Beispiel Kambodscha in diesem Zusammenhang nur als eine Ableitung, als ein Fall, der damals keineswegs als besonders hervorgehoben werden sollte. Aber er stand mit zur Debatte als aufgerufener Erfahrungshintergrund eines allgemeinen politischen Versagens der Partei, sich ihrer historischen Verantwortung hier wie in anderen Fällen sowohl theoretisch als auch praktisch nicht gewachsen gezeigt zu haben – oder womöglich schon gar nicht mehr in aller notwendigen Konsequenz fähig dazu gewesen zu sein.

Denn der Realsozialismus hatte sich seit langem schon solcherart Herausforderungen entzogen. Zu seinen immer wiederkehrenden Lösungen war längst der pragmatisch stereotype Verweis auf seine Realinteressen geworden. So standen etwa für die Machtinteressen der DDR Anfang der Achtzigerjahre eine Reihe geopolitischer Kräfteverschiebungen und damit verbunden auch diplomatische Rücksichtnahmen gegenüber der VR China neu auf der Tagesordnung, die einen weiterhin so einseitig kritischen Verweis auf die Unterstützung des Pol-Pot-Regimes durch die Pekinger Führung nicht nur nicht mehr geraten erscheinen ließen, sondern im „realpolitischen Interesse" – was die Debatte um die ideologischen Ursachen des Genozids in Kambodscha betraf – geradezu programmatisch ausschlossen.

Für die Macht der Bilder von Heynowski und Scheumann war entsprechend das Vehikel des „Verrats am Sozialismus" durch die politische Führung der Volksrepublik China unter Mao Tse-tung und seinem Mörder-Gefolgsmann Pol Pot geradezu die fatale Voraussetzung dafür, das heikle Thema Gewalt und Sozialismus in der Öffentlichkeit der DDR überhaupt verhandeln zu können, auch wenn es andere blinde Flecken aufwies. Schwerwiegender als dieses Anpassungsverhalten fiel die fatale Ausblendung des geschichtlich großen Vorbildes Sowjetunion: Nicht benannt wurden die Verfolgung und Ermordung von ebenfalls Millionen unschuldiger Menschen im Terror der politischen Säuberungen seit den Dreißigerjahren unter Stalins Herrschaft. In Bezug auf den Film bedeutete die Abweichung vom offiziellen außenpolitischen Kurs der SED eine gegenüber früheren Produktionen des Studios H&S eingeschränkte öffentliche Verbreitung.

Das später bei Gerhard Scheumann daraus wachsende Problembewusstsein, einer ideologischen Verblendung erneut und ebenso blind nachgefolgt zu sein, wird vorerst noch ausschließlich dem Tagebuch anvertraut, bald danach dann aber auch als entscheidender Erfahrungshintergrund des notwendig eigenen Umdenkens einschließlich aller sich daraus für ihn ergebenden persönlichen Konsequenzen benannt: „Nicht das Erleben Kampuchea war das eigentlich Erschütternde, sondern die fehlende Bereitschaft ‚daheim', ein notwendiges Stück Trauerarbeit zu leisten", notiert er am 10. Mai 1983 – und weiter: „Dieser Mangel ist es, der den Wiederholungsfall nicht ein für allemal ausschließt. Der Pol Pot ist in jeder Partei angelegt, die nach den Prinzipien des Demo[kratischen] Zent[ralismus] aufgebaut ist. Heute ‚Soz[ialistische] Demo[kratie]' – morgen aber auch muß der schwarze Wagen vorfahren können, der jede Diskussion beendet. ‚Pol Pot in uns'. – Einmal gegen den Stachel gelöckt – Du wirst es nie wieder los. Denn Du hast – auch wenn die Führung sich später korrigiert und Dir in der Sache tausendmal Recht gibt – zur Unzeit gesprochen. Das hierarchische Prinzip der Unfehlbarkeit der Führung darf nicht angetastet werden. Das Prinzip steht höher als die Wahrheit gestern, heute und morgen. Deshalb mußt Du für immer als ‚nicht zuverlässig' gelten, weil Du zwar nicht gegen die Wahrheit, aber gegen das Prinzip verstoßen hast." (TB ebenda)

Und schließlich, weiterhin zum Stichwort „Noch ‚Trauerarbeit‘: Die verhängnisvolle Neigung, über jede noch so schwerwiegende Entartung der Bewegung hinwegzusehen und ‚das Positive‘ herauszustellen, wenn es sich – nach schmerzlichsten Verlusten – wieder andeutet. 30 Millionen Tote in der chinesischen ‚Kulturrevolution‘ – Wir sahen darüber hinweg. Pol Pot in Kampuchea? Ein kleiner Betriebsunfall.

Aber je mehr unbereinigt bleibt, desto fragwürdiger wird die ideolog[ische] Basis der Bewegung.“ (TB ebenda)

Es sind Einsichten, die noch immer erkennbar als Belege eines kollektiv zu verantwortenden Versagens der Partei reflektiert werden – die eigene Person eingeschlossen. Aber es ist darüber hinaus zugleich der beginnende Entfremdungsprozess von der SED als vorweggenommener Abschied von ihr mit eingeschrieben in dieses Wissen. Der Disziplinierte erlebt in den parteierzieherischen Maßnahmen gegen seine Person „eine Verfahrensweise, die im Nachhinein die Beweise und Begründungen zu schaffen versucht, die z.Z. der Urteilsverkündung nicht vorlagen. Jemanden in eine Ecke drängen, in der er niemals stand noch jemals stehen wollte.“ (TB 5.6.1983)

Und so beginnt dieser Abschied. Unter dem Datum des 22. Februar 1984 lautet die Notiz: „Heute um 8.30 Trauerfeier Baumschulenweg für Harry Funk. Wie ich Gerhard Abraham am Rednerpult sehe, fällt mir ein, daß an diesem Platz im Sommer ’82 mein erster Schritt stattfand: Trauerrede auf Günter Klein. ‚Es‘ offen aussprechen, sich nichts gefallen lassen: Für mich inzwischen zur einzig möglichen Lebensweise geworden, um vor mir selbst bestehen zu können.“ (TB ebenda)

Damit wird das Strafgericht der Partei zum Wende- und Ausgangspunkt einer bewussten Emanzipation von ihr – allerdings mit noch immer starken inneren Vorbehalten. Das heißt, dem „Gefühl großer persönlicher Befreiung, gewachsener Autonomie“ eignet gleichzeitig die „schmerzliche Erfahrung, daß diese Werte nur gewonnen werden können, wenn andere Werte in die Brüche gehen“. (TB 12.9.1984) Und so folgt darauf erneut und wiederum der illusionäre Traum vom möglichen gemeinsamen

Aufbruch und einem kollektiven Neubeginn innerhalb und mit der Partei: „Es gilt, die alleinselig machende Kirche von innen her zu zerstören; in der Partei also bleiben, um sie zu verändern!" (TB ebenda)

Nur ein halbes Jahr später, im Februar 1985, wird auch dieser Traum für Gerhard Scheumann ausgeträumt sein, muss er vor sich selbst (ohne Datum, um den 10.2.85) seine neuerliche Anpassung an die disziplinarischen Vorgaben der Parteiorganisation einräumen: „Aufgefordert, an die Leitung der APO [Abteilungsparteiorganisation] einen Antrag auf Löschung meiner Parteistrafe zu stellen, hätte es heißen müssen:

1. Die Sache, die so strittig wurde und in den letzten zwei Jahren nicht behandelt wurde, spielt in einem Parteiverfahren keine Rolle; es geht lediglich um die Formalien des Statuts.

2. Ein Parteiverfahren veranlaßt ohne Zweifel zu tieferem Nachdenken über die Grundlagen der Existenz; insofern hat es seinen Wert. Aber es erzeugte in keinem mir bekannten Falle den Unterwerfungsakt, sondern eher die innere Emigration bis hin zum Dissidententum.

3. Wichtigstes Ergebnis des ganzen Verfahrens: Ich fühle mich freier als zuvor. Es ist diese Art von Freiheit, die die Eskapaden der ‚anderen Seite' nur noch belustigt betrachtet oder mit Verachtung straft. (Dagobert M: ‚Was lassen ‚sie' sich jetzt schon wieder einfallen??')

4. Ich habe mich nicht von der Partei entfernt. Die Partei, in die ich vor 36 Jahren eintrat, war eine andere. Ein Gerhart Eisler hätte meine Rede auf dem Verbandskongreß mit einem einverständigen Fingerdrohen zur Kenntnis genommen.

5. Warum also sich – dennoch – nicht voneinander trennen? Weil der Marxismus-Leninismus eine zu große Sache ist, als daß man sie den dummen Kerlen à la J. Her[r]mann zur Beute überlassen dürfte. Die Partei gehört von innen her erneuert, durch machbare kleine Schritte, durch bekundete Verachtung, wenn sie am Platze ist, also bekundete Nicht-Übereinstimmung.

6. Der ‚Demokratische Zentralismus' – das Elend des ‚Realen Sozialismus'. Stattdessen wurde ein anderer Brief geschrieben,

der weder eine Unterwerfungsgeste noch höhnische Elemente enthielt. (Ein ‚Sprachkunstwerk'). Er wird, hoffentlich, die Akte schließen. Nächste Schritte dürften sein: Der Austritt aus dem VFF." (TB um den 20.2.1985)

Neue Projekte: *Die Generale*

Es ist das Zurückweichen vor dem letzten Schritt: Das sogenannte Sprachkunstwerk soll den Gesichtsverlust kaschieren, der mit dem scheinbar geläuterten Wiedereintritt nach zweijähriger Bewährungsfrist in den Kreis der Genossen verbunden bleibt, gleichzeitig damit aber auch einen persönlich extrem belastenden Ausnahmezustand beendet. Denn parallel zu diesen Vorgängen erfordert der alltägliche Arbeitsprozess in der zur „Künstlerischen Arbeitsgruppe H&S" umbenannten und in das DEFA-Dokumentarfilmstudio eingegliederten Gruppe des ehemaligen Studios H&S alle Konzentration. Dort geht es um neue Filme und die damit verbundene Hoffnung, noch einmal einen großen Wurf zu landen, der im Ergebnis die politische Rehabilitierung bedeuten könnte, vor allem aber die Chance böte, das alte Label H&S wieder neu aufleben zu lassen.

Dieser Wurf scheint sich dann tatsächlich mit dem 1986 fertiggestellten Film *Die Generale* anzukündigen. Walter Heynowski hatte erstmals Mitte des Jahres 1983 inoffiziell über die Vorbereitungen zu diesem Film in einem persönlichen Schreiben an die Abteilungsleiterin Kultur beim ZK der SED Ursula Ragwitz informiert und die Planungen dazu eingeordnet in eine strategische Reihe weiterer Projekte,[145] mit denen das Studio angetreten sei, die nach der vorgetragenen Kritik Gerhard Scheumanns

[145] Verweise u.a. auf *Zum Beispiel Regensburg* (1983/84), *Die Lüge und der Tod* (1988), *Der Mann an der Rampe* (1988), *Kamerad Krüger* (1988/89), aber auch weitere Filme, die schon weit früher, sogar mit dem Anfang ihrer Zusammenarbeit zusammenfielen: beginnend mit *O.K.* (1965), *Geisterstunde* (1966/67), *Der Präsident im Exil* (1969), *Meiers Nachlass* (1975), aber auch *Immer wenn der Steiner kam* (1976) oder *Der lachende Mann* (1966).

an der Informationspolitik der Partei entstandenen ideologischen „Probleme im schöpferischen Vorwärtsschreiten zu lösen". Er hatte dieses Versprechen allerdings nur mit dem Eingeständnis auch größter eigener Betroffenheit geben können: „Ich habe eine sehr schwierige Zeit durchlebt."[146] Denn die gegen seinen Partner eingeleiteten disziplinarischen Maßnahmen hätten unmittelbar auch ihn selbst sowie das gesamte Kollektiv des Studios eingeschlossen, sie seien ungerechtfertigt und in vielfach sogar diskriminierender Weise durchgesetzt worden. Statt darüber allerdings lediglich weiter Klage führen zu wollen und in der Konsequenz dann nur noch zu dem Schluss gelangen zu müssen, dass auf solcher Grundlage jede „Weiterarbeit mit meiner Ehre unvereinbar"[147] sei, bliebe alternativ nur noch eine Haltung möglich, das verlorengegangene Vertrauen der Partei mit künstlerisch gültigen Filmen zurückzugewinnen. Zu diesem Ergebnis sei er mit der Hilfe der Genossen seines Kollektivs, aber auch wichtiger Verbündeter gekommen. Zu denen zählte er ausdrücklich die Leitung der Akademie der Künste, darüber hinaus namentlich auch Horst Pehnert, den Leiter der Hauptverwaltung Film beim Ministerium für Kultur, sowie vor allem Joachim Herrmann, Politbüromitglied und Sekretär für Agitation und Propaganda beim ZK der SED.

Zu erinnern bleibt allerdings, dass in ganz entscheidendem Maße es gerade Joachim Hermann und Ursula Ragwitz waren, die erst ein halbes Jahr vorher die Strafaktion gegen Gerhard Scheumann und das gesamte Studio H&S persönlich entscheidend mitverantwortet hatten. Diese Tatsache stand natürlich zweifelsfrei auch Walter Heynowski vor Augen, als er sein Schreiben an Ursula Ragwitz aufsetzte.

Es war insofern auch ein taktisches Unterfangen, mit seinem Kotau vor der Macht zu versuchen, für sich selbst, aber auch für Gerhard Scheumann, künftig wieder größere Arbeitsperspekti-

146 Walter Heynowski an Ursula Ragwitz, 30.7.1983. SAPMO-BArch DY 30/ 18959.

147 Ebd.

ven zu eröffnen und damit möglichst die alte Sonderstellung ihres gemeinsamen Studios zurückzuerlangen. Der Preis, den er persönlich bereit war zu zahlen, war sehr hoch. Aber Walter Heynowski zahlte ihn und konnte dafür sein Lebenswerk fortsetzen und letztlich erfolgreich zu Ende bringen.

Mit dem Zusammenbruch der DDR ist dieses Werk seitdem allein noch einem historischen Urteil überantwortet, konnte also nicht abgewickelt werden wie der Staat – und ist deshalb als ästhetisches Zeugnis einer untergegangenen Epoche insofern unabgeschlossen erhalten als noch immer (oder wiederum neu) auf eine andere als die eigene „Geschichte wartend“[148] – so wie auch der Film *Die Generale*.

Gemeinsam hatten sie seit 1983 mit Hilfe des von Westberlin aus agierenden Wirtschaftswissenschaftlers und Friedensforschers Prof. Gerhard Kade, der als einer der Hauptinitiatoren der Aktion „Generale für Frieden und Abrüstung“ international hervorgetreten war, acht ehemalige Generäle aus acht NATO-Staaten zur Mitarbeit an einer filmischen Dokumentation gewinnen können. Es handelte sich um die Generäle Nino Pasti (Italien), Michiel von Meyenfeldt (Holland), Michael Harbottle (England), Georgios Koumanakos (Griechenland), Johan Christie (Norwegen) und Gert Bastian (Bundesrepublik Deutschland) sowie um den Marschall Francisco da Costa Gomes (Portugal) und Admiral Antoine Sanguinetti (Frankreich).

Angesichts der wachsenden Bedrohungssituation in Europa in Folge der von den USA und der Sowjetunion Anfang der Achtzigerjahre beiderseitig vorangetriebenen Stationierungspläne von Mittelstreckenraketen wuchs mit der Einsicht, dass ein künftiger Krieg zwischen den Supermächten vor allem in der Mitte Europas ausgetragen würde, ein breiter Widerstand gegen die sich damit fortsetzende Spirale weiterer Auf- und Hochrüstung der militärischen Paktsysteme. Er mündete in eine europäische Friedensbewegung in Ost und West, grenzüberschreitend mitgetragen auch in den beiden deutschen Staaten. Das zeitgenössische Bewusst-

[148] Vgl. Der glücklose Engel, in: Heiner Müller: Werke 1, S. 53.

sein über einen tatsächlich damit notwendig verbundenen und einzuleitenden Strategiewechsel der Politik, der Gedanke von der Verantwortung für das „gemeinsame europäische Haus“, erschien dabei auch im Osten Deutschlands weit mehr als nur eine rhetorische Floskel der politischen Führung. Es war nicht zuletzt die wachsende Bürgerbewegung in der DDR, die unter der Losung „Schwerter zu Pflugscharen“ sich in Abgrenzung von jeder Vorstellung lediglich einseitiger Abrüstungsschritte deshalb ausdrücklich nicht nur gegen die westliche Hochrüstung, sondern auch gegen die sowjetischen Bedrohungspotenziale der SS20-Raketen auf dem DDR-Territorium formierte und von da aus später zu einer entscheidenden Oppositionsbewegung wurde. Dass sich in eine solche Basis gesamteuropäischer Friedensbewegungen andererseits auch höchste Militärs der NATO einreihten und vehement gegen die These einer akuten einseitigen Gefährdung des Westens durch den Warschauer Pakt auftraten, verweist zusätzlich auf den bedeutenden Bündnischarakter dieser Bewegung.

An diese Tatsache knüpften Heynowski und Scheumann mit ihrem Film an. Ursprünglich ohne jede Absicht, die von ihnen interviewten Generäle theoretisch etwa als System-Kritiker des Kapitalismus oder in prinzipieller Opposition zu ihren Gesellschaften stehende Persönlichkeiten zu zeigen, sollten sie vielmehr ausdrücklich als Repräsentanten einer auch unter bürgerlich-kapitalistischen Verhältnissen alternativ möglichen Friedensbewegung in Erscheinung treten, im Verweis zudem auf die daraus sich ableitenden Handlungs- und Denkmöglichkeiten selbst innerhalb deren militärischer Eliten. Dafür standen die ausgewählten Generäle. Sie hatten sich entschlossen, öffentlich zu werden in der Wahrnehmung ihrer persönlichen Verantwortung und dem Bewusstsein ihrer herausragenden gesellschaftlichen Stellungen angesichts der militärischen Ränge, die sie bekleideten, oft und nicht zuletzt auch ihrer über Generationen verpflichteten Familientraditionen.

Tatsächlich sollte es sich erweisen, dass der den Generälen zugesagte Respekt vor ihrer Loyalität als Staatsbürger in wesentlichen Zusammenhängen des Films allerdings nicht eingelöst worden war. Gert Bastian etwa verwies in einem mit dem Datum des 8. Juli 1986 versehenen und gemeinsam an Walter Heynowski, Gerhard Scheumann und Gerhard Kade gerichteten Brief auf eine Vielzahl von Mängeln bei der filmischen Umsetzung besonders im 2. Teil des Filmes sowie von (teilweise dabei sogar bewusst) manipulatorisch in Kauf genommenen Eingriffen – entgegen der vorher verabredeten Intention der Interviewpartner. Jedenfalls schloss er seinen Brief mit der Feststellung: „So wie Teil zwei jetzt gestaltet ist, kann ich ihn nicht gutheißen und in der Öffentlichkeit vertreten." (TB ebenda)

Vermittelt worden waren die Kontakte zwischen der Werkstatt H&S und den Generälen ursprünglich allesamt durch Gerhard Kade, der als Person ihres Vertrauens den Beteiligten aus der gemeinsamen Aktion „Generale für Frieden und Abrüstung" bekannt war. Er war später entsprechend auch an allen Vorgesprächen und schließlich auch an den Aufnahmegesprächen für den Film direkt beteiligt. Seine Rolle reichte insofern weit über die Funktion eines bloßen Fachberaters im engeren Sinne hinaus. Dafür spricht nicht zuletzt die Tatsache, dass das begleitende Buch zum Film *Die Generale* neben Walter Heynowski und Gerhard Scheumann auch Gerhard Kade als Mitautor ausweist. Darüber hinaus konnte Kade als Bundesbürger in vielfacher Weise bei allen logistischen Problemen des Produktionsprozesses wie der komplizierten Reisediplomatie und Kommunikation zwischen Ost und West, vor allem aber auch bei der notwendig erscheinenden Qualifizierung einer tragfähigen Legende des Unternehmens hilfreich vermitteln. So stellte er das Team H&S nach internen Angaben von Walter Heynowski und Gerhard Scheumann den Gesprächspartnern jeweils als „international bekannte Filmemacher und Mitglieder der ältesten deutschen Akademie der Künste" und Regisseure eines „multinationalen Filmprojektes" vor. Er war es auch, der in Kenntnis der absehbar sensiblen persönlichen Situation der Generäle, die nach der Premiere des Films zweifellos entstehen würde, davon abriet, den Film „als eine DEFA-Produktion zu firmieren" und ihn damit sofort als

DDR-Film erkennbar zu machen. Als gemeinsame Produzenten wurden im Abspann denn auch genannt: ETV Films Ltd., London; Euro Television Productions, Amsterdam (Spectrum Film, Amsterdam); Akropolis Films and TV Ltd., Athen, Werkstatt H&S, Berlin in Zusammenarbeit mit „Generals for Peace and Disarmament" London (und das Centre for International Peacebuilding, London).

Alle späteren Verweise auf die Führung Gerhard Kades als IM der Hauptverwaltung Aufklärung beim Ministerium für Staatssicherheit der DDR zielten mit der vordergründigen und beabsichtigten Diskreditierung dessen Person allerdings weit mehr auf die eigentliche politische Provokation, die von dem Film und seiner Botschaft ausging, als auf die Verbindungen Kades zum MfS. Dass ehemals ranghöchste Militärs des westlichen Bündnisses fundamental der herrschenden militärischen Doktrin der NATO gegenüber der Sowjetunion widersprachen, das war die eigentliche Sensation und der höchst sensible Störfall im beiderseitigen Abrüstungspoker.

Heynowski und Scheumann waren sich der Brisanz ihres Films in dieser Hinsicht und seiner möglichen Wirkung nach innen wie außen voll bewusst. Dass sie damit zugleich auch für sich selbst warben, als sie ihr Werk symbolisch dem XI. Parteitag der SED widmeten und es damit gleichzeitig der „Friedensoffensive des Sozialismus zur Verfügung" stellen wollten, war angesichts der politisch schwierigen Produktionsvoraussetzungen als ehemaliges Studio H&S durchaus taktisch begründet und damit nachvollziehbar, kann und sollte die eigentliche Dimension des Films als eines brisanten filmischen Dokumentes der internationalen Friedensbewegung jedoch nicht verstellen.

Walter Heynowskis nachgereichtes Wort von der „Bringeschuld gegenüber der Partei"[149], persönlich adressiert an Egon

[149] Zitiert nach Rüdiger Steinmetz, Tilo Prase: Dokumentarfilm, S. 129; Heynowski & Scheumann, Unterschrift nur von Heynowski, an Walter Krenz, 12.3.1986. Eingangsstempel der HA XX des MfS vom selben Tag. BStU, ehem. HA XX ZMA, Nr. 20327.

Krenz, verweist allerdings doch auf einen Grad vorauseilender Bereitschaft zum Bußgang im Dienste einer politischen Partei, die nur noch von deren selbstverständlicher Erwartung solcher Feier ihrer Politik überboten wurde.

Zumindest hier sind zu diesem Zeitpunkt die Positionen zwischen Gerhard Scheumann und Walter Heynowski nicht mehr in Übereinstimmung zu bringen. In einem aus dem Urlaub und somit bewusst privat gehaltenen Brief Scheumanns an Heynowski wird das mehr als deutlich, und er bezieht ausdrücklich *Die Generale* als Beleg einer tiefgreifenden künstlerischen Entfremdung zwischen ihnen in die eigene Argumentation ein.

Unter dem Datum des 17. August 1985 werden nach persönlicher Sichtung des ersten Teils ihres Films die dabei gewonnenen „vielen positiven Eindrücke" brieflich zunächst ausdrücklich erwähnt, um danach aber auf eine Reihe einseitig und ohne vorherige Absprache vorgenommener Korrekturen, der „problematischen Seite" des Films, zu verweisen – mit dem daraus folgenden Gesamturteil, dass das Ganze nichts weniger als „ein Autoren-Irrtum ist". Denn der Charakter des Films habe sich durch diese Eingriffe grundsätzlich verändert und verletze zudem jene fest verabredete konzeptionelle Voraussetzung ihrer gemeinsamen Autorschaft: „die Absprache, daß wir nur die ‚Vermittler' sind, wird gebrochen. Die Generale geben lediglich Stichworte für ein Unternehmen, das sich zum reinen Autorenfilm verwandelt hat." Es sei vor diesem Hintergrund geradezu „unerklärlich, daß der Film lange Wochen als mehr oder weniger abgeschlossen gelten konnte, so daß jene Vorführung stattfinden durfte, von der Du mir erzählt hast"[150].

Gerhard Scheumann fühlte sich offenbar ausgegrenzt, zumindest nicht informiert und konnte deshalb nur schlussfolgern: „Wieder einmal drängen, bei diesem wichtigen Gegenstand, die Termine. Andere Arbeiten wurden begonnen, haben es verhindert, daß alle Kraft und Aufmerksamkeit auf das Hauptvorhaben

[150] Gerhard Scheumann an Walter Heynowski vom 17.8.1985, aus dem Nachlass.

gerichtet wurde. […] Und hier liegt das eigentliche Problem, das über den gegebenen Anlaß hinausweist: Es fehlt zwischen den Arbeitern am gemeinsamen Werk jeder Ansatz einer Kommunikation, des Austauschs. Das war schon im früheren Studio ein neuralgischer Punkt; […] Jetzt ist es noch schlimmer geworden. Wie kommt es nur, daß dieser wirklich unansehnliche Kolonialkomplex keinen Achtungsschrei ausgelöst hat, daß keine Beratung einberufen wurde? Darüber wird nachzudenken sein."[151]

Walter Heynowski antwortet nach zwei Wochen, am 2. September, sehr ernst und gleichermaßen betroffen, aber auch in weiterhin ausdrücklicher Verbundenheit. Im Hinblick auf jene im Brief Gerhard Scheumanns angedeutete interne Vorführung von *Generale I* hebt er in seinem Antwortbrief hervor, dass die Vorführung stattfinden musste, da drei Ebenen (ZK-Abteilung, HV-Film, Direktion) sich einmischten und den dringenden Wunsch hatten, Einblick in die Arbeit zu nehmen. Es sei daher nicht mehr länger gelungen, eine Vorführung hinauszuzögern. Auf den von Gerhard Scheumann besonders hervorgehobenen Kritikpunkt des „Kolonialkomplexes" reagierend, ist er davon überzeugt, dass die Kürzungen und Änderungen die Struktur des Filmes nicht beeinträchtigten und die Komposition erhalten bliebe. Einen Irrtum könne er darin nicht erkennen. Aber natürlich sei der Film ein reiner Autorenfilm, da ja ihre Sicht auf die Probleme der Welt vermittelt werde.[152]

Der fundamentale Differenzpunkt zwischen den Partnern, hier wird er – bei allem erkennbaren Bemühen um Ausgleich und momentane Konfliktbegrenzung – überdeutlich. Walter Heynowski bekennt in seiner Antwort, sich seit Beginn ihrer Zusammenarbeit am Schneidetisch als Vertreter beider Autoren gefühlt zu haben und so würde es auch in Zukunft bleiben. Das heißt, er wird sich weiterhin durchsetzen in den entscheidenden filmästhetischen und filmpraktischen Fragen, und Gerhard

[151] Ebd.

[152] Vgl. Walter Heynowski an Gerhard Scheumann vom 2.9.1985, aus dem Nachlass.

Scheumann wird weiterhin, als der eher dramaturgisch mitarbeitende Teil ihres gemeinsamen Projekts, mit diesem Konflikt zu leben bzw. ihn zu moderieren haben, nicht zuletzt als der öffentliche Sprecher einer Partnerbeziehung im anhaltenden persönlichen Interessenkonflikt.

Letztlich muss und wird ihre Beziehung am Ende daran zerbrechen. Denn für Gerhard Scheumann ist es zunehmend ein existenzieller Konflikt, der sich langfristig von seiner Seite als nicht mehr auflösbar erweist. Schon am Anfang des Briefes an Walter Heynowski vom August 1985 hatte er – noch vor seiner speziellen Kritik an den *Generalen* – angekündigt, einen anderen, ebenfalls kurz vor der Abnahme stehenden und zum Chile-Zyklus gehörenden Kurzfilm mit dem Titel *Schnappschüsse* definitiv „*nicht* mitverantworten" zu können: „Auch im Falle einer staatlichen Zulassung möchte ich mich von diesem Film zurückziehen, also auch nicht im Abspann erscheinen"[153] [Hervorhebung G.S.], heißt es da abschließend – aber (wie sich erweisen wird) nicht endgültig.

Denn er wird weiterhin, wie in jeder der künftig noch zur Entscheidung anstehenden Gelegenheiten, sich mit seinen Einsprüchen Gehör verschaffen, seine Kritik in den entscheidenden Fragen aber zurückstellen. So wird er, bis zum Ende seiner Zusammenarbeit mit Walter Heynowski, immer auch mit seinem Namen zeichnen und damit der endgültigen Zerreißprobe mit dem Partner ausweichen – bis der Riss unüberbrückbar ist und zur endgültigen Entscheidung zwingt.

Zunehmende Entfremdung. Rückzug

In den Achtzigerjahre und unter den sich verändernden politischen Rahmenbedingungen der DDR sowie einer damit einhergehenden sich gleichzeitig ausdifferenzierenden Medienkultur

[153] Gerhard Scheumann an Walter Heynowski vom 17.8.1985, aus dem Nachlass.

erwuchs für H&S eine so zuvor nie gekannte neue Lage nicht nur ihrer institutionellen Zurückstufung, sondern auch der Erfahrung inhaltlich neuer Anpassungszwänge.

Gerhard Scheumann zieht sich nicht zuletzt deshalb, vor allem aber auch in der Folge seiner Parteistrafe mehr und mehr aus dem Alltagsgeschäft des Studios zurück und intensiviert zur gleichen Zeit bemerkbar sein Engagement in der Akademie der Künste. Solches Desinteresse an den internen Abläufen des Studios bleibt natürlich nicht unbemerkt und steht gleichzeitig im Widerspruch zu der ihm täglich abverlangten Rolle des sich engagiert seiner Bewährungssituation bewussten Genossen. Diesen unauflösbaren Widerspruch nicht offen aussprechen zu können, begleitet vom gleichzeitigen Verschweigen der Tiefe seines Konfliktes mit Walter Heynowski, treibt die Partner jedenfalls in ein gefährliches Vakuum gegenseitigen Kommunikationsverlustes. Es beginnt die von Gerhard Scheumann vorläufig noch psychosomatisch gedeutete Flucht in die Krankheit als ein zeichensetzendes, Körper und Geist gleichermaßen betreffendes Warnsignal. Und es beginnt – damit verbunden – die Zeit der immer zwingender erscheinenden Trennung von seinem Partner, dessen persönliche Durchsetzungskraft im Verfolgen konzeptioneller Ideen (mit allen dabei sichtbar werdenden und letztlich unüberbrückbar erscheinenden künstlerischen und weltanschaulichen, aber auch politischen Differenzen) Gerhard Scheumann zeitweilig bis in die Depressionen einer tatsächlichen Lebenskrise trieben.

1. April 1985: „Über Ostern in Senzig. [...] auf dem Weg nach Berlin: das Magendrücken stellt sich wieder ein. Immer öfter erörtern Heide und ich jetzt Maßnahmen wie Arbeitsurlaub, Krankschreibung, Aufhören usw. mit immer größerem Ernst. [...] Donnerstag bei Frau Dr. Weigel im RK.: Es liegt in meinem Ermessen, mich sofort aus dem Verkehr ziehen zu lassen. Empfehlungen an div[erse] Neurologen". (TB ebenda)

Wirkliche Erfahrung und ideologische Wunschbilder kollidieren immer mehr. Es sind Einzelheiten, die sich zu Widersprüchen – ohne Lösungsmöglichkeiten – auftürmen. Ein frühes Beispiel dafür deutet sich schon in einer der ersten Eintragungen seines

Tagebuches unter dem Datum des 5. Mai 1983 an. Da beschreibt er, zurückgekehrt aus dem westdeutschen Regensburg, an dessen Beispiel Heynowski und er die Zerstörungs- und Selbstzerstörungspotenziale einer nach außen reichen Wohlstandskultur zu dokumentieren beabsichtigten (wohl auch als ersten Läuterungsbeleg ihres Studios nach der Abwicklung), wie groß der Widerspruch zwischen jenem filmisch dokumentierten Schein des polit-agitatorisch Bewussten einerseits und dem subjektiven Erfahrungsdruck des wirklich Erlebten andererseits offen lag: „Regensburg ‚liegt nicht in des Feindes Krallen' (Schiller), sondern in den Händen arbeitsamer Bürger. Der Viktualienmarkt ist überwältigend! Sind die Bayern, Hessen usw. klüger und fleißiger als die Sachsen, Thüringer usw.? Gewiß nicht. Die ungeheueren Unterschiede liegen – dieses Wort auszusprechen ist freilich immer noch ein Sakrileg! – am SYSTEM!!! Und dabei sind wir in der DDR immer noch von den anderen sozialistischen Brüdern beneidet. Und doch geht es auch bei uns bergab. Ineffizienz, was für ein Begriff? Der Viktualienmarkt sagt aus: Die Eigentumsverhältnisse sind so oder so geregelt: aber nicht einmal alle 15 Bezirkshauptstädte der DDR brächten so einen Markt zustande, wie er sich in der bayerischen Provinz über Nacht herstellt.

Wir sind so vollständig abgehängt, daß nur noch die vollständige Abschließung die Sache zu stabilisieren versuchen kann. Aber der Teufelskreis sieht so aus: Unzufriedenheit – mehr Sicherheitsmaßnahmen – Folge: mehr Unzufriedenheit.

Wann erschöpft sich dieser Kreislauf?

Nicht unser Mangel ist das entscheidende Problem (obwohl auch), sondern die Lüge, die den Mangel in gesellschaftl[ichen] Fortschritt zu fälschen versucht!" (TB ebenda)

Es sind die Zwänge der Realität, die zu solchen Überlegungen führen, und dennoch wird der Film mit der Autorität Walter Heynowskis in der ursprünglich vorgegebenen und geplanten Weise fertiggestellt und so auch gemeinsam öffentlich vertreten. Der Störfall als ästhetische Provokation wird nicht angenommen, sondern verdrängt, ebenso wie die Frage nach dem Systemvergleich.

Einen zufällig in seine Hände geratenen Text des Schweizer Diplomaten und Kulturkritikers der Zwischenkriegszeit Carl Jacob Burckhardt über das Verhältnis von Politik und Poesie von 1923 erlebt er als überraschende und höchst aktuelle Lektüreerfahrung: „Es ist nicht das Wollen, nicht das Können, nicht die Berufung, die über das Werk entscheiden. Man kann in ein Klima, in eine Zeit geraten, die kein Gedeihen mehr zulassen. Es geht wie mit der Vegetation, der Fauna – ganze Reihen sterben aus. Das Wort, das gestern noch Zauberkraft hatte, fällt heute sinnlos auf den Boden.“ (TB 30.4.1985)

Dazu die Notiz vom 22. Mai 1985: „Die Entdeckung von C. J. Burckhardt [...] läßt mir keine Ruhe. Wenn der politische Dokumentarfilm, der polemische Systemauseinandersetzung betreibt, in der DDR mehr und mehr ausstirbt, so aus den von Burckhardt 1923 benannten Gründen: er findet das Klima nicht mehr, in dem er gedeihen könnte.

Es ist ja nicht so und kann auch nicht sein, daß wir plötzlich unser handwerkliches Können verloren hätten. Es geht darum, daß der Sozialismus als System seine Unschuld verloren hat! Die Reinheit des geschichtlichen Antritts hat ungeniertem Pragmatismus in allen Bereichen Platz gemacht. Als Stichworte wären zu nennen: Handel und Wandel mit jedem Teufel; zwei Währungen – zwei Moralen; Doppelzüngigkeit in den Medien; belogene Massen, die es selbst besser wissen; verordnete Meinungen ohne Diskussion; die Einschränkung der von der Verfassung verbrieften Bewegungsfreiheit, die offiziell als höchste Form der Freiheit gepriesen und von den Betroffenen noch beklatscht werden soll; 30.000 Ausreisen in einem Jahr, denen noch wenigstens 300.000 folgen möchten, usw. usf.

In so einem Klima darf der pol[itische] Dok[umentar]-Film zwar noch produziert werden (weil die ‚Führung‘ sich sonst selbst ad absurdum führen würde!), wird aber vom Volk nicht mehr ‚angenommen‘; es wendet sich mit Verachtung ab, weil es wünscht, daß – wenn schon überhaupt – vor der eigenen Tür gekehrt werden muß. Das wiederum kann ‚die Führung‘ nicht dulden, weil sie sich auch dadurch ad absurdum führen würde

[…] (WH leugnet das alles gewissenhaft bzw. gewissenlos; hier sind wohl die wahren Gründe angelegt, die uns einmal trennen werden).“ (TB ebenda)

Das Urteil über das politische Klima innerhalb der eigenen Gesellschaft wie auch seine Prognose über die langfristig als gescheitert angenommene Beziehung zu Walter Heynowski erscheinen schon hier endgültig und überdecken doch andererseits nicht die eigene Schwäche, sich selbst nicht wirklich befreien zu können (noch zu wollen) von den eigentlichen Ursachen, die ihn krank machen. Später wird er im Therapie-Gespräch mit zwei Ärzten seines Vertrauens diese Schwäche ausdrücklich einräumen: Sie „befragen mich zu meinem Konflikt mit Massa. Ich muß eingestehen, daß mein Konflikt mit ihm auch Ausdruck meiner Schwäche ist. ‚Beenden‘ kann nur sinnvoll sein mit einem Plan für ‚Beginnen‘ – das ist richtig. Nur nicht in die Rolle von E[k]dal, dem Erfinder aus der ‚Wildente‘ geraten! Letzteres war dann schon mein Vergleich.“ (TB 31.5.1989)

Allerdings liegt ein solcher Plan des Neubeginnens tatsächlich noch in weiter Ferne, so sehr ihn die mit der Ibsen-Figur des Ekdal aufgerufene Horrorvorstellung eines bloß noch vorgetäuschten Lebens durchaus beschäftigt, trotz aller ironischen Distanz. Denn es ist ja das vergleichbare Rollenmuster eines in der Öffentlichkeit von ihm ja selbst weitgehend nur noch vorgetäuschten Lebens nach seiner Bewährungsstrafe, das er über Jahre in unendlichen Mitteilungen aus der Provinz als kopfschüttelnd registrierender Tagebuch-Schreiber mit Sarkasmus kompensiert.

So etwa am 6. November 1983 in einer wenngleich noch immer mit einem Fragezeichen versehenen Reminiszenz über solcherart angepasstes und zugleich Anpassung förderndes Denken: „Zu den größten Erfolgen der Pädagogik der DDR gehört die Tatsache, daß der Staatsfeind Nr. 1 im Fach Staatsbürgerkunde eine ‚1‘ bekommen kann. Oder ist eben der Typ verlangt, der sich in jeder Situation angepaßt verhält? Dann ist der Erfolg tatsächlich eingetreten.“ (TB ebenda)

Auch späterhin wird dieses Thema immer wieder aufgenommen – allerdings weitaus radikaler gefasst – und noch Ende der

Achtzigerjahre, unter dem Stichwort „Negative Auslese“ abgehandelt: „Das Prinzip der ‚negativen Auslese‘. Anpassung – vom Kindergarten über Schule und Universität – Leben durch Doppelexistenz; Doppelzüngigkeit. Nicht fragen, nur Antworten geben, die auch gehört werden wollen: so gelangen die niedrigsten Charaktere schließlich in die höchsten Funktionen … Mittelmaß triumphiert, Innovation verbietet sich da von selbst, wo sie die eigenen Privilegien infrage stellt“. (TB 7.5.1988), wenig später, am 19. September, ergänzt: „Nochmals: ‚Negative Auslese‘. Diese beginnt mit der Entscheidung, aus der FDJ einen ‚Millionenverband‘ zu machen (Staatsjungend); fortan ist derjenige stigmatisiert, der nicht drinnen ist, sondern draußen bleibt. Der Sinn einer Sinnesgemeinschaft ist verloren. Die Nachteile der Nichtmitglieder werden vom ersten Schultag (o[der] später) spürbar: EOS, Universität usw. fallen fort … Das ist die Chance der Doppelzüngler und der Minderbemittelten. Sie steigen auf und bilden die ‚negative Auslese‘.

Bevor nicht die Chimäre des ‚Demokratischen Zentralismus‘ abgeschafft wird, ist es völlig unfruchtbar, über die Personnage in der Führungsspitze zu rätseln. Wer auch immer wen beerben will, ist unbedeutend. Die Struktur der Sache ist bedeutend. Diese aber ist eine Einbahnstraße, die nur von Oben nach Unten durchlässig ist. Es gibt keine effektive Kontrolle, Meinungs- und Willensbildung von Unten nach Oben. Die Struktur läßt es nicht zu.

Überall sofort die Beine in die Hand nehmen und davonlaufen, wo immer einer den ‚Neuen Menschen‘ schaffen will!“ (TB ebenda)

Es sind die sorgfältig dem Tagebuch anvertrauten und aufbewahrten Grotesken einer Wirklichkeit, die jedes Lachen eigentlich schon im Ansatz verbieten müssten, wenn nicht die Komik des Absurden dann und wann überwiegen würde, wie in jener als Faksimile ausgeschnittenen und schon früh in sein Tagebuch eingeklebten Meldung, deren Formulierungs-Akrobatik ein wunderbares Schlaglicht auf die Erfolge des sogenannten „Wissenschaftlich technischen Fortschritts“ (WTF) in der DDR wirft: „Heute Inserat BZ: Eindrucksvoller Kommentar zum sog[enannte]n WTF! – ‚Suchen Büchsenverschlußmaschine, handbetrieben, für Konservendose 99/122. Akademie d[er] Wissensch[aften] der DDR, Zentralinstitut für Isotopen- u[nd] Strahlenforschung, Bereich Strahlenquellen und Nuklearpharmaka, 1115 Berlin-Buch, Robert-Rössle-Str. 10, Tel.: 3460'." (TB 14.1.1984)

Nur noch bitter hingegen klingt die Nachricht vom 30. Juni 1984: „Seit dem frühen Morgen zwischen Kaufhalle und Dienstleistungskomplex eine lange Schlange vor einem kümmerlichen Verkaufsstand, die Leute ausgerüstet mit Regenschirmen, zwischen Pfützen stehend: Erdbeeren! Wer die Sensibilität für so ein Bild verloren hat, der hat den Sozialismus bereits verraten!" (TB 30.6.1984)

Oder doch noch nicht? Dann spätestens angesichts der Absurdität jener weit mehr als nur eine einzelne Nachrichten-Meldung symbolisierenden „Mitteilung ... vom 19./20. Nov[ember] 88 [ND]: ‚Wie die Pressestelle des Ministeriums für Post- und Fernmeldewesen mitteilt, ist die Zeitschrift ‚Sputnik' von der Postzeitungsliste gestrichen worden. Sie bringt keinen Beitrag, der der Festigung der deutsch-sowjetischen Freundschaft dient, statt dessen verzerrende Beiträge zur Geschichte'." (TB ebenda)

Kommentar von Gerhard Scheumann: „Die DDR als Zensor für die Vorgänge im realen Sozialismus – gez. Fürst Stolypin". (TB ebenda)

Es sind einzelne, hier lediglich aus einer langen Kette von Begebenheiten hervorgehobene Beispiele, die Gerhard Scheumann als fatale Symptome der auf ihren politischen Untergang hin taumelnden Gesellschaft notiert hat. Dass gerade diese Bilder zur aktuellen Lage mit den traumatischen Bildern jüngster deutscher Geschichte und damit auch seiner eigenen biografischen Erfahrung unter der Nazi-Diktatur zusammenfallen, ist kein Zufall. Da heißt es schon 1984: „Natürlich ist der Faschismus keine anthropologische, sondern eine gesellschaftliche Kategorie; aber der Typ Funktionär, der in der Stalinzeit und in Kampuchea Millionen mordete, muß etwas mit dem Funktionär Eichmann gemeinsam haben! Einzige Rettung: das Individuum muß in sich selbst so viel Humanismus und Humanität versammeln, daß es sich selbst Grenzen des Handelns setzt. Erstmalig 1964 habe ich Gedanken zu diesem Thema aufgeschrieben (‚Die losen Blätter') – vor 20 Jahren! Das Thema ist immer noch nicht erschöpfend behandelt. Warum wohl? Es reproduziert sich ständig …" (TB 27.6.1984)

Als Beleg kann er ein Jahr danach (1985) auf die von der Akademie der Künste realisierte Veranstaltung *Filmdokumente 1933–1939* mit der von ihr ausgehenden Diskussion verweisen. Im Tagebuch heißt es in diesem Zusammenhang: „Wie sich die Bilder gleichen! Marschkolonnen, Fahnen, Fackeln usw. Warum sich die Arbeiterbewegung nicht von diesen schwer belasteten bzw. negativ besetzten Formen getrennt habe?

Im kleineren Kreis erkläre ich: beide deutsche Staaten entstanden durch Kriegsgrenzziehungen; in Sachsen gab es genausoviel Nazis, Sympathisierende, Mitläufer, Abwartende, innere Emigranten, versteckte und offene Gegner und im Widerstand organisierte wie etwa im benachbarten Hessen. Der DDR-Bevölkerung ist zu schnell der Hut ‚Sieger d[er] Geschichte' aufgesetzt worden." (TB 28.9.1985)

Und weiter: „Junge Leute in der Akademie verwahren sich dagegen, daß dauernd von ‚unserer Jugend' die Rede ist. Der Film über das letzte Turn-und Sportfest habe gewirkt, als hätte jemand in die Büchsen von Leni Riefenstahl gegriffen usw. […] die ‚gewohnten' Strukturen des NS-Regimes [wurden wohl] gerne übernommen: aus dem ‚Zellenleiter' wurde der ‚Hausvertrauensmann', aus dem ‚Blockwart' der ‚Straßenvertrauensmann' usw. Fahnen, Fanfaren, Fackeln, Uniformen, Rituale – alles mehr oder weniger für die Medien veranstaltet, inszeniert – dabei aber ohne jede Aussagekraft über das Leben und Denken der Jugend im Lande, vor der die Führung letztlich nur Angst hat. Rituale im Fernsehen: Beschwörungsformeln (‚Unsere Jugend'), das Pfeifen des Kindes, das durch den dunklen Keller geht." (TB ebenda)

Gerhard Scheumann weiß, wovon er hier spricht. Es sind schließlich die eigenen Kindheitsmuster, die ihn nicht loslassen und wiederkehren als Gespenster seiner Jugend, wie zum Beispiel in der Nacht des 4. Januar 1985: „Heute nach dem Aufwachen den Wind gehört, der Schnee um das Haus treibt bei -8°; Erinnerung an die Flucht aus Stuhm Januar 45: Etwa -20° bei ebenfalls heftigem Wind, der die Chaussee nach Marienburg blank fegte, so daß wir unsere großartigen Schlitten (je 2 Paar Ski mit den Stöcken zusammengebunden) mitsamt dem Gepäck bald in den Ch[aussee]-Graben abfahren lassen. Das Tohuwabohu in dem sonst immer geordneten Speisesaal beim Fassen der Marschverpflegung; alles darf auf die Erde fallen, alles ist erlaubt, was eben noch streng verboten war. Unverrückt und unberührt steht der große ‚Opferstock', an dem sich Gäste durch den Kauf eines Nagels (Hufnagelkopf) ‚verewigen' konnten. Der Spruch dazu fällt mir heute, 40 Jahre später, ein:

Jeder Nagel ein Eisen*
Jedes Eisen ein Mann
Jeder Mann eine Festung, (Burg)
Jede Burg ein Land." (TB ebenda)

Am Nachmittag des gleichen Tages, um 16 Uhr und mit der Bemerkung „nachträglich eingefallen!", ergänzt er zu der Markierung, was er nicht vergessen kann: „Jedes Eisen ein Schwert, / Jedes Schwert ein Mann". „Ich bemerke immer wieder betroffen, daß mir die Texte der alten Nazilieder wieder ‚zufliegen', sobald Musik und Bild zu wirken beginnen. Für das ‚Verständnis' der Nazizeit geht es nicht ohne die Vorführung der Emotionalität, ausgedrückt im Ritus, der Weihe usw." (TB 29.4.1989), wird er noch Jahre später von solcher Erfahrung berichten.

Nur wenige Wochen danach, am 1. September 1989, wird ein solcher besonderer Augenblick einstiger Begeisterung, der sich für ihn bisher immer mit jener unauslöschlichen Szene des 1. September 1939 verbunden hatte – und jede später noch so einsichtige und theoretische Lernhaltung über den Faschismus überlagerte – jetzt erstmals von einer unmittelbar aus der Gegenwart selbst in das Bild der Vergangenheit hineinschießenden Gewissheit verdrängt.

„Um 5.30 Uhr aufgewacht und über den Satz vor 50 Jahren nachgedacht: ‚Seit 5.45 wird nun zurückgeschossen!' Für mich war der Kriegsbeginn vor allem die Truppenkonzentration auf dem Ortelsburger Bahnhof, von dem der eine oder andere Bekannte noch zu den Eltern kam, um sich zu verabschieden. Keine Begeisterung, bis bei uns jungem Gemüse. Endlich! An solchen Tagen brauche ich Geschäftigkeit [...] – Ernstes Gespräch mit Gottfried: das Bewußtsein einer Staatkrise, die schlimmer ist als alles, was 1953, 1961 usw. geschah, hat nun doch alle Teile der Bevölkerung erfaßt." (TB 1.9.1989)

Langsamer Abschied I – *Die dritte Haut*

Damit endet für Gerhard Scheumann der kurze Sommer des Jahres 1989. Es ist ein „[a]ngstvoller Abschied", wie er dann am 17. September 1989 berichtet, „die Luft nochmals klar, der Himmel blau. [...] Was wird in den nächsten Tagen, Wochen – nein: Stunden! – geschehen? Früh zu Bett, das Radiogerät in Reichweite. Welch schlimmen Nachrichten sind zu erwarten? [...] Langsames Nachdenken über den Abschied von dieser Welt. Außer Hoffnung ist uns nichts geblieben. Auf wen, worauf?" (TB ebenda)

Es ist die akute Angst, deutlich unterschieden von der durchaus auch schon spürbaren Beunruhigung, die aus seinen Notizen zum 1. Mai des gleichen Jahres, nur wenige Monate zuvor spricht. Damals noch in den Bildern einer wenn auch eher elegisch beschworenen Erinnerung an jene große Zeitenwende nach 1945 und deren mögliche Wiederkehr – aber nunmehr unter bedrohlich anderen Vorzeichen – angesichts der Tristesse der Gegenwart:

Was für ein „traumhaft schöner Tag: Sonne, dabei nicht zu warm und nicht zu kalt", wie damals: „Morgens die alten Lieder im Radio, mit denen wir untergehakt in breiten Reihen in den 50er Jahren ausgelassen durch die Straßen zogen, bis Mitternacht ... Heute habe ich einen ‚Ausweis', um hinter irgendwelche Stahlzäune, alle zehn Sprossen noch ein ‚Ordner', zu gelangen.

Lieder, Literatur, Lyrik, Romane der letzten 40 Jahre werden – vom bitteren Ende her betrachtet – durchkämmt werden; viele Haare werden ausfallen. Rational betrachtet ist dies alles nötig, unvermeidlich, und dennoch ist mir zum Weinen zumute in Erinnerung an unsere große Aufbruchstimmung. Die Wehmut des Abschieds liegt über diesem 1. Mai 1989: so kam es, so wird's nie wieder sein, wie es damals war." (TB ebenda)

Im Juni wird er voller Erschrecken die Ahnungslosigkeit und politische Blindheit der Partei nur fünf Monate vor ihrem Ende erleben: „10.00 Sitzung der erweiterten Kulturkommission beim Politbüro; Kurt Hager spricht bis Mittag. Übersicht über die internationale Entwicklung des Sozialismus fällt so aus, wie es jeder erwartet hat. Schlußfolgerungen für die Kulturarbeit eher belanglos; Beispiele (Theater & Kabarett) nichtig. Besorgnis macht sich breit, von hier und heute könne eine Verengung zu den unteren Ebenen durchschlagen. Es sollen 8 verschiedene Arbeitsgruppen gebildet werden, die dem XII. Parteitag zuarbeiten werden. Über der Stadt liegt stumme Ratlosigkeit. Alles hat den Atem angehalten. Peking ist überall." (TB 5.6.1989)

Dazu die Meldungen aus Moskau: „Das Schicksal der ‚Perestroika' scheint sich in Hungerrevolten zu erfüllen; Gegner sollen inzwischen Waren horten, um nach einem Sturz Gorbatschows eine ‚Überfülle' vorzeigen zu können [...] Nachrichten aus der SU werden von Stunde zu Stunde bedrohlicher. Wie lange wird ‚er' sich noch halten?" (TB 17./18.7.1989)

Nur kurze Zeit danach geht es längst nicht mehr allein um das politische Schicksal des ehemaligen Hoffnungsträgers Gorbatschow, sondern um die aktuelle Frage nach den inneren Zuständen des eigenen Landes: „Leben wir z.Z. ohne Führung? Die Lawine zur Flucht aus der DDR ist nicht nur losgetreten, sondern im vollen Gange; Stimmung wie vor dem 13. August 1961." (TB 8.8.1989)

Am Jahrestag des Mauerbaus selbst wird die „Stimmung des Tages" dann wie folgt beschrieben: „wie vor 28 Jahren. Stille. Sprachlosigkeit. Die Kommentare im W-Radio geben dem Land keine lange Lebensdauer mehr – und irgend etwas muß nun wirklich geschehen. Wie – um Himmelswillen – werden wir am 21.8. mit unserem Film landen? Opus für ‚Alte Herren' und damit Verlust des Gesichts vor dem Volk?" (TB 13.8.1989)

Nur für einen Moment verdrängt der Nebenschauplatz eines der letzten gemeinsamen Filmprojekte mit Heynowski die allgemeine Sorge um die Zukunft des Landes. Der schon lange zuvor schwelende Konflikt zwischen den bisherigen Partnern, die in fünfundzwanzig Jahren mehr als siebzig Filme gemeinsam produziert hatten, dafür national wie international hoch dekoriert wurden und ihren Ruf als führende Repräsentanten des politischen Dokumentarfilms weltweit bestätigt bekamen, bricht offen aus.

Unter dem Titel *Die dritte Haut* sollte ein dreiteiliger Dokumentarfilm zur Aufführung gelangen, der anlässlich des vierzigsten Jahrestages der Staatsgründung der DDR am 7. Oktober von der Überlegenheit des Sozialismus im Allgemeinen und im Verweis auf die zur strategischen Hauptaufgabe der Honecker-Ära erklärte „Lösung der Wohnungsfrage als soziales Problem" den historischen Bogen einer politischen Erfolgsgeschichte ohnegleichen beschreiben sollte.

Am 11. September 1989 um 10 Uhr wird der Film im Haus des Zentralkomitees der SED in Anwesenheit der gesamten Parteiführung voraufgeführt. Das Tagebuch hält in Stichworten die Atmosphäre einer groß inszenierten, als künstlerische Abnahme des gesamten Unternehmens deklarierten Manifestation eigener Machtvollkommenheit des Politbüros auch als oberster Filmgenehmigungs/Zensurbehörde fest. Zugleich beschreibt es die geradezu absurden Begleitumstände, unter denen „die Macht" trotz der offensichtlichen Existenzkrise einer ganzen Gesellschaft im Augenblick höchster Gefahr für den Bestand dieser Gesellschaft, sich noch immer in der Selbstüberhöhung ihrer scheinbar unantastbaren Rolle feiert: „J[oachim] Herrmann, H[ermann] Axen, W[erner] Krolikowski, H[orst] Dohlus, W[erner] Jarowinsk[y], I[ngeburg] Lange – Kommen & Gehen. An diesem Morgen, nach dem Beginn der Massenflucht von Ungarn nach Österreich/BRD, im Zentrum der Macht zu sitzen – eigenartig. Einigen Gesprächsfetzen ist zu entnehmen, daß den ung[arischen]

Au[ß]enminister Horn die Schuld trifft. Kein Nachdenken über hausgemachte Gründe zu erkennen. Abnahme, wie erwartet, ohne Einwände; noch rechtzeitig konnte ein ‚Schnellschuß' verhindert werden, alle drei Teile noch vor dem 7.10. über TV zu jagen. Unser Sponsor G[ünter] Mittag kam nur zur Beschlußfassung herunter; er amtiert für E[rich] Honecker. – Qualvolle Stunden auf eine Kolumne für ‚FF dabei' verwendet. Es schreibt sich schwer, wenn im Hintergrund des Hirns sich andauernd Gegenargumente regen! WH bietet sofort seine Unterschrift an; warum wohl?" (TB 11./12.9.1989) Kurz darauf heißt es: „Morgen ist der 7te Jahrestag meiner Rede auf dem Kongreß der Film- und Fernsehschaffenden. Betrachte ich die heutige Zeitung, so müßte ich glauben, die Dinge seien beim Alten. Aber [...] ‚Man wird sich noch wundern!' Die Schriftsteller besitzen ein feines Sensorium. Während z.Z. Chr[ista] Wolf und andere in gewissen Stuben wieder einmal als Konterrevolutionäre verteufelt werden, schöpfe ich aus der Tatsache Trost, daß sie sich überhaupt noch einmal engagiert hat." (TB 15.9.1989)

Im Verhältnis zur Brisanz dieser eigentlichen Premiere am 11. September vor dem Politbüro erscheint die offizielle Uraufführung des Films am 1. Oktober 1989 im Berliner Kino *Kosmos* dann nur noch wie ein Nachspiel. Letztlich aber sind sowohl der eine wie der andere Vorgang Inszenierungen einer großen Selbsttäuschung der Macht. Die Wirklichkeit hatte den Film schon überholt, noch bevor die Arbeiten an seiner Entstehung überhaupt begonnen hatten. Dessen Botschaft, nur eine sozialistische Gesellschaft könne den Menschen ihre eigene Würde erhalten und diese auf Dauer garantieren mit dem nur hier eingelösten Versprechen der Sicherheit ihrer Wohnstatt, wurde durch die Flucht Tausender gerade aus dieser Sicherheit allein seit dem Sommer dieses Jahres geradezu ad absurdum geführt.

„Verlassene Wohnungen, stehengelassene Autos an der ungarisch-österreichischen Grenze beweisen, daß es den Leuten um andere Größen geht als nur materielle. Die Lust, an etwas Neues zu denken, schwindet bis zum Nullpunkt". (TB 30./31.8.1989), notiert Gerhard Scheumann.

Die Premierenangst der Macher des Films war insofern von besonderer Art. Es war nicht die Furcht, ob der Film bei seinem Publikum ankommen würde, sondern allein die begründete Angst, ob sein Anspruch sich wenigstens noch abgrenzen ließe vom ideologischen Selbstbild der Herrschenden oder als deren letztes Propagandamittel ein ebenso trostloses wie finales Zeugnis einer angepassten Dienerfunktion der Kunst an die Politik abgeben würde, um danach gemeinsam mit dieser Macht unterzugehen. Gerhard Scheumann wusste um diese Konsequenz und schrieb sie vermittelt ein in seinen Tagebuch-Bericht als den von ihm sehr wohl erkannten Grund auch seiner persönlichen Angst. So lautete die Nachricht:

2. Oktober 1989: „Premierenangst aus den bekannten Gründen. Im Kosmos: Günter Mittag, Joachim Herrmann, Günter Schabowski, Harry Tisch; Ursel Ragwitz, H[ans-] Joachim Hoffmann u[nd] Wolfg[ang] Junker. Ich spreche die Begrüßung und gehe dabei soweit, den Begriff der ‚Obhutspflicht' anzunehmen: Obhut – Obdach. Es gibt viel Beifall; aber die Debatte setzt sofort ein: eigentlich würden jetzt andere Filme gebraucht, die sich mit der aktuellen Lage usw. usf. Bin danach von der Vergeblichkeit aller Bemühungen überzeugt, Leute mit den eigenen Problemen, Bedenken, Sorgen bekanntzumachen. Die Obrigkeit ist sehr zufrieden. Bis enthusiasmiert." (TB ebenda)

Nein, bei der Führung war der Film ganz und gar nicht durchgefallen, seinen eigentlichen Test hatte er allerdings erst am 3., 10. und 17. Oktober zu bestehen, da war er kurzfristig in das veränderte Haupt-Abendprogramm des Fernsehens der DDR jeweils um 20 Uhr aufgenommen worden – und erlebte seine Ablehnung per Senderwahl. Ganze 4,8 Prozent der Fernsehzuschauer sahen den ersten Teil des Films am 3. Oktober; am 10. Oktober waren es nur noch 2,6 Prozent und den 3. Teil, der am 17. Oktober ausgestrahlt wurde und die Leistungen des Wohnungsbauprogramms würdigen sollte, sahen dann immerhin 5,4 Prozent der Zuschauer. Es war das Ende, das zugleich das ganze Dilemma der persönlichen Katastrophe Gerhard Scheumanns deutlich machte. Obwohl er von Beginn an Zweifel an dem Unternehmen hatte und diese Zweifel auch formulierte, autorisierte er den Film dennoch mit seinem Namen und trug ihn dadurch mit. Dass er am Ende als Einsicht in seinem Tagebuch vermerkt, nunmehr endgültig gescheitert zu sein in seinem bisherigen Bemühen, die „Leute mit den eigenen Problemen, Bedenken, Sorgen bekanntzumachen", verweist auf die unter der Oberfläche weitaus tiefer reichende Erkenntnis, damit auch künstlerisch an ein Ende gekommen zu sein – trotz des angekündigten, aber viel zu spät vollzogenen Abschieds von Walter Heynowski. Bestätigt wird dieses Scheitern zudem noch durch die Annahme des Nationalpreises 1. Klasse im Kollektiv, nur wenige Tage danach (am 5.10.1989), und ausdrücklich für den Film *Die dritte Haut* bekanntgegeben. Gerade dieser Preis wird Gerhard Scheumann in der öffentlichen Wahrnehmung danach ausschließlich in der Rollenzuschreibung eines unkritisch angepassten Staatskünstlers erscheinen lassen, wenn es diese Wahrnehmung überhaupt noch gegeben haben sollte. Dass er die Annahme dieser Auszeichnung später mit ernsthaften Argumenten zu begründen sucht und seinen gesamten Geld-Anteil dem Centrum Judaicum und der Vereinigung der Opfer des Stalinismus in der DDR übergibt, bleibt einer breiteren Öffentlichkeit ebenso verborgen wie die Gewissensnöte, mit denen er zuvor über Jahre seine Konflikte mit Walter Heynowski austrug.

Dabei verweisen gerade die Notizen des Tagebuches während der Arbeit an dem Film *Die dritte Haut* über mehr als ein Jahr auf eine nur noch angestrengt „[z]ornige Weiterarbeit" (TB 4.1.1989) bei gleichzeitig ständig wachsender Furcht vor dem Scheitern des Gesamt-Projektes, wie aus der Erinnerung vermerkt: „Langsames Anlaufen der Woche; sehe die erste Rolle. Fürchte, es entsteht ein ‚Elendsfilm'; hoffe, daß ich nicht recht behalte". (TB 20.3.1989)

Der „Konflikt schwelt weiter", heißt es am 21. März 1989 und treibt zwangsläufig in die Krankheit. Mit „Magenschmerzen am Schreibtisch. Divalol. Es geht wieder um den Montag, besser die Massaphobie. Erst nach einer definitiven Trennung wird es besser gehen." (TB 19.3.1989)

Das Ende kündigt sich mit schweren neurotischen Störungen an: „Im Studio erfahre ich morgens, daß WH nach 10.00 Uhr ‚kurz vorbeikommt'. Plötzlich bekomme ich in dem Haus & Zimmer, in dem so viele unerfreuliche Debatten stattgefunden haben, Platzangst [...] Absicht, ein Aide-mémoire für Heynowski zu verfassen." (TB 18.4.1989)

„Lange [...] dem Brief an Massa ausgewichen. Erst gegen Abend [...] schreibe ich den Brief, in dem ich Massa die berufliche Ehe aufkündige. Mit trüben Gedanken ins Bett. Sehr unruhige Nacht, wenig Schlaf. Hat es mit dem beabsichtigten Finale zu tun? Kann man 25 Lebensjahre so abrupt beenden?" (TB 23.4.1989)

Einen Tage später begründet er unter großem psychischen Druck seinen Abschiedsbrief an Walter Heynowski: „Mit Schweißperlen auf der Stirn aufgestanden. Keinen Bissen zum Frühstück runtergebracht. Im Büro Brief 3x abgelichtet, aber nicht an den Mann gebracht [...] Kein geeigneter Zeitpunkt [...] Bin um 11.00 zuhause, mit Fieber und Magenbeschwerden." (TB 24.4.1989) „Zweiten Brief an WH zunächst handschriftlich entworfen, dann [...] mühevoll ins Reine getippt." (TB 25.4.1989) Am 26. April 1989 „lege ich ihm den Brief, kuvertiert, auf seinen Tisch. Er nimmt ihn nicht an [...] vorbereitet zum emotionalen Gegenangriff einigen wir uns schließlich per Handschlag, nach den beiden Filmen ‚Schluß zu machen'." (TB ebenda)

Damit ist das Ende einer fünfundzwanzigjährigen erfolgreichen künstlerischen Partnerschaft besiegelt, die zuletzt die Kräfte Gerhard Scheumanns endgültig aufgezehrt hatte im ständigen Lavieren zwischen seiner öffentlichen Wahrnehmung (als von der Macht, trotz Parteistrafe, nach wie vor begünstigten Parteigängers des Systems und auf dem Gebiet des Dokumentarfilms zusammen mit Walter Heynowski einer seiner wirkungsvollsten Propagandisten) und dem nach vielen persönlichen Zweifeln endlich beglaubigten Selbstbild (als kritischer Sozialist und Zeitgenosse).

Der auf den Brief erfolgte Handschlag zwischen ihnen könnte dennoch als ein Zeichen beiderseitigen Respekts und ihres gleichzeitigen Interesses gewertet werden, diese Entscheidung vorläufig bewusst noch unter Verschluss zu halten und in der Öffentlichkeit auch künftig jeden Eindruck eines Skandals zu vermeiden, der hinter ihrer Trennung ja zu Recht vermutet werden könnte. Es ist die stillschweigende Verabredung, sich gegenseitig politisch nicht schaden zu wollen, zumal mit Blick auf die geplanten und noch bevorstehenden letzten beiden Premieren ihrer gemeinsamen Zeit: *Die dritte Haut* und *Macht und Miete*.

Langsamer Abschied II – Carola-Neher-Projekt, Akademieengagement

In den Wochen und Monaten darauf nimmt die Konzentration auf diese Projekte alle ihre Aufmerksamkeit in Anspruch. Dennoch verdichten sich bei Gerhard Scheumann, gerade in dieser Phase des Abschieds, die ersten konzeptionellen Überlegungen für die Zeit danach. Zunächst und auf Vermittlung von Bengt von zur Mühlen folgt er Anfang Juli 1989 einer Einladung nach Tel Aviv, um an einem dort stattfindenden internationalen Dokumentarfilmfestival als Vertreter der „Werkstatt H&S“ teilzunehmen und berichtet später von einer „Gastfreundschaft und Herzlichkeit, die zu Tränen rühren“. (TB ohne Datum)

Als eigenen Beitrag zum Festival zeigt er *Kamerad Krüger*, eine der jüngsten Produktionen der Werkstatt H&S (1989), und beobachtet irritiert die eher reservierte Aufnahme ihres Films, von dem er sich weitaus größere Wirkungen gerade wegen seines Themas, zumal vor einem jüdischen Publikum, versprochen hatte. In sein Tagebuch notiert er: „Kamerad Krüger. Saal (ca. 150) nicht voll. Wim van Leer stellt mich vor und bringt mich auch alsbald bei einem kurzen Gespräch in der Bibliothek ‚über die Runden‘. [...] Kinderglaube, zu hoffen, daß ganz Israel in Beifall ausbricht, wenn hier so ein Film gezeigt wird.“ (TB 4.7.1989)

Vor allem aber rückt ein anderes Projekt, das ihn schon seit Mitte der Achtzigerjahre intensiv beschäftigt hatte, in diesen Monaten weiter nach vorn. Es ist die filmische Dokumentation des Lebens und Sterbens der Schauspielerin Carola Nehers.

Er liest Jewgenia Ginsburgs *Marschroute eines Lebens*. Am 11. Mai 1989 notiert er, nach der Lektüre der ersten Kapitel: „Der Name Carola Neher taucht hin & wieder auf [...] Warum bewegt mich das Schicksal gerade dieses Opfers der Stalin-Diktatur so besonders? Weil es einfach unfaßbar ist. Eine Schauspielerin, Freundin von Brecht usw. Warum ihr Tod?!" (TB ebenda)

Nur drei Tage später heißt es: „Jewgenia Ginsburg beendet. Das Ausmaß der Stalinschen Verbrechen läßt mich mehr und mehr an der Berechtigung zweifeln, seinen Anteil am Krieg gegen den deutschen Faschismus abzuwägen. Irgendetwas muß dieser Tage im Fernsehen der UdSSR gelaufen sein, das Verhältnis zu Polen betreffend. Katyn ist damit auch geklärt." (TB 14.5.1989)

„Nach über 700 Seiten Ginsburg stehe ich zutiefst deprimiert da, weil ich – auch ohne Leiden! – nach ‚mea culpa' frage – eines der stärksten Kapitel in beiden Bänden. – LÄHMUNG!" (TB 10.6.1989)

Spätestens seit der gemeinsamen Reise nach Israel ist der Gedanke an das Neher-Projekt immer zugleich mit der Möglichkeit einer denkbaren Ost-West-Produktionsgemeinschaft Gerhard Scheumann und Bengt von zur Mühlen verbunden: „Er bringt gute Nachrichten über Ergebnisse der Recherchen Carola Neher. Ich plädiere dafür, daß er die Produktion übernimmt, was er schmunzelnd z[ur] K[enntnis] nimmt, wenn ich die Federführung behalte." (TB 29.9.1989)

Die Weichen scheinen gestellt: „So kann ich mich auf den Wartestand begeben und alles auf mich zukommen lassen." (TB 3.5.1989), hatte er bis dahin bloß hoffen können. Am 29. September scheint es zur Gewissheit zu werden: Der Schritt in die ersehnte Selbständigkeit seiner Autorschaft würde sich bald realisieren.

Überstrahlt werden alle diese eher internen Vorgänge um die persönliche Zukunftsvorsorge von den politischen Zeitereignissen und selbstverständlich deren unmittelbarer Rückwirkung auf die laufenden Arbeitsprozesse. Das Tagebuch reflektiert diese Vorgänge in merkwürdig ahnungslos begleitenden Notizen zu

Zeitungsmeldungen des Tages, aber auch in Aufzeichnungen über die Aktivitäten der Akademie der Künste in diesen Monaten.

So beschloss das Präsidium der Akademie der Künste der DDR noch Anfang 1989 die Erarbeitung eines umfangreichen Memorandums, das die Leistungen und Ziele einer weiter zu stärkenden sozialistischen Kunst-Akademie für die Neunzigerjahre zusammenfassen und in Vorbereitung auf den XII. Parteitag der SED der Parteiführung übergeben sollte. In den einzelnen Sektionen, so auch in der seit 1986 wieder unter der Leitung von Gerhard Scheumann tagenden Sektion Darstellende Kunst, wird diesem zentralen Positionspapier mit großem Aufwand zugearbeitet.

Zudem beschäftigen Gerhard Scheumann die durch das Präsidium vorbereiteten Professoren-Weihen zunächst für Walter Heynowski, dann aber auch die ihn selbst betreffenden Anfragen, denen er im Verweis auf das damit verbundene akademische Procedere einzuholender Gutachten zunächst scheinbar skeptisch gegenübersteht: „Abends Lothar & Almuth Bisky zu Besuch. Er will unbedingt, daß ich an der Hochschule in Babelsberg mitmache, gekoppelte Lehrveranstaltungen mit WH sind keine Voraussetzung, auch nicht die Annahme einer Professur, wenn ich diese nicht wünsche. Schöne Zwickmühle, in die ich geraten bin!" (TB 12.1.1989)

Die Zweifel werden vorbeigehen. Gutachten werden geschrieben, sie müssen keine Lebensleistung erfinden, sondern können sie belegen und würdigen. Im September wird schließlich die Berufung zum Kunst-Professor für beide Kandidaten erfolgen.

Darüber hinaus aber verblüfft die offensichtlich werdende ‚Blindheit einer Erfahrung' (Heiner Müller)[154], mit der die zeitgleichen politischen Signale der Krise des Systems insgesamt von ihm nicht wahrgenommen werden.

Dann überholen die politischen Ereignisse alle Planungsvorgaben. Nur wenige Tage vor den beginnenden Feierlichkeiten zum vierzigster Jahrestag der Gründung der DDR vertraut Gerhard Scheumann seinem Tagebuch an: „10.00 Eröffnung der Be-

[154] Vgl. Fatzer ± Keuner, in: Heiner Müller: Werke 8, S. 224.

ratungen der AG der AdK in Sachen ‚Memorandum'. Die Lage wird als so bedrohlich empfunden, daß einer schnellen Erklärung des Präsidiums der Vorzug gegeben wird. Von überallher kommen Nachrichten über Aktivitäten des ‚Neuen Forums' (DT). Die AdK droht an den Rändern ‚auszufransen', wenn sie nicht als Organ in Erscheinung tritt. Ich übernehme die Abschnitte ‚Medienpolitik' und ‚Durchschaubarkeit' sowie Präambel und Schluß. – In Senzig nicht mehr zur Arbeit imstande, da auch zutiefst beunruhigt. Früh ins Bett, um 5.00 Uhr aufgestanden und handschriftlich entworfen, was 11.00 in AdK beraten werden soll, wenn auch die anderen Mitglieder der AG ihre Absätze vorlegen. – Bis auf die Nachricht, daß Günter de Bruyn einen Nationalpreis I. Klasse entgegenzunehmen abgelehnt hat, ist es eine einvernehmlich-kollegiale Runde in der AdK. Wolfg[ang] Kohlhaase hat nun die Endredaktion, die morgen ab 11.00 verabschiedet werden soll." (TB 27./28.9.1989)

Tatsächlich liegt zum verabredeten Termin ein Text vor, der nach Beratungen die Zustimmung des Präsidiums findet und unmittelbar darauf als gemeinsames Positionspapier in allen Sektionen zur Diskussion gestellt werden soll.

Die Sitzung der Sektion Darstellende Kunst findet am 4. Oktober statt und wird von Gerhard Scheumann mit der Feststellung eröffnet, unmittelbar auf eine außerordentlich angespannte politischen Lage zu reagieren und gleichzeitig Verantwortung übernehmen zu wollen: „Wir haben in den letzten Wochen, Tagen und Stunden bedrohliche Belastungen zu ertragen, und natürlich haben auch Mitglieder der Akademie in den letzten Tagen und Wochen auf diese Belastungen reagiert. Es sind Briefe an den Präsidenten geschrieben worden, die nahezu einhellig den Wunsch zum Ausdruck brachten, daß die Akademie der Künste in dieser für Staat und Gesellschaft außerordentlich komplizierten Situation reagieren möge."[155]

Es folgt sodann unter Berufung auf einen entsprechenden Vorschlag des Präsidiums die Erläuterung, dass neben dem ur-

155 Vgl. Protokoll Akademie der Künste, AdK-O 1403.

sprünglichen Plan eines Memorandums auch nach anderen alternativ möglichen Formen einer angemessenen Erklärung zur Lage gesucht worden sei: „Wir [...] sind dann [...] in einem relativ schnellen Entschluß übereingekommen, von diesem ausführlichen und großen Papier zunächst einmal Abstand zu nehmen und ein anderes zu erarbeiten, das dem Gebot des Tages und der Stunde folgt. In der vorigen Woche hat das Präsidium drei Tage sozusagen in Klausur gesessen, um eine Erklärung auszuarbeiten, von der wir wünschen, genauer gesagt, mit der wir die Absicht haben, daß sie veröffentlicht wird. Diese Erklärung ist, soviel ich weiß, heute mit einem Begleitbrief von Manfred Wekwerth an den Generalsekretär geschickt worden."[156]

Sie würde danach ihren Adressaten also wahrscheinlich erst Tage nach dem 30.9. erreicht haben und lediglich mit dem Wunsch, eventuell auch der Absicht nach Veröffentlichung verbunden sein, als alles schon zu spät war nach jener zunächst (und wie so oft) über westliche Medien verbreiteten Haupt-Nachricht von diesem Tage, „daß die Botschaften in Prag u[nd] Warschau geräumt werden und ca. 5000 Leute mit DDR-Sonderzügen in die BRD gebracht u[nd] damit formaljuristisch ‚ausgewiesen' werden. Wir sind ganz unten angekommen. Bilder von solcher Peinlichkeit wie die aus Prag vernichten im Medienzeitalter ein ganzes Staatswesen, lassen alle seine Leistungen einfach vergessen" (TB 30.9.1989), lautet im Tagebuch das Resümee.

Danach hat es den Eindruck, als liefen mehrere Parallelwelten im Leben Gerhard Scheumanns in den nächsten Wochen und Monaten nebeneinander her, wie die Tagebücher verdeutlichen. Da gibt es das weiterhin große Engagement der Arbeit für die Akademie der Künste, zunächst noch voller Hoffnung, bald schon aber im wachsenden Bewusstsein der existenziellen Krise, auf die auch diese Institution zusteuert. Gleichwohl ist er aber noch immer weit entfernt von jenem Realitätssinn völliger Desillusionierung, den er nur ein Jahr später in dieser Sache haben wird und mit seinem Austritt aus der AdK belegt.

[156] Ebd., danach folgt der Wortlaut der Erklärung.

Begonnen hatte dieser Prozess einer sich immer bewusster werdenden Trauer über das bevorstehende Ende des „Ganzen" spätestens mit der „Endredaktion des ‚Papiers', das mit Wirkung ab sofort an E[rich] Honecker gehen wird" (TB 29.9.1989) und der fast gleichzeitigen Erkenntnis seiner vollständigen Wirkungslosigkeit, als schon eine Woche darauf, nach den Gewaltexzessen der Polizei gegenüber den Demonstranten am Abend des 7. Oktober, das Tagebuch-Resümee lautet: „Die Nachrichten von den gestrigen Abläufen schlimmer als gedacht. [...] die ganze Innenstadt auch heute noch abgesperrt. Im Foyer [des DT] hängen offene Briefe an Honecker u[nd] Stoph, die weit über unser AdK-Papier hinausgehen. Es scheint, daß das Verhängnis seinen Lauf nehmen soll ..." (TB 8.10.1989)

In „Vorbereitung des a[ußer]o[ordentlichen] Plenums am 19.10." kommt es am 16. Oktober in der Akademie zu einem Eklat. Thomas Heise, sein eigener Meisterschüler, „schildert seine ‚Zuführung' und fordert die Produktionsmittel von H&S [sic!], um den Prozess der Demokratisierung quer durch und auch gegen Institutionen und Strukturen zu fixieren." (TB 16.10.1989)

Es ist der offene Aufstand gegen die alten Besitzstände an Privilegien und zugleich eine konsequente Übertragung des vom Präsidium der Akademie vorgegebenen Schwerpunktthemas „Gewalt und Medien" auf die eigene Praxis, allerdings entgegen der Absicht des Präsidiums, das bevorstehende Plenum noch einmal durch moralische Appelle an die Macht nutzen zu können, sich ihr als Kooperationspartner zu versichern und dabei eigene Stabilität zurückzugewinnen.

Gerhard Scheumann versteht die nachfolgenden Geschehnisse unter diesen Vorzeichen sehr wohl einzuordnen; in seinem Tagebuch vermerkt er über die weiteren Abläufe des Tages: „19.00 Forum im Foyer BE mit Elektrokohlern und EOS-Jugendlichen, Zuschauern und Mitgliedern des BE. Der Eindruck, den die noch Mächtigen haben müssen: Konterrevolution! Meiner: Agonie ohne wesentliche Ansätze zum Neubeginn. Ich versage mir die Rede, weil ich nicht mehr sicher bin, ob dort nicht offene Messer bereitgehalten werden." (TB ebenda)

Am Tag nach der Plenartagung schreibt er: „Morgens nur mit Mühe aufgestanden, seit gestern ist alle Kraft raus. [...] nach Senzig, dort nochmals Carola N[eher]-Lektüre. [...] an die Schreibmaschine und den ersten Teil des Carola-Neher-Papiers (Fakten, Gedanken) beendet. [...] Allein im Haus und mit dem einsamen Tod meiner Heldin kommen mir die hellen Tränen; jetzt weiß ich, warum Balzac im Krampf lag, als sein Vater Goriot ihm unter den Händen gestorben war." (TB 19./20.9.1989)

Es sind da erst zwei Wochen vergangen, seit er am 5.10.1989 den Nationalpreis I. Klasse entgegengenommen hat, in großer Eile, so scheint es nach seinen Aufzeichnungen, um so bald als irgend möglich wieder an den Schreibtisch zu kommen: „11.00 Staatsrat [...] In allen Reden und Bekundungen kein neuer Ton. Sofort Leninallee, Telefonat mit Bengt v[on] z[ur] M[ühlen] – 15.00 Chronos, dort Bekanntschaft mit Lena und Gasan aus UdSSR. Sie werden am Projekt ‚Carola N.' mitarbeiten. ‚Chronos' steckt den Kopf raus, was für die Produktion nicht nur im Westen wichtig ist. Bei uns ist an eine Auflassung dieses Themas z.Z. noch nicht zu denken." (TB 5.10.1989)

Nur zwei Tage später schon, am 7. Oktober, dem Staatsfeiertag der DDR, erfolgt der Rückfall in tiefe Depressionen. Erinnert wird ein „Regentag. Im Fernsehen Militärparade usw. usf. Manchmal kommen mir die Tränen; schwer zu sagen, ob aus Sentimentalität oder Bitterkeit. Hier und heute sinkt eine Epoche unwiderruflich ins Grab." (TB 7.10.1989)

Am 18.10.89: „[Z]wischen 14.00 und 15.00 beginnen die Rundfunksender zu melden, daß die 9. ZK-Tagung E[rich] Honecker von allen Funktionen entbunden und E[gon] Krenz in alle eingesetzt hat. Damit ist der erfahrenste Demokrat ins höchste Amt gekommen: der Wahlleiter der Republik vom Mai 1989. An Carola Neher gearbeitet und erste Bande gefunden." (TB 18.10.1989)

Nur drei Tage später heißt es, angesichts des mit dem Machtwechsel sofort einsetzenden weiteren Autoritätsverlustes der Partei auf allen Ebenen – auch bei ihm selbst: „Vollständige Lähmung, die von Heide nicht unbegründet auf Kränkung zurückgeführt wird: 1982–1989. Bis jetzt ist die Debatte noch nicht bis zum Kern vorgedrungen […] Es geht um die Struktur des ‚demo[kratischen] Zentr[alismus]', die durch und durch stalinistisch verderbt ist, weil sie alles auf den Mann an der Spitze orientiert und keine Bewegung von unten nach oben zuläßt!" (TB 21.10.1989) Und nur einen Tag danach: „Nachrichten werden immer skurriler: H[arry] Tisch plädiert für mehr Eigenständigkeit der Gewerkschaften! Die Böcke, die gestern noch jeden Keim des Neuen mit dem Absatz zerdrückt haben, binden sich jetzt blaue Kittelschürzen um, setzen sich gelbe Strohhüte auf und spielen Gärtner!" (TB 22.10.1989)

Was bleibt, lässt sich nur noch als zynisches Aperçu ausdrücken: „Ich habe eine Variante für mein Verhalten gefunden: Ich werde von allen Ämtern zurücktreten! Während sich die lieben Genossen in diesem Land pausenlos um Reformen bemühten und dafür litten, habe ich mich nach Vietnam, Chile und Kambodscha weggestohlen. Dafür ist zu büßen!" (TB 26.10.1989)

Erst am 4. November, auf dem Alexanderplatz, wo entgegen aller Befürchtungen über eine mögliche Konfrontation zwischen der Staatsmacht und den Hunderttausenden von Demonstranten unter der Losung „Keine Gewalt!" ein friedlicher Ablauf der Veranstaltung gesichert werden konnte, kam noch einmal Hoffnung auf, auch für Gerhard Scheumann: „Heute nun der Tag der gefürchteten, von den Künstlern einberufenen ‚Demo' in Berlin. Mit Heide dabei gewesen und danach das Gefühl einer Befreiung, Entlastung von der tristen Grundstimmung der letzten Tage und Wochen, ja Monate verspürt" (TB 4.11.1989)

Am Abend des Tages erreicht ihn die Nachricht, dass einige Präsidiumsmitglieder des Verbandes der Film- und Fernsehschaffenden für Ende Februar einen außerordentlichen Verbandskongress angeregt und ihn, Gerhard Scheumann, dabei als künftigen Präsidenten ins Spiel gebracht hätten. Zudem sollte bei dieser Gelegenheit „Mein ‚Papier' von 1982 […] veröffentlicht werden. Aber ich wähle doch lieber die AdK." (TB ebenda)

Die nachfolgenden Tage des 6. und 7. November vergehen neben der Bekanntgabe und einer sofort danach einsetzenden öffentlichen Kritik am Entwurf eines neuen Reisegesetzes sowie der kurz darauf ebenfalls eintreffenden Nachricht vom Rücktritt des bisherigen Intendanten des DDR-Fernsehens Heinz Adameck in gespannter Erwartung auf die Entscheidung über die Produktionsmöglichkeiten des ‚Neher'-Projektes. Für Gerhard Scheumann wirkt es wie ein Befreiungsschlag: „Carola Neher wird u[nter] U[mständen] eine Co-Produktion zwischen ‚Chronos' (i.A. des SFB) und dem Fernsehen der DDR [...] Vielleicht löst sich auf diese Art die ganze Massafrage in Wohlgefallen auf." (TB 7.11.1989)

Am 9. November 1989 ist dann das Unfassbare eingetreten:„9. November 1989 – Mauer gefallen. Eher beiläufig, gegen Ende seiner Pressekonferenz, hatte Schabowski die Mitteilung gemacht. In der Nacht Freudentaumel an den Grenzübergängen. West- und Ostberliner liegen sich in den Armen, weinen hemmungslos. Polizisten werden mit Blumen bedacht. Volksfest auf dem Kudamm und in Duderstadt und an anderen Orten. Weil alles unfaßlich ist, wird weiter ausgereist." (TB 9.11.1989)

Während der unmittelbar darauf einberufenen ZK-Tagung kommt es am 10./11. November im Plenum unter den Teilnehmern zur erwarteten Konfrontation: „‚Zur Rechenschaft ziehen' und ‚Bestrafung' sind zwei immer wiederkehrende Wendungen in den Reden auf dem 10. ZK-Plenum." (TB 11.11.1989)

Am 13. November 89 berichtet Manfred Wekwerth vor der Akademie der Künste über diese Vorgänge und die dahinter stehenden, erstmals benannten Fakten: „DDR-Verschuldung: ca. 20 Milliarden Dollar. ‚Mittag belog Hon[ecker], Herrmann belog das Volk.' Eine Dreierbande also. Kronenstraße 10: Massa wieder da. Thematisch allgemeine Ratlosigkeit [...] Hans Modrow Vorsitzender des Ministerrats. Beim desolaten Zustand der DDR kann diese wohl nur noch durch eine Konföderation mit der BRD am Leben gehalten werden." (TB 13.11.1989)

Vierzehn Tage später ist das „ganze ZK u[nd] PB von der Parteibasis hinweggefegt. Eine ‚Arbeitsgruppe' bereitet den Parteitag vor; darunter Gregor Gysi. Verhaftungen, Ausschlüsse incl. Erich Honecker; Alexander Schal[c]k flüchtig mit Haftbefehl im Nacken." (TB 3.12.1989)

Dazwischen findet noch immer Alltag statt. So am 5. Dezember 1989 zum Beispiel um 13 Uhr: „‚Betriebsversammlung' Kronenstraße, Massa windet sich weidlich, keine Sau spricht zur Sache [...] Ich verabschiede mich von ihm mit der Bemerkung, das Signet ‚H&S' sei untergegangen; als ‚Schnauze des alten Systems'. Über die Schnelligkeit der Prozesse lohnen Eintragungen nicht mehr." Und am selben Tag: auch „[d]ie ‚Elefanten' der AdK gehen ratlos auseinander, was die Zukunft der Einrichtung und den Ablauf der Plenartagung am 13.12. betrifft. Meine Prognose: die AdK wird, was ihre Mitglieder betrifft, als elitäre Bande zur Selbstauflösung genötigt werden; die Mitglieder repräsentieren nicht ‚Kunst im Sozialismus', sondern höchstens ‚Soz[ialistische] Kunst'." (TB ebenda)

Da bleibt dann nur noch die Nachricht: „Früh in das DEFA-Studio gefahren und zwei DIN A 4-Bögen neben das übervolle schwarze Brett geklebt. Ich gebe meinen Nationalpreis nicht zurück, sondern verwende das mit ihm verbundene Geld. Es war die letzte Möglichkeit, mich von WH endgültig und öffentlich zu trennen." (TB 7.12.1989)

Dessen Antwort erfolgt kurz darauf, zunächst am 10.12.89. Bei Gerhard Scheumanns heißt es anschließend protestierend: „Massa hat über ADN meine Erklärung entwertet. Heide und ich fahren zum ND und zu ADN, um Schlimmstes zu verhüten. Regine H[errmann] schaltet sich auch namens der AdK ein. Bengt v[on] z[ur] Mühlen ruft aus New York an und erkundigt sich nach der Lage. Autorisiert mich ausdrücklich, morgen um 8.30 Uhr mit H[einz] Rüsch auch in seinem Namen zu sprechen. Zum 19.12. wollen wir evtl. nach Bonn schon als ‚Koproduktion'". (TB ebenda) Am 11. Dezember 1989: „8.30 bei Heinz Rüsch. Übergabe des Carola-Neher-Papiers. Erste Überlegungen für die Zukunft. An der Wandzeitung hängt ein Papier aus der Kronenstraße 10 mit allen Unterschriften, das die Auflösung der Arbeitsgemeinschaft kritisiert." (TB ebenda)

Zuvor, schon Ende November, konnte er hocherfreut notieren: „Mit Peter Voigt über Carola Neher gesprochen und Zusammenarbeit vereinbart. Gottseidank!" (TB 30.11.1989)

Zu den Unterzeichnern der kritischen Reaktion auf Gerhard Scheumanns öffentliche Ankündigung seiner Trennung vom Studio und damit von Walter Heynowski am 11. Dezember gehört aber auch Peter Voigt. Dennoch werden beide zusammen und mit großer Intensität für das Neher-Projekt weiterarbeiten – unter dem Erfahrungsdruck der in ihm aufgehobenen Tragödie einer Erinnerung des Verrats. Bis auch diese Arbeit unter den sich sehr bald schon eintrübenden neuen Verhältnissen scheitert, die in dem Moment ihres Beginnens noch vor ihnen zu leuchten scheinen als Zeichen der Hoffnung.

Am 19. Dezember fahren sie zuerst wie verabredet nach Bonn, unterbrochen von einer Stippvisite in Köln: „Erstmalig erlebe ich beide mir bekannte[n] Städte weniger als ‚Dienstreisender', sondern mehr als ‚Tourist'. Wenn diejenigen, die nach den berüchtigten 28 Jahren erstmalig hier waren und dann ‚nach Haus' zurückfahren, ‚uns' bisher noch nicht gelyncht haben, so ist dies wirklich als ‚deutsches Wunder' zu bezeichnen. Abends Werkstattbühne Bonn zum Abend für Carola Neher. Kein großer Erkenntnisgewinn, bis auf die Bekanntschaft mit dem Sohn Georg Becker. Angenehm vorstellbar auch in einem Film [...] Mit Freund Bengt v[on] z[ur] Mühlen läuft wohl alles etwas zu schwer an. In Dresden wird Treffen Kohl-Modrow zum ‚historischen Tag' hochgejubelt." (TB ebenda)

Zehn Tage vorher war „Gregor Gysi neuer SED-Parteichef" geworden (TB 9.12.1989) und die Partei am 16. Dezember 1989 „umbenannt!" (TB ebenda)

Dann ist Weihnachten und Gerhard Scheumann muss, wie immer am 25. Dezember, das Procedere seines Geburtstages unter dem Weihnachtsbaum mit mehr oder weniger großer Geduld über sich ergehen lassen. Diesmal ist es der neunundfünfzigste und kein bloß unrundes Datum angesichts des absehbar bevorstehenden Endes auch seines eigenen Traumes von einer sozialistischen Deutschen Demokratischen Republik: „Dennoch mit sehr, sehr viel Vergnügen mit Heide & Esther am Brandenburger Tor spaziert, wo Ost- und Westberliner unterschiedslos flanieren." (TB ebenda)

Mindestens bis Silvester und zum Jahresende hält diese Illusion einer friedlichen und gleichberechtigten Vereinigung nicht nur zwischen den Ost- und Westberlinern, sondern auch zwischen den beiden deutschen Staaten noch an: „Den Tag über herumgetrödelt in Erwartung. 19.30 Abfahrt mit Regine Herrmann zur AdK nach Westberlin. Dort Peter Lilienthal als Gastgeber, Wim Wenders, ‚der Helma' Sanders, Clara Bur[c]kner usw. usf. Im Grunde langweilig. Aber lieb – wie könnten wir das jemals entgelten?! Auf der Heimfahrt am Großen Stern unglaubliches Menschen- und Autogewühle; später ist zu erfahren, daß am Brandenburger Tor ein TV-Gerüst zusammengebrochen ist. Ein Toter, sehr viele Schwerverletzte. So geht das Jahrzehnt zu Ende, so beginnt das neue. Oh Gott!" (TB 31.12.1989)

Die Tagebücher II (1990–1995): Vom „Ich"-Gewinn und „Wir"-Verlust – ein Leben im Rückzug

Es ist eine Gefühlslage zwischen den Extremen, die auch in den nächsten Jahren alle Lebens- und Arbeitsbereiche von Gerhard Scheumann bestimmen wird, wie schon in dieser ersten Silvesternacht nach dem Mauerfall. Da überwiegt zunächst die Hoffnung, geradezu das Glücksgefühl, endlich mit dem Carola-Neher-Plan auf dem richtigen Weg zu sein, bei sich selbst anzukommen nach langer Zeit – im Rückgewinn der eigenen Handschrift. Es würde dabei möglicherweise ein Film gelingen, sein Abschiedsfilm vielleicht, nach einem langen Berufsleben als Journalist, Fernsehredakteur und schließlich Film-Dokumentarist – im Zeichen des Aufbruchs zu neuen Ufern. Mit dem Brecht-Schüler Peter Voigt würde er einen ausgewiesenen Dokumentar-Filmregisseur als festen Mitarbeiter an seiner Seite haben und in Bengt von zur Mühlen zudem einen Kooperationspartner im Hintergrund, der ebenso für freundschaftliche Solidarität einstünde wie für das Vertrauen und die Sicherheit, in den neuen Verhältnissen des Marktes auch im Osten sich souverän zu bewegen.

Bald jedoch schon sollte es sich erweisen, dass ein so oder ähnlich angedachter Neuanfang sich künftig auf Produktionsbedingungen einlassen müsste, die zu allem bisher Gewohnten keine Anschlussfähigkeit besaßen.

Da finden einerseits hochproduktive Gespräche mit Peter Voigt statt: „Er birst vor lauter Tatendurst [...] Wir wollen nun anfangen, auch ohne das grüne Licht vom Fernsehen abzuwarten." (TB 16.3.1990), um zwei Wochen später nach einer Beratung am Sender über erste Finanzierungsmöglichkeiten zu wissen: „Alles droht schon an der Frage zu scheitern, wie 3 Tage (!) für 3 (!) Personen nach Augsburg (!) bezahlt werden sollen!" (TB 5.4.1990)

Dennoch wird intensiv weitergearbeitet. Es finden ausführliche, von beiden Seiten bemühte, aber leider aus Gesundheitsgründen nicht mehr sehr ergiebige Gespräche mit Hedda Zinner über ihre Begegnungen mit Carola Neher in Moskau statt, weitere Interviews mit noch lebenden Zeitzeugen sind in Vorbereitung. Peter Voigt hatte ein ausführliches Befragungsprogramm dazu vorbereitet, „das mich freilich in seiner Ausführlichkeit an die Möglichkeit erinnert, es sollte einmal ein Buch ‚Film-Unter-Lagen' veröffentlicht werden." (TB 22.3.1990)

Zu den ersten Gesprächspartnern sollte der Sohn von Carola Neher, Georg Becker, gehören. Gerhard Scheumann hatte ihn in Hamburg kennengelernt und war zu diesem Zeitpunkt noch voller Hoffnung, in ihm als den vom Schicksal seiner Mutter am unmittelbarsten Betroffenen einen der wichtigsten Partner zur Mitarbeit am Film gewinnen zu können. Nach der erneuten Kontaktaufnahme Anfang April 1990 schwindet diese Hoffnung schon bald:

„Früh Telefonat mit Georg Becker in Augsburg. Der ist fest im Griff einer Produktion für WDR/ORTF. Peter Voigt davon nicht sonderlich beeindruckt bzw. beunruhigt – ich doch schon ein wenig. Seit dem 27. Dezember 89 renne ich wegen dieses Stoffes herum" (TB 6.4.1990), ohne irgendein greifbares Ergebnis, was die vertragliche Absicherung des Ganzen betrifft.

Weitere Kooperations-Versuche mit Spiegel TV und Stefan Aust folgen; sie starten zunächst hoffnungsvoll und konstruktiv, um dann aber bald schon, offensichtlich nach deren Einsicht in die Personalunterlagen, desillusionierend zu enden: „Für weiterreichende Überlebensarbeiten bietet Spiegel TV kaum eine Chance, da die technischen Prozesse zwischen 16mm- und Videotechnik nicht zu überbrücken sind" (TB 20.9.1990), heißt es in der die eigentlichen Gründe der Absage überspielenden Antwort der Redaktion, über die Gerhard Scheumann im Tagebuch scheinbar noch süffisant berichtet, aber nur scheinbar. Schließlich folgt danach noch eine letzte Probe auf Zukunft, die dann endgültig alle Hoffnungen beseitigt:

„Von Ulrich Greiner (‚Die Zeit') ergeht die Absage an Herrn ‚Scheunemann' in Sachen Carola Neher – womit das Kapitel für mich restlos abgeschlossen ist". (TB 2./3.10.1990)

Greiners Absage fällt zusammen mit dem Tag der deutschen Einheit: „‚Deutschland einig Vaterland' wird heute um 0.00 Uhr

MEZ Wirklichkeit. Die Reporter in Fernsehen auf allen Kanälen suggerieren angestrengt gegen die Bilder einer sich mehr oder weniger teilnahmslos hin- und herschiebenden Menge im Zentrum Berlins ‚Glückseligkeit' und ‚ausgelassene Freude'. In Wahrheit: Zurückhaltung und Besorgnisse. Fatale Erinnerung an eigene berufliche Erlebnisse, wenn verordnete Stimmung und Realität nicht übereingehen wollten. Die DDR ist verschwunden. Eine tiefe Gleichgültigkeit bestimmt mein Gemüt, keine Trauer, keine Erwartungen.

J. R. Becher:
‚Von dem was war
werd' Dir die Wang' nicht blaß.
Vor dem was kommt
werd' Dir das Aug' nicht naß.'" (TB ebenda)

Abschiede und Lebensbilanzen

Die Arbeit an einem Film über Carola Neher und das Scheitern dieses Projekts standen am Anfang dieser neuen Erfahrung einer alles beherrschenden Gleichgültigkeit, die sich bald bis in den Dauerzustand anhaltender Lebensmüdigkeit steigern würde.

Die ersten Versuche, über die eigentlichen Gründe weiter nachzudenken, die zu dieser Depression führten, deuten sich schon früh an, eigentlich schon unmittelbar nach dem Fall der Mauer, der das Ende der DDR einleitete. Am 8. Januar 1990 etwa notiert er: „Die Abrechnung mit sich selbst ist wohl das Schwierigste." (TB ebenda) Und kurz darauf: „Eine Mappe aus den sechziger Jahren hervorgekramt: meine Artikel für die ‚Berliner Zeitung' […] Bei der Lektüre erfahre ich existenziell die Gründe meiner unterschwelligen Trauer: das waren die Zeiten des großen Antritts, des vollen Vertrauens auf geschichtlichen Auftrag, des Bewußtseins einer Mission." (TB 15.3.1990)

Nur wenige Tage danach, angesichts der Ergebnisse der Volkskammerwahlen des 18. März, der ersten freien Wahlen in der Geschichte der DDR, sind diese Erinnerungsbilder des eigenen und zudem vermeintlich gleichzeitig gesellschaftlichen Aufbruchs dann nicht nur endgültig desillusioniert, sondern das Unwiederbringliche des Abschieds von einer Vergangenheit, die lange Zeit subjektiv heroisch verklärt wurde und seinen einstigen „großen Antritt" in eben diese Illusion mitbetraf, steht endgültig fest:

„Erkenntnis beim Erwachen: mir ist die ‚3. Sache' (nach Brecht) abhanden gekommen. Bisher war Arbeit nicht nur Broterwerb, sondern zugleich auf Gesellschaft gerichtet. Die ‚Neue Gesellschaft' weckt kaum noch mein Interesse. Broterwerb im Sinne von Unterhalt könnte auch in einer Käsefabrik stattfinden. Voigt: ‚Aber keine Selbstverwirklichung.' Was aber ist das, ohne die ‚3. Sache'? Gemeinschaft/Gesellschaft – ein produktives Paar. In eine Gesellschaft bin ich ohne meinen Willen ‚hineingeworfen' – in eine Gemeinschaft trete ich willens ein, u. a. mit der Absicht, die Gesellschaft ändern zu wollen!" (TB 26.3.1990)

Diesen Gedanken ergänzt er am 13. April mit dem Hinweis auf noch „weiter zu führende Überlegungen zum Komplex ‚Gesellschaft und Gemeinschaft'", deren Konsequenzen für die jüngste deutsche Geschichte – und damit auch für die eigene Biografie – in fataler Weise die Erfahrung einer kollektiven wie individuellen Katastrophe einschlossen: „Der Anspruch, daß beides zusammenfallen möge (‚Volksgemeinschaft'), hat nicht nur die Nazis kaputtgemacht, sondern war auch der gigantische Selbstbetrug des realen Sozialismus." (TB ebenda)

Es sind die sich immer mehr verdichtenden Versuche, eine endgültige Lebensbilanz zu formulieren und die sich daraus ableitenden praktischen Konsequenzen zu ziehen. In der Folge würden sie zunächst die Entscheidungen über einen unumkehrbaren Abschied aus allen bisherigen Verhältnissen betreffen, in letzter Konsequenz aber wohl den Abschied vom Leben selbst – wenn auch zunächst noch unbemerkt in dieser Entschiedenheit (auch von ihm selbst so nicht gedeutet). Vorerst zieht sich Gerhard Scheumann nur zurück. Und es scheinen zunächst noch ganz und gar selbstbestimmte Formen des Abschieds zu sein, verbunden oft mit einer demonstrativen Haltung des Protestes.

Langjährige institutionelle, aber auch politische Bindungen, die ihm bis vor kurzen noch in vieler Hinsicht wichtig, zum Teil sogar existenziell wichtig erschienen waren, werden gelöst. Begonnen hatte es mit dem Abschied von der Werkstatt H&S.

Bald darauf schon erzwangen die veränderten Rechts- und Eigentumsverhältnisse des Senders letzte „Aufräumungsarbeiten am Schreibtisch. Vieles kann weggeworfen werden. Vieles zeugt von redlichen Bemühungen mit geringen Erfolgen. Schichtweise liegen die Jahre übereinander, manche liebe, manche böse Erinnerung sticht wie ein Blitz ins Auge und ins Herz." (TB 13.6.1990)

Mit einem Schreiben vom 13. September 1990 vollzieht er nach zweiundvierzig Jahren seinen Parteiaustritt aus der SED.[157]

Es sind Abschiede ohne eine größere emotionale Berührung, mehr noch aber Trennungen ohne jede Neugier auf Künftiges, so notiert am 9. Juli 1990: „Ein Tag voller Trübsal: in 40 Jahren meines Berufslebens habe ich mich nicht so elend gefühlt wie jetzt, in der Situation des ‚Nicht mehr' und ‚Noch nicht'. Aber was heißt hier schon ‚Noch'? Was wird es sein? Auf die neue Gesellschaft bin ich nicht neugierig." (TB ebenda)

Andererseits aber besteht – unter dem Zwang der ökonomischen Verhältnisse – die Notwendigkeit, sich ihren Herausforderungen ungeachtet dessen zu stellen, selbst noch in pragmatischen Planspielen mit Peter Hellmich und Walter Heynowski. Konkret erinnert wird dabei allerdings vor allem an die vergeudete Zeit solcher Planspiele: „Enervierender Vormittag mit P.H. und W.H. über verpaßte bzw. nicht absehbare Chancen. Nach vier Stunden keine Kraft mehr für schöpferische Gedanken. Aber es geht dann doch noch eine runde Stunde weiter.

Es hat nur noch Sinn, die Lebensplanung für die letzten Jahre ganz allein zu betreiben." (TB 13.11.1990)

Mit der nur wenige Monate später eintreffenden Nachricht, dass die „Kronenstraße 10 doch gemeldetes jüdisches Eigentum" sei (TB 14.3.1991) und damit als noch immer gemeinsame Ge-

[157] Gerhard Scheumann: Austrittserklärung aus der SED, aus dem Nachlass.

schäftsadresse von H&S in kürzester Zeit wegfallen würde, ist auch die (mindestens theoretische) Frage nach einer künftigen Zwangsehe zwischen H&S endgültig auf eine einfache Immobilienfrage reduziert und zugleich damit endgültig geklärt: Jede künftigen Lebensplanung hat sich spätestens von da an nur noch auf individuelle, auf sich selbst bezogene Entscheidungen zu konzentrieren.

Am 18. März 1991 heißt es somit abschließend in Bezug auf die Adresse Kronenstraße 10:„‚Die letzten Tage in der Reichskanzlei‘ haben begonnen: Dokumente-Sichtung und -Vernichtung. 40 Jahre Leben – Rundfunk, Fernsehen, Studio H&S, DEFA – quellen hervor. Eine deprimierende, zermürbende Beschäftigung!“ (TB ebenda)

Der ein knappes Jahr zuvor unter Umständen noch als gelungenes Bonmot annehmbare Satz „Das Beste an der ‚Wende‘ ist immer noch, daß ich Massa nicht mehr jeden Morgen sehen muß“ (TB 1.6.1990) ist von der Wirklichkeit damit endgültig überholt und kein Witz mehr. Jetzt müssen sie sich überhaupt nicht mehr sehen.

Die eigentlichen Voraussetzungen dafür, sozusagen als definitiver Abschied formuliert – sowohl vom Arbeitsleben in der DDR als auch von Walter Heynowski – hatte er mit dem Antrag auf Vorruhestand an die Leitung des DEFA-Studios geschrieben und gleich zum Briefkasten gebracht. „Mit einer gewissen Erleichterung höre ich das Kuvert in den Kasten fallen – eine Tatsache ist geschaffen“. (TB 21.5.1990)

Doch nur auf den ersten Blick kann diese Bemerkung als ein Befreiungsschlag gedeutet werden. Denn tatsächlich ist damit das Ende einer jahrzehntelang herausragenden Stellung und Anstellung bei zwei der wichtigsten Massenmedien des Landes, dem Film sowie dem Fernsehen der DDR, vollzogen – übrigens für beide ehemaligen Partner.

Mit dem Land verschwinden in den darauffolgenden Monaten neben seinen öffentlichen Medien auch seine Medienanstalten, darunter dann bald schon auch eine Institution wie die Akademie der Künste. Hier dauert der Prozess der als Vereinigung mit der Westberliner Akademie getarnten Auflösung allerdings etwas länger. Inszeniert und durchgesetzt wird er letztlich dann doch im Zeichen einer Selbstreinigung mit vereinten Kräften. Von außen politisch gefordert, von innen politisch gefördert, belegt der gesamte Vorgang letztlich nur die mit dem Begriff „Beitritt (der DDR) zum Geltungsbereich des Grundgesetzes der Bundesrepublik Deutschland" folgerichtig sich durchsetzenden rechtstaatlichen Maßnahmen.

Gerhard Scheumanns Engagement für den Erhalt der Akademie in den bisherigen Strukturen der DDR dagegen ist bis in das Jahr 1991 hinein sein persönlichster Kampf. Es ist der Einsatz für einen Ort, der über die Jahrzehnte seit 1969 immer mehr zu seiner eigentlichen geistigen Heimat geworden war. Das betrifft gleichermaßen die persönliche Genugtuung und auch den Stolz auf die damit einhergehende Anerkennung einer künstlerischen Lebensleistung als auch das Bewusstsein, sich damit in einem internen Raum intellektuellen Austausches frei bewegen zu können, so wie es ihn vergleichbar nirgendwo anders gab in der DDR. Über die dennoch auch dort herrschende Begrenztheit einer wirklichen kritischen Öffentlichkeit, die sich aus der prinzipiellen und freiwillig erzwungenen Unterordnung der AdK unter das Herrschaftsprinzip der führenden Einheitspartei (SED) ergab, waren sich alle Mitglieder seit der Neu-Gründung der Akademie 1950 einig, einig aber auch darin, aus diesen hierarchischen Verhältnissen irgendwann heraustreten zu müssen und sich erst dadurch zu einer freien Institution des Geistes im erhofften kritischen Dialog mit der SED emanzipieren zu können. Dass dieses Ziel über einen Zeitraum von vierzig Jahren nie wirklich durchgesetzt werden konnte, war eine der wesentlichen Einsichten des Jahres 1990. Als Institution damit historisch versagt zu haben – und zugleich jeden nachträglichen Rechtanspruch verloren zu haben, überhaupt als Institution noch in die aktuellen Debatten öffentlich einzugreifen oder wenigstens in ihnen wahrgenommen zu werden, wurde zum entscheidenden Argument in der bald darauf schon einsetzenden und sich rasch auch intern zuspitzenden Infragestellung.

Am 31. Mai 1990 notiert Gerhard Scheumann nach einer Diskussion im Plenum der Akademie der Künste: „Günter de Bruyn stellt Antrag auf Selbstauflösung, die ‚Gemeinschaft' der Mitglieder einigt sich dann doch darauf, beisammen zu bleiben". (TB ebenda)

Damit ist der entscheidende Satz gefallen, ausgesprochen von einem der wichtigsten und in seiner moralischen Integrität anerkanntesten Schriftsteller der DDR. Er hatte das Dilemma des ausweglosen Spiels um den Erhalt der besonderen Verhältnisse im Angesicht des Untergangs aller Verhältnisse auf den Punkt gebracht. Noch kann sich die Mehrheits-Gemeinschaft der Mitglieder dieser Einzelmeinung nicht anschließen, aber sie wird danach jegliche Kompromissvorschläge, die dieser konsequentesten Lösung entsagen, einschließlich aller damit einhergehender Demütigungen, Schuldzuweisungen, Verletzungen etc., mitzutragen gezwungen sein – oder im individuellen Fall das nachvollziehen müssen, was Günter de Bruyn der Gemeinschaft als Ganzes vorgeschlagen hatte. Zu denen, die diesen letzteren Schritt bevorzugen werden zu gehen, gehört in großer Entschiedenheit Gerhard Scheumann. Am 10. Dezember 1990 richtet er an die „Verehrte[n] Kolleginnen und Kollegen" der Sektion Darstellende Kunst der Akademie der Künste zu Berlin sein vorgezogenes Abschieds-Schreiben mit folgendem Wortlaut:

> „Die Bemühungen, unserer Akademie eine neue Daseinsform zu geben, haben trotz monatelanger Diskussionen bisher zu keinem Erfolg geführt. Wie auch immer die Versuche ausgehen mögen, so steht heute schon fest, daß eine drastische Reduzierung der Zahl der gewählten Mitglieder unumgänglich ist.
>
> Eine Selbst-‚Evaluation' (englisch ‚value' gleich ‚Wert') der Mitglieder ist angezeigt. Als Sekretär der Sektion und Mitglied des Präsidiums wäre es mir nicht erspart geblieben, in einer entsprechenden Kommission mitzutun. Da ich das weder kann noch will, habe ich in der Sitzung des Präsidiums am 3.12. erklärt, daß ich

1. nicht bereit bin, eine solche Prozedur mitzutragen,
2. aber auch nicht, von wem auch immer, ‚evaluiert' werden möchte.
Die logische Konsequenz aus diesen Prämissen konnte nur sein, meine Mitgliedschaft in der Akademie und damit auch meine Ämter niederzulegen.
Für unsere Zusammenarbeit in schönen und beschwerlichen Tagen danke ich Ihnen. Erfolge und Niederlagen, die wir erstritten und erlitten haben, bleiben für mich eine unverlierbare Erfahrung. Der Rückblick auf meine Jahre in der Akademie (1969–1990) zeigt mir insgesamt einen Wert, den ich nicht durch verschüchterte Überlebenskonzepte beschädigt sehen will.
Mit kollegialer Hochachtung und besten Wünschen für Ihre Zukunft, vor allem in der künstlerischen Arbeit, grüßt Sie
Gerhard Scheumann"[158]

Es sollte noch ein Jahr vergehen, ehe sich eine dann vereinte Akademie – ohne ihre nicht wiedergewählten oder erst gar nicht zur Wahl angetretenen Mitglieder – neu konstituieren würde. Gerhard Scheumann steht dabei dann endgültig an der Seite derer, die sich diesem Procedere nicht gestellt haben. An den Debatten zuvor allerdings hatte er als eher kritischer Beobachter denn noch als Akteur teilgenommen. So auch am 29. Juli 1991: „12.00 AdK Präsidium. Die Ratlosigkeit des Präsidenten und der Administration verschlägt mir die Sprache. Erst nachträglich ist zu ordnen:
1. Die ‚Fusion' als indirekte Form der Evalulation durch die Doppelmitglieder […]
2. Künstlerforum […] ohne Finanzen.
3. ‚Europ[äische] Sozietät' liegt im Nebel.

[158] Gerhard Scheumann: Brief an die Mitglieder der Sektion Darstellende Kunst der Akademie der Künste zu Berlin; Ankündigung des Austritts aus der Akademie und damit auch des Sekretärs der Sektion; AdK-O 3662. Ebenda auch der Widerruf seines Akademieaustrittes, 1991.

Ruth Berghaus nimmt den Mund sehr voll hinsichtlich der Archiv- bzw. Protokollbestände. Als ob diese grundsätzlich in ‚feindliche Hände' fallen würden, wenn sie an die AdK-West gingen! (Peter Wei[ss], Carola Neher, Bücherverbrennung usw.). Nicht wenig von der rev[olutionären] und antifasch[istischen] Kunst wird dort besser, d. h. wissenschaftlicher, bearbeitet als es bisher bei der AdK-Ost der Fall war.

Ablehnung der Fusion, da Leute wie H[ermann] Kant und M[anfred] Wekwerth ‚nicht infrage' kämen." (TB ebenda)

Auf die Teilnahme an weiteren Präsidiumssitzungen danach verzichtet er unter anderen mit der Begründung, dass der zeitliche Aufwand der Anreise aus Senzig als seinem vorübergehend ersten Wohnsitz in keinem vernünftigen Verhältnis mehr zu dem Nutzen stünde, der sich aus den Sitzungen in Berlin ergäbe.

Zudem hatten sich nach den dramatischen Entwicklungen in Moskau, dem Putschversuch gegen Gorbatschow vom August 1991 und seinen Folgen, solche Verschiebungen des politischen Klimas ergeben, dass die internen Verteilungs- und Umverteilungskämpfe um das Erbe einer Ostberliner Kunstakademie im mittlerweile vereinten Deutschland kaum noch größere Beachtung in der Öffentlichkeit fanden. Am 24. August 1991 notiert Gerhard Scheumann in diesem Zusammenhang: „Zwischen dem 19. und 22.8. hat sich das Schicksal der KPdSU und der Union selbst entschieden. ‚Putschversuch'? Fest steht, daß in diesen Tagen der Oktober 1917 untergegangen ist. Kunst und Literatur werden nur noch in historischer Sicht – vom Ende des Sozialismus her betrachtet – ein Stück Erinnerung an einen großen Aufbruch sein. – Niemand will mir glauben, daß die ‚Hexenjagd' in der SU auch Folgen für uns haben wird – das Verhältnis zu den Linken wird sich radikalisieren, da nunmehr auf eine Weltmacht SU keine Rücksicht mehr nötig ist." (TB ebenda)

Mittelbar könnte die Nachricht, dass die Akademie per einfacher Verfügung durch den Berliner Kultursenator Ulrich Roloff-Momin aufgelöst sei und ihr gewählter Präsident Heiner Müller die Schlüssel per Postsendung an die Kulturverwaltung zu überstellen habe, durchaus als ein Reflex provokant aufgeblähter

Staatsautorität gedeutet werden, dass, nach dem Machtzerfall der Sowjetunion, die bis dahin immer noch angenommene politische Ordnungsinstanz erst jetzt endgültig wegfiel. Selbstverständlich hatte das Präsidium der Akademie dagegen per einstweiliger Verfügung ihren Einspruch bekannt gegeben: „Gleichwohl bleibt die Frage offen, mit welcher Programmatik die AdK ihr Weiterleben begründen soll?" (TB nach dem 16.9.1991)

Später, im November, kommt es noch einmal zwischen einigen Mitgliedern der Sektion Darstellende Kunst und ihren Kollegen von der Abteilung Medienkunst der Westberliner Akademie am Hanseatenweg zu einer ebenso vertrauensvollen wie krisenbewussten Zusammenkunft: „Peter Lilienthal sehr solidarisch; Nachdenken über die mit dem Mauerfall eingetretene Entfremdung zwischen den Mitgliedern beider Akademien. Margaret[h]e v. Trotta beobachtet diese auch bei persönlichen Freundschaften, die vor dem 9. November '89 stabiler waren. Meine Gründe:

1. Ost-Leute wollen nicht klagen gegenüber West-Leuten,
2. die nichts dafür können.
3. Westleute bemerken, daß nicht mehr über alles gesprochen wird.
4. Ausschluß von Peinlichkeit wegen der Sprachlosigkeit durch wechselseitige Vermeidung!

Das Konzept einer ‚Offenen AdK' hat viel Einleuchtendes: Zusammenarbeit auf kollegialer Basis – unabhängig davon, ob Mitglied oder nicht. (Was das K.O.-Verfahren am 9. Dezember immer fragwürdiger macht!)" (TB 16.11.1991)

Es erweist sich in diesen „Zeiten der Unordnung" (Bertolt Brecht), dass die einzig hoffnungsvolle Erfahrung solidarischer Verbundenheit und Denkhaltung sich vor allem aus den Begegnungen mit den Kollegen aus dem Westen ergibt. Dagegen ist eine vergleichbare Haltung in den internen Debatten des eigenen Hauses kaum mehr anzutreffen.

Das Tagebuch reflektiert diesen auch als eigenen psychologischen Wandlungsprozess wahrgenommenen Vorgang schon relativ früh mit zwiespältigen Gefühlen und innerer Unruhe. Am 4. Mai 1991 lautet der Eintrag: „Die Begegnung mit den Westberliner Freunden im Geiste schafft […] Unruhe und Befriedigung zugleich. Hier trifft man niemanden mehr, und wenn zufällig doch, geht es über Achselzucken und herabgezogene Mundwinkel nicht hinaus. Bei den Westberlinern ist alles noch im Lot, und wenn sie einen akzeptieren, sind sie solidarisch. Eine neue Form von ideologischer ‚Nestwärme'." (TB ebenda)

So auch erfahren Anfang Dezember 1991: „Abends AdK großes Podium, auf dem sich erstmals Westler (Grass, Hochhut[h], Monck usw.) zur AdK Ost bekennen. Eine neue Qualität auch im Publikum, das das Schicksal der AdK als exemplarisch begriffen hat für Abwicklungen bis ins letzte Mauseloch. Wichtiger Gewinn: Vergleiche nützen nichts, sind sogar kontraproduktiv bzw. wollen den Osten über den Leisten des Westens schlagen. Wichtig für ein Zusammenwachsen ist die Anerkennung der Andersartigkeit von geschichtlichen Entwicklungen. Gäbe es jetzt eine freie Presse, so könnte diese Veranstaltung einen Paukenschlag darstellen – aber eine solche Presse gibt es nicht." (TB 2.12.1991)

Am Ende sind es allesamt dennoch nur Abschiedsspiele: Mit Regine Herrmann, der engen Vertrauten und leitenden wissenschaftlichen Mitarbeiterin an der AdK, bleibt ein freundschaftlich-kollegialer Kontakt weiterhin und noch über Jahre bestehen, aber bald schon wird es heißen: „Ihre Erzählungen von der AdK erreichen mich nicht mehr." (TB 15.1.1992) So auch nicht mehr die als positive Wende von ihr telefonisch übermittelte Nachricht, dass nach der Auffassung von Walter Jens „neben Wieland Förster (vorher ausgetreten) auch ‚Horst Scheumann' (nicht gewählt) s[eines] E[rachtens] in die Akademie gehören. Eine Sache, die Kreise zu ziehen beginnt. Die Namensverschluderung ist mir insofern recht, als wohl niemand glauben wird, daß ich oder eine mir vertraute Lobby daran gedreht haben könnte." (TB 27.1.1992)

Natürlich hatte es keine weiteren Kreise gezogen (und würde sie auch künftig nicht mehr ziehen), trotz der persönlichen Nachdenklichkeit eines Walter Jens und der damit vielleicht kurzzeitig einhergehenden Annahme, hinter seinem Wort könnte eine wirkliche Entschlossenheit zur Korrektur der Fehlentwicklung des Vereinigungsprozesses vermutet werden, die dann allerdings weit über den Einzelfall Akademie der Künste hinausreichen würde. Dagegen stand zu diesem Zeitpunkt (1992) schon längst eine Realität des Faktischen – und insofern hatte sich nur noch einmal der alte Unglaube Gerhard Scheumanns neu bestätigt, in keinem Falle so etwas wie einen Sinneswandel in der Frage des Fort- und Weiterbestands einer tatsächlich vereinten Akademie erwarten zu können. Ein Jahr später wird dieser Unglaube in geradezu drastischer Weise seine Bestätigung erfahren durch eine äußerst diskriminierende Formulierung ausgerechnet ihres Präsidenten Walter Jens, der als den einzigen Grund für die Nicht-Wahl ehemaliger Akademiemitglieder aus dem Osten deren politische Vorbelastung anführen wird.

Dazu heißt es im Tagebuch: „Helle Empörung über eine Verlautbarung von Walter Jens über den Vereinigungsvorgang beider Berliner Kunstakademien, in der er die am 9.12.1991 nicht wiedergewählten Mitglieder (Ost) als politisch belastet denunziert. Verfasse umgehend eine Erklärung für ADN." (TB 16.5.1993)

Diese wird nach erfolglosen Anfragen bei ADN sowie bei dpa – wenngleich im letzteren Falle wenigstens mit größerer Aufgeschlossenheit, ADN reagierte überhaupt nicht – am Ende schließlich vom *Tagesspiegel* korrekt abgedruckt – und bewirkte ebenfalls natürlich gar nichts.

Materielle Belastungen. Umzugspläne

Mit dem Verlust der alten Arbeitsgrundlagen, einer bald schon nachfolgenden Desillusionierung über die realen Chancen zunächst noch erhoffter Anschluss- und Existenzmöglichkeiten in der Medienlandschaft des Westens, aber auch angesichts der beginnenden Grabenkriege um Täter und Opferzuschreibungen in der ehemaligen DDR, wachsen neben dem Bewusstsein einer tiefen moralischen Lebenskrise zugleich auch die materiellen Zukunftsängste:

„Nach Senzig zum Grübeln und Trübsalblasen … Das Boot nicht im Wasser; die Sitzbretter nicht aufgelegt; keine Jahresblumen gepflanzt – das drückt vollständig die Stimmung 91 aus. Ist das schon der Abschied. Am Abfahrtstag nach Berlin wilde Nachrichten über Pläne des Bürgermeisters (natürlich ein Wendehals!): Stadtwasser und Kanalisation durch enorme Belastungen der Berliner Siedler." (TB nach dem 4.7.1991)

Es handelt sich dabei um keine lediglich eingebildeten Belastungen: „Bei der BfA die Rentenunterlagen bei einer sehr freundlichen jungen Frau abgegeben; in einem halben Jahr darf ich mit dem Bescheid rechnen, der kaum anders ausfallen kann als ‚Aufforderung zum Suizid'." (TB 29.1.1992)

Natürlich ist diese Prognose noch mit einem Anflug sarkastischer Ironie formuliert, aber sie hat auch ihre Realität: Der Bestand des Senziger Grundstücks als Sommersitz und gleichzeitiges Arbeitsrefugium erscheint tatsächlich unmittelbar gefährdet, ein Verkauf wird nicht nur theoretisch erwogen, sondern auch schon mit einem Immobilienhändler direkt verhandelt. Zugleich gibt es alternativ die ersten Überlegungen, das bisherige Wochenendgrundstück zum festen Wohnsitz zu erklären und aus Berlin wegzuziehen, die Stadt zu verlassen.

Mit großer Unterstützung durch seine Ehefrau Heide werden diese Planungen bald schon konkret. Es sind in diesen schwierigen Zeiten wunderbare Erfahrungen einer großen Liebe und Geborgenheit. Am 14. Dezember 1991: „Mit Heide über die Berge. Es ist gut, sich aneinander festhalten zu können!" (TB ebenda)

Damit geht das Jahr zu Ende. In Sorge um die Zukunft, aber zugleich auch voller Zuversicht, nicht allein zu sein, seine Familie um sich zu wissen, Heide, Esther und auch die verbliebenen Freunde. Verbunden mit einem kleinen Sarkasmus gegen die vor der Arbeitslosigkeit stehenden „Macher" des letzten Silvesterprogramms, das zugleich den historischen Abschiedsabend des DDR-Fernsehens um 0.00 Uhr insgesamt bedeutete, notiert er über die Feiertage: Der 24. Dezember 1991, ein „harmonischer [Heiliger]-Abend"; der 25.12.91, sein einundsechzigster Geburtstag; der letzte Tag des Jahres, eine Zäsur in jeder Hinsicht

– einschließlich jener kleinen Enttäuschung: „Die Medien verabschieden sich; wenn schon auch ihre Macher arbeitslos werden, so hätten sie sich etwas mehr Würde und Schneid herausnehmen dürfen!“ (TB 31.12.1991)

Nicht erwähnt in dieser Reihe zunächst vorwiegend positiv vermerkter persönlicher Abläufe des Jahresendes 1991, aber gleichfalls dem Tagebuch anvertraut, die Notiz des 26. Dezembers: „Tiefe Unruhe, Magendruck. Ein Bewußtsein der völligen Hoffnungslosigkeit, ohne Erwartung irgendwelcher Entwicklungen. Wenn es nicht gelingt, sich selbst Ziele zu setzen, könnte man auch Schluß machen.“ (TB ebenda)

Einen Monat später wird er sich im Bundeswehrkrankenhaus einer Computer-Tomografie unterziehen, dazu gehört die Notiz: „Schmerzen heute wie toll.“ (TB 30.1.1992) Dieser Zustand sollte sich über Monate, bei weiterhin unklarer Diagnose, nicht ändern. Verbunden ist er mit der immer dramatischer werdenden Sorge um die soziale Absicherung der Familie und einer teilweise schon irrationalen Klage über die herrschenden politischen Verhältnisse. Am 2./3. Mai 1992 heißt es entsprechend: „Die Nacht von gestern zu heute qualvoll wegen Schmerzen im Bein. [...] Wieder schmerzensreiche Nacht. Heide mäht den Rasen; ich komme mir wegen der körperlichen Gebrechen überflüssig vor. Was dieses Anwesen betrifft, so gilt die Erkenntnis, daß es sich nur sehr wohlhabende bzw. reiche Leute neben einer Stadtwohnung leisten können. Ich werde von Senzig ohne Trauer Abschied nehmen. Die Lust am Objekt schwindet mehr und mehr, weil immer wieder Rechnereien angestellt werden müssen: Reicht es, reicht es nicht?

Bei einer Revolution ändern sich Verhältnisse immer, am drastischsten bei einer Konterrevolution. Unsere bisherige soziale Stellung ist aufgehoben – nun gilt es, die optimale Variante für den Rest des Lebens zu errechnen.

Ich werde die untergegangene DDR zukünftig ‚Ostzone‘ nennen. Der Name wird jetzt erträglich, weil er territorial das ‚Mezzogiorno‘ Deutschlands beschreibt. Also: nicht ‚Fünf neue Bundesländer“, sondern ‚Ostzone!‘“ (TB 2./3.5.1992)

Gerhard Scheumann, 1992

Rückblicke. Ein geplanter Lebensbericht post festum

Der Gedanke, gerade in diesem Moment, da die Frustration über die eigenen Lebensumstände am größten ist, mit der Niederschrift seiner Memoiren zu beginnen, kommt nicht von ungefähr: „„... es ist die Zeit, wo die Erinnerung an die Stelle der Hoffnung tritt'", zitiert er aus Wilhelm Raabes Roman *Die Chronik der Sperlingsgasse* und wird später, rückblickend auf das erste Jahr seiner Arbeit an diesem Projekt anmerken: „Dieses Wort von Raabe könnte als Motto dem Buch vorangestellt werden, das ich schreiben will." (TB 27.2.1993)

Im Hoffnungslosen einen Sinn durch Arbeit an der Erinnerung finden, das war der Gedanke, der ihm neue Produktivität ermöglichen, jedenfalls die Chance dazu eröffnen sollte – gegen die Lethargie der Leere der Zeit. Das empfahlen ihm auch enge Freunde. Alternative Formen praktischer Tätigkeit, etwa beim Film, standen zu diesem Zeitpunkt lange schon nicht mehr zur Debatte. Hier waren alle Pläne gescheitert. Mit dem Aufbau-

Verlag hatte ihm der Freund und Verleger Elmar Faber dagegen schon vor längerer Zeit einen guten Ort eröffnet, von dem aus mit einem solchen Lebensbericht zugleich eine literarisch überzeugende Antwort auf die herrschende Mode der die aktuellen Märkte geradezu überschwemmenden „reinen Memoirenliteratur“ gegeben werden könnte, versehen mit einem großen „Dokumentenanhang (Tagebücher, Memoranden, Reden usw.)“, um „einen höheren Grad von Glaubwürdigkeit [zu] erreichen“. (TB 23./24.2.1991)

Gerhard Scheumann ist diesem Gedanken gegenüber zunächst sehr aufgeschlossen und beginnt zügig mit der konkreten Arbeit am Text. Parallele Kommunikationsmöglichkeiten wie Interviewanfragen, Beratung wissenschaftlicher Projekte der DDR-Forschung, zur Film- und Rundfunkgeschichte nimmt er wahr, so sie seinem eigenen schriftstellerischen Plan entgegenkommen. Er ist dabei sehr offen und kooperativ, unter anderen in seiner Bereitschaft, an einem vom Bayrischen Rundfunk und dem Sender Freies Berlin gemeinsam geplanten Projekt über seinen und Walter Heynowskis Film *Piloten im Pyjama* und dessen Geschichte mitzuwirken. Zwar macht er seine endgültige Zusage vorläufig noch von der Zustimmung auch Walter Heynowskis abhängig, wird aber nach dessen Absage bei seinem eigenen Angebot bleiben. Vier Jahre später, als das Projekt 1996 schließlich realisiert wird, bleibt von der großen Hoffnung auf ein tragfähiges, gemeinsam verantwortbares Konzept, an das er sich nach seinen ersten kollegialen Begegnungen mit den Regisseuren des Films erinnert, nichts mehr übrig. Dort hieß es noch: „erstes Treffen mit Hasso Bräuer (München) und Jürgen Thomm (SFB), die mir versichern, es gehe ihnen nicht um die Mitwirkung an der Kampagne, sondern um den Versuch, sich als ‚Wellenbrecher‘ in dieser Strömung zu verstehen. Diskurs über das Ästhetische und das Politische. Für mich könnte ich die Entscheidung treffen, mitzuwirken – zumal die Produktion in N3 zur Sendung gelangen soll (August ’92). Jetzt hängt alles von WH ab. Aber warum sollte Bräuer mit so aufwendigen Vorarbeiten begonnen haben, wenn er durch seine Gespräche mit WH nicht Hoffnung auf Mitwirkung gewonnen hätte?“ (TB 17.2.1992)

Gerhard Scheumann war zu gutgläubig, auch hatten sich zwischen 1992 und 1996 die politischen Perspektiven auf die zu erzählende Geschichte verändert. Walter Heynowskis Absage war, wie sich erwies, auch in diesem Falle eine kalkuliert realistischere Reaktion gewesen. Denn tatsächlich endete der Film *Abgeschossen* mit der für Gerhard Scheumann fatalen Erfahrung einer dabei bewusst kalkulierten moralischen Diskriminierung und Bloßstellung seiner Person. Es war sein letzter öffentlicher und von ihm selbst bestimmter Auftritt im Medium des Fernsehens.

Es gab aber auch andere Erfahrungen. Einen besonderen Stellenwert hatte in diesem Zusammenhang die Teilnahme an einem wissenschaftlichen Kolloquium, über das er ausführlich und zugleich nachdenklich berichtet: „Rundfunkmuseum am Funkturm. ‚Das 11. Plenum des ZK der SED in Rundfunk und Fernsehen'. Ich benutze die Gelegenheit, um mich vor der Öffentlichkeit (SFB) für meine Mitwirkung an der Verurteilung von Günter Kunerts ‚Monolog für einen Taxifahrer' zu entschuldigen.

Ich genoß damals im Fernsehen – vor allem durch die Wirkung von Prisma – eine Reputation und wurde vorgeschickt, um den ‚Taxifahrer' philosophisch zu zerpflücken. Beriet mich, nur anhand des Drehbuches, bei Kierkega[a]rd, Camus, Sartre und Jaspers, suchte nach Entsprechungen im Text des Buches. Als ich vor eineinhalb Jahren den Film in der AdK das erste Mal sah, wurde ich mir der Unwürdigkeit der Veranstaltung vor 30 Jahren bewußt. Da ich aber weiß, wie tief ein Künstler durch solche Veranstaltungen verletzt werden kann, benutze ich diese Debatte heute, die eine Chance hat, öffentlich zu werden, um mich bei Günter Kunert zu entschuldigen." (TB 22.6.1992)

Bald zehn Jahre vor diesem öffentlichen Eingeständnis seiner persönlichen Mitverantwortung an einer Kampagne ideologischer Verfolgung der Literatur des eigenen Landes hatte er außerhalb jeder Öffentlichkeit (weil es sich ausschloss in der DDR, eine solche Öffentlichkeit für sich zu reklamieren), schon einmal sein Versagen, ja seine Schmach im Fall Kunert für sich eingestanden. So lautete damals seine Tagebuchnotiz: „Mit Straßen- und S-Bahn und Taxi nach Senzig, dort Durchsicht von allerlei

Geschriebenem aus den letzten zwanzig Jahren. Literarische Versuche, Essays zu Gesellschaftsproblemen (Demokratischer Zentralismus z. B.) – es ist nicht viel, und das Wenige ist nicht immer reif. Wenn ich heute abtreten müßte, gibt es keine aufregende Hinterlassenschaft. Erstaunlich sind Auslassungen aus der Zeit der Gründung des Verbandes, vor allem der Rigorismus, mit dem auf Filme und Filmemacher eingeschlagen wird. Kunerts ‚Monolog für einen Taxifahrer' – natürlich ist danach schon alles erkennbar, was Kunert dann von uns weggeführt hat. Aber hatte er denn nur Unrecht? Stehe ich ihm nicht heute näher als damals?!" (TB 18.6.1984)

Das gegen ihn verhängte Parteiverfahren mit allen seinen Folgen hatte den Hintergrund für die neuen Einsichten geliefert und auch zu dem Albtraum geführt, von dem er wenig später in seinen Notizen berichtete: „Von meinem eigenen Gelächter wach geworden, das mich im Traum schüttelte: wegen eines Vergleichs zwischen dem Drehbuch ‚Monolog für einen Taxifahrer' von Günter Kunert und meinen analytischen Ergüssen gegen dieses Stück. Die Frage ist, ob Kunert schon damals an dieser unserer Gesellschaft schon so litt wie ich heute? […] Oder meinte er nicht nur die DDR, sondern die hochtechnisierte Gegenwart allgemein, in der die menschliche Kommunikation immer rarer wird? Der Fall Kunert/Scheumann ist wieder so einer, den ich zu Lebzeiten noch geklärt haben will […] – Warum war ich so? Zentralistisch zu denken erzogen durch die Nazis und deshalb zum Überlaufen zum ‚gegenteiligen' Zentralismus allzubereit?" (TB 21.7.1984)

Es ist der Erfahrungsdruck der Zeit, der ihn in die Selbstanalyse trieb, in einen Abgrund offener, damals – aber auch später – für ihn unlösbar bleibender Fragen.

Daraus wuchsen zwingend bald schon auch erste Zweifel an der Realisierbarkeit seines neuen Projektes. „Fürchterliche Nacht; wenn das Haus nicht so klein und geräuschempfindlich wäre, hätte ich es im Bett nicht ausgehalten. – In den schlaflosen Nächten wird mir klar, daß ich ein Buch über meine vierzig Jahre in den Medien nicht schreiben kann ohne das geschichtliche Urteil der ‚Wende'. ‚Post festum' wird und kann nur die durchgehende Methode sein. Niemand wird mir einreden können, es ließe sich über die Dinge von ‚damals' schreiben ohne das Urteil von ‚heute'." (TB 9.5.1992)

Schon bald danach ist vorläufig jede weitere Arbeit am Manuskript unterbrochen: „Ab 2. Juli im Klinikum Buch Physiotherapie […] Erste Eindrücke (Einrichtung, Patienten) machen depressiv. 4-Bett-Zimmer, jeder Neue wird ohne Umstände geduzt […] Med[izinisches] Personal sehr angenehm. Frau Dr. Grabs, Dr. Nickel, Oberarzt Dr. Krause.

Habe keine Lust, von Besuchern in meinem Elend gesehen zu werden […] Heide, Esther und Eric kommen. Auf der Bank vor der Station fühle ich so etwas wie ‚Familie' […] Esther weint über die Art meiner Unterbringung […] Werde langsam damit vertraut gemacht, daß eine mächtige Injektion in den Wirbelkanal bevorsteht. Sie findet am Dienstag (8.7.) gegen 10.00 statt und ist gegen alle Erwartungen erträglich. Sechs Stunden Bettruhe.

In der siebten Stunde ‚danach' kommt Heide mit einem Sack voller Neuigkeiten, die allesamt einen positiven Grundton haben: Kaiser's Problem, Grundstück, Bauabsichten u.s.w. Wir verabschieden uns glücklich.

Die Injektion hat über Nacht positive Wirkungen gezeitigt. Spürbare Erleichterungen […] Todmüde wieder in Senzig angelangt." (TB 18.8.1992)

Das sind die Stichworte nach über einem Monat des Aufenthaltes im Klinikum Buch. Am Ende stand zwar erneut keine eindeutige Diagnose, auch keine Operation, wohl aber ein Motivationsschub weiterzuschreiben, zumal nach den Gerüchten, von denen er schon Monate vor seinem Krankenhausaufenthalt gehört hatte: „Es geht durch den Rundfunk: Bei ‚Prisma' habe es ein Computerprogramm gegeben, das Anfragen, Beschwerden u[nd] Bitten der Bürger speicherte – und zu dem die Stasi einen direkten Zugriff hatte! […] Damit ist meine Gründung, die ich für eine meiner wichtigsten Leistungen gehalten habe, vom Ende her bekleckert!" (TB 27.3.1992)

Mit der Arbeit an einem längeren Artikel, zur Veröffentlichung für einen aktuellen Katalog des Deutschen Rundfunkmuseums vorgesehen, will er grundsätzlich gegen die von der aktuellen Medienberichterstattung nach Jahrzehnten wieder aufgewärmten und gezielt denunziatorischen Verdächtigungen der Sendereihe PRISMA vorgehen, damit zugleich aber auch „die Aufarbeitung dieses wichtigen Komplexes für mein Buch" (TB nach dem 25.8.1992) im Rückblick auf die tatsächliche historische Standortbestimmung von PRISMA zwischen „Dichtung und Wahrheit" weiter vorantreiben. Das sollte gelingen zusammen mit der Veröffentlichung des „PRISMA-Testaments, welches ich immer noch für eines der wichtigsten Dokumente des s[einer] Z[eit] ‚soz[ialistischen] Jour[na]l[ismus]' halte. Das ist keine fromme Hoffnung, sondern meine feste Überzeugung.

Zusammen mit den ersten 15-20 Seiten sollte der Text allen Forschern so viele Hinweise geben, daß diese sich – womöglich – doch die Augen reiben könnten." (TB 3.9.1992)

Doch auch diese Hoffnung wird sich nicht einlösen. Es bleibt bei dem Vorsatz einer wirksam eingreifenden Publikation; niemand reibt sich die Augen, noch erwartet irgendjemand, geschweige denn eine größere Öffentlichkeit, noch solcherart Aufklärung. So bleibt es bei Notizen, andererseits aber auch bei den in allen Fällen wichtigen Gesprächsprotokollen, die in dieser Zeit entstanden.

Am Sonntag, den 26. September „läuft uns ein kleiner schwarzer Kater zu: sauber, von zierlicher Gestalt – alle künftigen Eigenschaften schon voll ausgebildet. Ich nenne [ihn] ‚Phantomas' nach der gleichnamigen Oper (?) o. ä. Heide vergißt den Namen und spricht von Fortinbras frei nach Shakespeare. Wie das trauliche Tier nun wieder von uns entwöhnen?" (TB ebenda)

Es wird nie mehr geschehen. Später wird Gerhard Scheumann sogar davon sprechen, dass Fortinbras das Beste war, das ihm seit der Wende 1989 passiert sei. Der Kater wird die Familie begleiten auch noch nach ihrem endgültigen Umzug weg aus Berlin, immer an ihrer Seite.

In den nächsten Monaten wird der Gedanke an diesen Umzug zunehmend auch aus Gründen zwingend, die nicht mehr nur die materiellen Einschränkungen seit dem Eintritt in den Vorruhestand von Gerhard Scheumann betreffen. Es ist auch das veränderte soziale Umfeld in der ehemaligen Leninallee 175, jetzt Landsberger Allee 175, das die Entscheidung beschleunigt: „Nach Einbruch der Dunkelheit Aufmarsch der Autonomen, die die Fenster des ‚Jugendklubs' mit den Rufen ‚Faschisten raus' zerschlagen. Erstmalig ein strategisch genau geplantes Schauspiel vom Fenster aus beobachtet: während die von der Polizei begleitete Demo durch die Judith-Auer-Straße zieht, stürmt eine kleine Gruppe über den davorgelegenen Platz den Klub, aus dem wir in den letzten Monaten oft genug ‚Sieg Heil'-Rufe und Nazilieder gehört haben. Gewalt eskaliert. Wann brennen auf unserem Parkplatz die Autos? Nichts wie weg aus dieser Stadt!" (TB 21.11.1992)

Ende des Jahres steht dieser Abschied dann unmittelbar bevor: „Rückblickend auf 1992: Eine wichtige Entscheidung ist gefallen und unumkehrbar gemacht: die Lösung der Wohnungsfrage.

Schönstes Erlebnis: der Zulauf von Fortinbras am 27.9. – er ist Mitglied der Familie geworden.

Die Jagdwaffenfrage berührt mich nicht – auch nicht der gegebene Zusammenhang." (TB 31.12.1992)

Exkurs über eine Jagdwaffenfrage mit Folgen

Es beginnt in der Form einer Politsatire: Am 23. November 1992 erhält Herr Prof. Gerhard Scheumann per Einschreiben einen Brief des Polizeipräsidenten von Berlin, Referat Umwelt- und Gewerbedelikte. Darin heißt es: „Wir beabsichtigen, den Ihnen erteilten Jagdschein und die Waffenbesitzkarte WBK-Nr.: 3217/92 zu widerrufen, da die Vermutung begründet erscheint, daß Sie nicht über die erforderliche waffenrechtliche Zuverlässigkeit verfügen." Neben einer Reihe allgemeiner Hinweise und Belehrungen über die möglichen Gründe solchen Widerrufs eines zuvor schon bestätigten Antrags weist das Schreiben weiterhin aus: „Nach § 5 Abs. 1 Nr. 1 WaffG besitzen Personen die erforderliche Zuverlässigkeit nicht, wenn Tatsachen die Annahme rechtfertigen, daß sie Waffen oder Munition mißbräuchlich oder leichtfertig verwenden werden. Diese Besorgnis kann bei Personen begründet sein, die durch ihre bisherige Tätigkeit für die ehemalige DDR eine mit der Rechtsordnung der Bundesrepublik Deutschland nicht in Einklang zu bringende Einstellung zu Recht und Ordnung offenbart haben, insbesondere bei

– hauptamtlichen oder inoffiziellen Mitarbeitern des MfS/AfNS und seine Untergliederungen einschließlich Mitarbeitern des Arbeitsgebietes 1 der Kriminalpolizei der Volkspolizei."[159]

Die darauffolgende Feststellung lautet: „Sie waren unter dem Decknamen ‚Gerhard' bei der Hauptabteilung des MfS II 13 als inoffizieller Mitarbeiter für Sicherheit tätig. Aufgrund dieser Tätigkeit kann Ihnen der Vorwurf gemacht werden, daß Sie mitverantwortlich dafür sind, daß demokratische Bewegungen in der Bundesrepublik Deutschland unterwandert und ausspioniert wurden. Dies läßt erkennen, daß Sie eine mit der Rechtsordnung der Bundesrepublik Deutschland nicht in Einklang zu bringende Einstellung zu Recht und Ordnung offenbart haben und somit die Besorgnis besteht, daß ein verantwortungsbewußter Umgang mit Schußwaffen bei Ihnen nicht gewährleistet ist."[160]

Am Ende des Briefes folgen Hinweise zur Gewährung möglicher „Einwendungen" gegen die „beabsichtigten Maßnahme" bis zum 23. Dezember 1992 und die Unterschrift „Mit vorzüglicher Hochachtung"[161].

Am 9. Dezember 1992 antwortet Gerhard Scheumann fristgerecht unter der Anrede:

> „Verehrte Herrschaft, [n]ach Rückkehr von einer Reise finde ich Ihr Schreiben vom 23.11.1992 vor und beeile mich um Antwort. Es ist für mich unannehmbar, daß ich ‚nicht über die erforderliche waffenrechtliche Zuverlässigkeit' verfügen soll

[159] Der Polizeipräsident in Berlin, Referat Umwelt- und Gewerbedelikte, Brief an Gerhard Scheumann vom 23.11.1992, aus dem Nachlass.

[160] Ebd.

[161] Ebd.

oder ‚Waffen und Munition mißbräuchlich oder leichtfertig verwenden' könnte. Von der Existenz einer ‚Hauptabteilung des MfS II 13' erfahre ich erstmalig durch Sie; einfach absurd ist der Vorwurf, daß ich ‚demokratische Bewegungen in der Bundesrepublik Deutschland unterwandert und ausspioniert' haben soll. Es wird mir ein dringendes Anliegen sein zu recherchieren, wie ich in die Akten der ‚Gauck-Behörde' geraten bin. Wie ich höre, kann dies Monate, wenn nicht Jahre dauern.

Unabhängig vom Ergebnis meiner Bemühungen darf ich jedoch schon heute erklären: Nachdem in der ehemaligen DDR die Jagd zu einer Sache des Geldes verkommen ist, bin ich – als Bezieher von Altersübergangsgeld (ALÜG) – aus rein finanziellen Gründen ohnehin von ihrer Ausübung ausgeschlossen. Deshalb bin ich bereit, die mir am 13.03.1992 erteilten Dokumente zurückzugeben. Dies ist ein Vorgang von anderer Qualität als der von Ihnen angedrohte Widerruf, mit dem ich mich insofern nicht abfertigen lassen darf, als ich mit meinem ‚Vorleben' im Reinen bin. Ich rechne zuversichtlich damit, daß Sie mir ausreichend Zeit gewähren werden, meine Waffen und die dazugehörigen hochwertigen Zielfernrohre nicht zu verschleudern, sondern angemessen zu verkaufen.

Mit vorzüglicher Hochachtung!

Gerhard Scheumann"[162]

Nach wiederum angemessener Frist überrascht der Polizeipräsident von Berlin unter dem Datum des 4. März 1993 sodann mit einer erstaunlichen Schlussfolgerung:

„Sehr geehrter Herr Prof. Scheumann,

bezug nehmend auf unser Anhörungsschreiben vom 23. November 1992 teilen wir Ihnen mit, daß wir von dem beabsich-

[162] Gerhard Scheumann an den Polizeipräsidenten in Berlin, Brief vom 9.12.1992, aus dem Nachlass.

tigten Widerruf der jagd- und waffenrechtlichen Erlaubnisse Abstand nehmen. Einer Verlängerung des Jagdscheines steht daher aus den genannten Gründen nichts entgegen. Voraussetzung:

1. Antragstellung
2. Vorlage eines Versicherungsnachweises
3. Entrichtung einer Gebühr in Höhe von 85,00 DM

Mit vorzüglicher Hochachtung!
Im Auftrag
Unterschrift"[163]

Es erscheint als ein Akt großmütigster Gnadenwahl, umgekehrt könnte man auch meinen, extremster Überschreitung seiner amtlichen Kompetenz, eine kurz zuvor noch mit größtem Nachdruck und unter Einsatz ungeheuerlicher bürokratischer Sprachgebirge begründete Entscheidung nun selbst mit einem Federstrich wieder aufzuheben und damit das Risiko einzugehen, eine von ihm zuvor als rechtsstaatlich überführt angesehene „Täter"-Person nachträglich – erneut mit dem Stempel staatlicher Genehmigung – zu privatem Schusswaffengebrauch geradezu einzuladen.

Als Polizeipräsident von Berlin hatte er mit Datum vom 23. November 1992 als erster amtlich festgestellt, wofür übrigens Gerhard Scheumann ihm ausdrücklich das Recht zugebilligt hatte, nämlich über die Gauck-Behörde Auskünfte darüber einzuziehen, ob er für das MfS als inoffizieller Mitarbeiter tätig gewesen sei. Seine Tagebucheintragung bestätigt dieses Einverständnis: „Zur R&V-Versicherung wegen Jagdjahr 1992/93: 66,90,- Danach Polizeipräsidium; für neuen Jagdschein 85,-, für Waffenbesitzkarte 50,-. Summa: 201,90,- für nichts u[nd] wieder nichts. Revers unterschrieben, daß ich mit Überprüfung durch die Gauck-Behörde einverstanden bin." (TB 12.3.1992)

[163] Der Polizeipräsident in Berlin, Referat Umwelt- und Gewerbedelikte, Brief an Gerhard Scheumann vom 4.3.1993, aus dem Nachlass.

Zunächst und vorläufig ist ihm weder die darauf übermittelte Feststellung einer solchen angeblichen IM-Tätigkeit noch die gleichwohl später gewährte Verlängerung seines Jagdscheines erheblich, zumal er die Möglichkeiten für den letzteren Entscheid aus pekuniären Gründen, den ersteren dagegen aus Rentnergründen ohne Pensionsanspruch als folgenlos hinnehmen kann: „Wenn also über die Gauck-Behörde irgendwann etwas über den IM Scheumann verlauten sollte – was soll's!" (TB 9.3.1993) – hatte er bei Gelegenheit schon für sich selbst entschieden.

Er sollte sich irren! Denn folgenreich sind die langfristigen Auswirkungen der mit dieser amtlichen Feststellung erstmals in die Welt gesetzten Information und jede weitere Berufung auf sie allerdings sehr wohl – auch für ihn selbst.

1992 erscheint im Ch. Links Verlag, schon in zweiter Auflage, ein „biographisches Lexikon" unter dem Titel *Wer war wer in der DDR*. Zu den dort ausgewiesenen 1515 Kurzbiografien von „Persönlichkeiten des öffentlichen Lebens der DDR" gehört auch die von Gerhard Scheumann. Der Text enthält – zeitgleich veröffentlicht mit dem Täterbescheid des Berliner Polizeipräsidenten – allerdings noch keinen Hinweis auf eine mögliche Verbindung des Porträtierten zum MfS der DDR. Zwei Jahre später, in einer erweiterten und aktualisierten Neuauflage der gleichen Edition wird unter dem Vorbehalt von „bisher nicht dementierten Angaben (Peter-Ferdinand Koch 1994)" Gerhard Scheumann der Zusammenarbeit mit dem MfS als „IM der HV A" verdächtigt. 1996, in Joachim Walthers Standardwerk *Sicherungsbereich Literatur. Schriftsteller und Staatssicherheit in der Deutschen Demokratischen Republik*, ebenfalls im Ch. Links Verlag erschienen, wird dagegen – unter präziser Quellenangabe der beim „Bundesbeauftragten für die Unterlagen des Staatssicherheitsdienstes der ehemaligen DDR" lagernden Aktenbestände sowohl Gerhard Scheumanns Anwerbung 1975 als IM „Gerhard" bei der HA II des MfS als auch die 1984 erfolgte Archivierung seiner Akte dokumentiert. Am 24. April 1986 wurde nach Quellenvermerk diese archivierte Akte gelöscht und am gleichen Tag als IMS-Neuregistrierung wiedereröffnet. Seitdem werden in allen einschlägigen

Publikationen diese Angaben grundsätzlich bestätigt. Davon abweichend allerdings behauptet eine Quelle innerhalb des MfS, dass es schon seit 1957 Kontakte zu Gerhard Scheumann durch das MfS gegeben habe, obwohl dafür in den Unterlagen keinerlei Belege nachweisbar sind. Nicht nachgegangen wird in diesem Zusammenhang der Frage nach den möglichen Gründen, Gerhard Scheumann mit dieser Behauptung gegen die von der SED-Führung mit aller Macht verfolgte Anklage der ideologischen Abweichung schützen zu wollen. Bezugnehmend auf das gegen 1982 eingeleitete Parteiverfahren heißt es abschließend vielmehr: „Die mit Gen[ossen] [offen gelassen] geführte Aussprache hat gezeigt, daß er keine negativ verfestigte Position vertritt, seinen Fehler eingesehen hat und bereit ist, ihn zu korrigieren."[164]

Aus historisch anderer Perspektive argumentieren zwanzig Jahre danach Rüdiger Steinmetz und Tilo Prase in ihrem im Jahre 2002 vorgelegten und äußerst qualifizierten Forschungsbericht unter dem Titel *Dokumentarfilm zwischen Beweis und Pamphlet. Heynowski & Scheumann und Gruppe Katins*, wenn sie ganz offensichtlich in dem Bemühen, die herausragende Rolle Gerhard Scheumanns als eines Dokumentarfilmregisseurs von internationalem Format weiterhin bestätigen zu können, geradezu idyllisierend, wenn auch unter anderer Jahresangabe, auf den Ausgangspunkt seiner vermeintlichen Jugendsünde verweisen: „Die Glut seiner frischen sozialistischen Überzeugungen brachte ihn wohl auch dazu, ab 1957 für lange Zeit als IM beim MfS mitzuarbeiten."[165]

Die Tatsachen stellen sich anders dar. Zwar weisen die Aktenbestände und die durch die Stasi-Unterlagenbehörde bis heute so definierten Kriterien über die Tätigkeitsmerkmale eines Inoffiziellen Mitarbeiters des MfS der DDR durchaus auf längere geheimdienstliche Verbindungen zwischen Gerhard Scheumann und dem Ministerium für Staatssicherheit hin, die jedoch unter dem Pauschalbegriff „IM" nur unzureichend beschrieben sind.

[164] Einschätzung IM „Gerhard", MfS AIM 10844/84, Bl. 223.
[165] Rüdiger Steinmetz, Tilo Prase: Dokumentarfilm, S. 45 f.

Gerhard Scheumann hatte sowohl in seiner Position als langjähriger stellvertretender Leiter des Studios H&S als auch schon während seiner Jahre beim Rundfunk der DDR als Redaktionsleiter und politischer Kommentator sowie später ebenso in seiner Position als Leiter der PRISMA-Redaktion des DDR-Fernsehens selbstverständlich von Amts wegen Kontakte zum MfS. Solcher Art Kontakte hatten alle leitenden Mitarbeiter staatlicher Einrichtungen in der DDR. Spätestens nach Intervention durch Gerhard Scheumann selbst, aber auch durch ranghohe Offiziere aus der Führungsebene des MfS, wurden die bis Ende der Sechzigerjahre verfolgten Versuche der Anwerbung nach seinem Ausscheiden aus dem Rundfunk und Fernsehen der DDR schließlich eingestellt. Gerhard Scheumanns Position als mittlerweile weltweit agierender, nicht selten nur unter sorgfältig aufgebauten Legenden journalistisch seine Projekte erfolgreich, das heißt professionell verfolgender Filmdokumentarist (so u.a. in Vietnam, der Bundesrepublik Deutschland und Westberlin, dem gesamten westeuropäischen Ausland, in Afrika oder Lateinamerika), schloss jede Art von IM-Tätigkeit eines an konkrete Aufträge und der Verpflichtung zu regelmäßiger Berichterstattung über Personen und Sachstände an einen Führungsoffizier gebundenen Informanten als geradezu absurde Vorstellung aus.

Alle vorliegenden Aktenbestände belegen das. Sie verweisen ohne Ausnahme, wo sie sich eindeutig auf Gerhard Scheumann als Quelle beziehen lassen, auf das Berufsprofil eines Filmdokumentaristen, der als selbständig recherchierender Medienprofi und politischer Akteur immer im eigenen Auftrag arbeitete, das heißt ohne jede Verpflichtung gegenüber anderen nachrichtendienstlichen Verbindungen als jenen, die zur Vorbereitung und Sicherung, gegebenenfalls auch zur notwendigen Camouflage seiner filmischen Projekte als geeignet erschienen. Denn wer konnte je annehmen, dass H&S mit ihren Filmteams ohne geheimdienstliche Unterstützung etwa 1973/74 in die Konzentrationslager des Pinochet-Regimes in der chilenischen Atacama-Wüste hätten gelangen können, um dort Gefangene zu filmen und so ein zeithistorisches Dokument von globaler Bedeutung unter größter Gefahr auch für ihr eigenes Leben herzustellen. Ähnliches gilt für den Fall Steiner in Afrika, unter anderen Umständen durchaus auch für ihre Arbeiten am Projekt *Piloten im Pyjama* innerhalb eines Kriegsgefangenenlagers in Vietnams Kampfzone Hanoi 1967 etc.

Darüber hinaus sind in der sogenannten Täterakte des „IM Gerhard" in großer Anzahl als einschlägige Quellenvereise zusätzlich ausgewiesene Dokumente enthalten, die von einfachen Postsendungen zwischen staatlichen Institutionen (vielfach ohne jeden Vertraulichkeitsvermerk) bis hin zu parteiinternen Unterlagen verschiedener SED-Leitungsebenen reichen. So sind etwa alle Berichte, Stellungnahmen, Beschlussfassungen der Grundorganisation im Zusammenhang des gegen Gerhard Scheumann durchgeführten Parteiverfahrens 1982 ebenso in dieser Materialsammlung enthalten wie die Berichte der im Auftrag Werner Lamberz' 1976/77 von ihm geführten persönlichen Gespräche mit mehreren Unterzeichnern der Biermann-Petition. Dazu gehört auch das in diesem Zusammenhang ausdrücklich als vertraulich verabredete Gespräch zwischen Gerhard Scheumann und der zu dieser Zeit noch in der DDR auf ihre Ausreise wartenden Tine Biermann, der damaligen Ehefrau Wolf Biermanns. Gerade die mit diesem Beispiel verbundene fälschliche Annahme eines eklatanten Vertrauensbruches durch Gerhard Scheumann verweist sowohl auf die im besonderen Fall mangelnde journalistische Sorgfaltspflicht eines damals geradezu als Frontberichterstatter agierenden Tilman Jens[166] als auch auf den völlig unzureichenden Grad archivalischer Qualifizierung bei der Aufbereitung der Aktenbestände durch das Amt des Bundesbeauftragten für die Unterlagen des Staatssicherheitsdienstes der ehemaligen DDR (BStU) – die zu solcherart wiederholt erfolgtem denunziatorischen Umgang mit den Stasi-Akten führen musste.

Es bleibt festzustellen, dass in den Gerhard Scheumann zugeschriebenen Aktenbeständen nicht ein einziger Hinweis oder eine Notiz zu dem vom MfS etwa observierten Freundes- oder

166 Tilman Jens in der ARD-Sendung *Kulturweltspiegel*, 1997.

Bekanntenkreis vorkommt. Weder in dem OV-Vorgang seines damals engen Freundes Berndt Seite, des späteren Ministerpräsidenten Mecklenburg-Vorpommerns, noch zu irgendeinem anderen DDR-Bürger finden sich derartige Hinweise.

Dagegen sind die Kontakte zu einer Vielzahl von Diplomaten oder akkreditierten Korrespondenten westlicher Medien in der DDR auffällig. Es gibt über diese Begegnungen, die nicht selten bis zu freundschaftlichen Beziehungen reichten, wie zum Beispiel zu Günter Gaus auch während dessen Amtszeit als Ständiger Vertreter der Bundesrepublik Deutschland in der DDR, schriftlich festgehaltene Protokollnotizen. Sie bezeichnen, gerade auch in diesem besonderen Fall, eine von Gaus offenbar ebenso bewusst eingesetzte (und übrigens in den Akten ausdrücklich vermerkte) Form der diskreten Übermittlung nicht öffentlich verhandelbarer, dennoch im beiderseitigen Interesse liegender Informationen, deren Inhalte er Gerhard Scheumann anvertraute. Dieses Vertrauen zu besitzen bzw. auch in anderen Fällen erst zu erwerben, beförderte offensichtlich einen wohl ganz eigenen Reiz individuellen Machtbewusstseins, unter Umständen aber auch einen kompensatorischen Ausgleich im schwierigen Rollenverhältnis zu seinem Partner Walter Heynowski.

Rückwirkend betrachtet bleibt es natürlich jedem überlassen, solche verdeckten Formen politischer Meinungsbildung und Kommunikation, einerseits unter den äußeren Bedingungen des Kalten Krieges, andererseits aber auch unter dem Erfahrungsdruck einer geschlossenen Gesellschaft und deren innerer Widersprüche, bis heute anhaltend weiter moralisch zu verurteilen und die Subjekte solcher Politik nachträglich zu diskreditieren. Im Falle der Person Gerhard Scheumanns ist darüber die Geschichte hinweggegangen. Er hat sich mit der „Stasi“ eingelassen und wohl gemeint, wie übrigens Heiner Müller und andere auch, dort die klügeren Gesprächspartner für seine Anliegen zu finden als anderswo. Dafür hat er einen hohen Preis bezahlt und ist schließlich darüber gestorben. Seine endgültige „Enttarnung“ durch den Boulevard erst Mitte der Neunzigerjahre musste ihn menschlich tief verletzen und hat dazu beigetragen, ihn als öffentliche Person der Zeitgeschichte nachhaltig zu beschädigen – aber nicht diese Erfahrung macht die Erinnerung an jene trostlose Seite deutsch-deutscher Vereinigungsgeschichte politisch wichtig. Es ist vielmehr das biografische und künstlerische Erbe eines Mannes wie Gerhard Scheumann, das verletzt worden ist und noch immer verletzt wird und damit als wichtiges kulturelles Zeugnis gerade in seinen Widersprüchen, wenn nicht vergessen, so doch immer nur aufgerufen wird als Propagandazeugnis eines historisch gescheiterten Gesellschaftsmodells des Sozialismus in Deutschland.

Ost-West-Begegnungen und Dialoge

1993: Das Jahr hatte kaum begonnen, als die Nachricht vom Tod ihres gemeinsamen Freundes, des Soziologen Manfred Lötsch, am 7. Januar Heide und Gerhard Scheumann erreichte: „Heute die fürchterliche Nachricht in der Zeitung, daß Manfred L[ötsch] gestorben ist [...] Er war mein persönlicher Gast in der Sektion der AdK, vor der ‚Wende'. Sein Vortrag machte deutlich, daß es in der Partei sehr gute Kräfte gibt, die auf Veränderung drängen. Insofern war er ein Optimismus verbreitender Referent in den Zeiten des schon erkennbaren Niedergangs. Als wir dann persönlich zusammenfanden, hat sich der Optimismus gelegt – zu bedrückend waren seine Auskünfte, daß alles relevante Material auf dem Weg zur Spitze hängenblieb. Was uns weiter verband, war die Hoffnung, daß die Utopie einer gerechteren Gesellschaft nicht untergehen darf und wir mit den uns verbliebenen Kräften und Möglichkeiten daran arbeiten wollen. Und Sympathie u[nd] Freundschaft mit ihm und auch mit Ingrid – selbst schwer leidend. Ach, wie so oft schiebt man etwas vor sich her in der Annahme, daß unsere Zeit unbegrenzt wäre!" (TB 8.1.1993)

Die freundschaftliche Nähe zu Manfred Lötsch hatte sich erst spät in den Achtzigerjahren hergestellt in der gemeinsamen Überzeugung unbedingter politischer Offenheit als eines der letzten noch verbliebenen Mittel, sich gegen diesen Niedergang zu stellen und ihn aufzuhalten – vor der absehbaren Gefahr des endgültigen Absturzes.

Lötsch war einer der führenden Soziologen der DDR. Interessant ist sein wissenschaftlicher Werdegang, der über das Studium der Volkswirtschaftslehre an der Berliner Humboldt-Universität, einer darauffolgenden Zeit als wissenschaftlicher Assistent an der Bergakademie Freiberg mit anschließender „Delegierung" in die Praxis als „Bewährungsmaßnahme" führte, nachdem es zu Auseinandersetzungen um die „Parteimäßigkeit" der Ergebnisse seiner Forschungen gekommen war. An der Akademie der Wissenschaften in Ost-Berlin fand er später, (wie viele andere kritische Intellektuelle auch, darunter Wolfgang Thierse, Fritz Mierau, Manfred Bierwisch u. a.), unter dem Schutz dieser Institution für sich wissenschaftliche Freiräume wie nirgend woanders in der DDR. Er konnte sich habilitieren und war dennoch bereit, ab 1969 noch einmal einer Delegierung, diesmal an das Institut für Gesellschaftswissenschaften beim ZK der SED, der späteren Akademie für Gesellschaftswissenschaften beim ZK der SED, zuzustimmen. Dieses Gewi-Institut war seit seiner Gründung 1951 als zentrale Wissenschaftseinrichtung der SED unmittelbar dem Zentralkomitee der Partei unterstellt und lieferte seitdem, über alle ideologischen Wendungen hinweg, die theoretischen Begründungen ihrer jeweiligen Politik. Zugleich war das Institut, später die Akademie, verantwortlich für die Ausbildung von Nachwuchs-Kadern der Partei, die als spätere Nomenklatur-Kader von dort auf die Praxis vorbereitet wurden.

Es erscheint aufschlussreich, dass trotz dieser unmittelbaren Bindung an den Parteiapparat gleichwohl aus ihren Reihen immer wieder auch herausragende wissenschaftliche Kapazitäten hervortraten, wie Manfred Lötsch eine war. Aus anderen Fachgebieten seien nur die Namen von Werner Mittenzwei, Rolf Reißig oder Helmut Hanke erwähnt.

Lötsch jedenfalls wurde dort 1979 zum Professor berufen und war in der Folgezeit maßgeblich beteiligt an Untersuchungen zur Sozialstruktur der DDR. Diese enthielten solche Sprengsätze, dass sie zu keiner Zeit Eingang fanden in die Praxis der Politik der SED. Der anhaltende Konflikt, der hieraus innerhalb der Partei erwuchs, ist nach wie vor kaum beschrieben, im besonderen Fall Manfred Lötschs so wenig wie in anderen. Nach 1989 wurden mit der Abwicklung der Akademie selbstverständlich auch alle Mitarbeiterstellen abgewickelt. Manfred Lötsch erlebte diese Phase nach einem schweren Herzinfarkt im März 1989 schon als invalidisierter Früh-Rentner.

Sein Freund Gerhard Scheumann hatte im Wissen darum und mit seiner Entscheidung, die an seinen jüngsten Nationalpreis vom Oktober 89 gebundene Geldsumme weiterzugeben, zunächst auch darüber nachgedacht, wem diese Geste persönlicher Solidarität, möglicherweise aber auch allgemein empfundener politischer Scham, neben dem Centrum Judaicum am ehesten gerecht würde: „Jetzt bleiben mir nur noch die ‚Opfer des Stalinismus'. Wen kann man so definieren? Vielleicht auch Manfred Lötsch, wenn er kein Gehalt mehr bekommt?" (TB 14.12.1989)

Der weitere Verlauf der Geschichte ist knapp zusammengefasst. Manfred Lötsch blieben noch vier Jahre bis zum Ende seines Lebens. Seit 1990 war er Mitherausgeber des *Berliner Journals für Soziologie*, 1991 Gastprofessor am Wissenschaftszentrum Berlin für Sozialforschung und Mitarbeiter des Instituts für Sozialdatenanalyse e.V. Berlin. Dann starb er – auch eine Biografie, durch die der Riss der Zeit geht.

Von ihrer gemeinsamen Hoffnung auf eine gerechtere Gesellschaft, die als utopischer Entwurf nicht aufgegeben werden dürfe und mit allen verbliebenen Kräften und den wenigen Möglichkeiten, die sie noch hätten, verteidigt werden müsse, war schon die Rede in dem zitierten Notat Gerhard Scheumanns nach dem Tod von Manfred Lötsch. Und es war keineswegs lediglich der rückwärts gerichtete Blick in eine verlorene Zeit, der dabei vor allem gemeint war. Beide hatten sich nach 1990 trotz der Erfahrungen ihrer persönlichen Niederlagen, die sie mit dem Zusammenbruch der DDR erlitten hatten, zu einem offenen und kritischen Engagement entschieden – auch befreit von den bisherigen Zwängen herrschender Selbstzensur unter den alten Machtverhältnissen: Gerhard Scheumann mit seinem auffälligen Interesse an den Möglichkeiten eines Dialogs, nunmehr in eigener Person als Zeuge der Mediengeschichte sowohl des Rundfunks als auch des Fernsehens der DDR gehört zu werden bzw. öffentlich Rede und Antwort stehen zu können. Diese Rolle zu übernehmen, schien ihm angesichts der offensichtlich gewordenen Lage, keine wirkliche Chance mehr zu weiterer aktiver Filmarbeit zu bekommen, als durchaus angemessen und eine befriedigende Aufgabe.

Das Rundfunk-Museum wurde dabei über längere Zeit zu einem wichtigen Begegnungsort solchen Austausches zwischen Ost und West. Über eine der letzten Veranstaltungen einer Diskussionsreihe zum Thema „Abwicklung", unter anderen mit Hans Bentzien, Klaus Staeck und Günter Gaus auf dem Podium, notierte er, dort auch selbst aktiv und kritisch an der Diskussion beteiligt gewesen zu sein und sich dabei durchaus angekommen und verstanden gefühlt zu haben mit seinen Auffassungen innerhalb der neuen Verhältnisse.

Im Januar 1993 reisten er und Walter Heynowski auf Einladung der Katholischen Akademie gemeinsam nach Stuttgart, um dort an einem Colloquium zum Thema *Dokumentarfilm und Dritte Welt* teilzunehmen. Ausgewählt worden war durch die Veranstalter *Der lachende Mann*, ihre erste gemeinsame große Produktion. Über die zwiespältige Wirkung des Films würde er später notieren: „Von uns wird der ‚Kongo-Müller' gezeigt, der z. T. berechtigte Kritik erfährt wegen aufgesetzter, bemühter Passagen [...] Großen Eindruck hinterläßt unser persönliches Auftreten. Honoriert wird vor allem die Tatsache, daß wir uns nicht nachträglich in den ‚Widerstand' zu stellen versuchen (was offenbar in der letzten Veranstaltung mit DEFA-Leuten geschah), sondern uns zu unserer in Filmen manifesten Haltung ausdrücklich bekennen.

Nach einem Besuch der Villa Berg scheiden wir nicht höflich, sondern freundschaftlich." (TB 26./28.1.1993)

Zu ähnlichen Erfahrungen kommt es auch während einer von Wolfgang Thierse und Peter von Oertzen angeregten und durch die Friedrich-Ebert-Stiftung, namentlich durch Axel Schmidt-Gödelitz, äußerst sensibel veranstalteten Ost-West-Diskussionsrunde am Berliner Müggelsee. Im deutsch-deutschen Dialog zwischen verschiedenen Generationen bestand das Anliegen dieser später zu einer ganzen Veranstaltungsreihe sich entwickelnden Idee darin, biografische Erinnerungen und Prägungen miteinander auszutauschen und einander zuhören zu lernen. Die während dieser Gespräche entdeckten Differenzen nicht nur zwischen Ost und West, sondern auch untereinander – West zu West und Ost zu Ost – gehörten zu den interessantesten und „vertrauensbildenden" Momenten (und Hoffnungen) einer neuen Gesprächskultur – beispielhaft erfahren im konkreten Fall auch am Dialog zwischen Gerhard Scheumann und der Schriftstellerin Rosemarie Zeplin:

„Ich mußte für den ausgefallenen W[olfgang] Thierse den Part ‚Sechziger' übernehmen u[nd] mache an drei Jahreszahlen fest: 1961 Mauerbau, 1965 11. Plenum, 1968 Prag. Im Gegensatz zu Rosemarie Zeplin, die die Mauer in die Depression stürzte, bekenne ich mich zu dem Teil der Intelligenz, der den 13. August [19]61 als Befreiungsschlag und Erleichterung erlebte. Auslösung innovativer Schübe in Wirtschaft und Kunst, auch Jugendpolitik. Rücknahme der Hoffnungen durch das 11. Plenum 1965. Die Niederschlagung vom Prager Frühling 1968 als Beginn der allgemeinen Krise der soz[ialistischen] Weltbewegung – der Versuch, den Realsozialismus mit Demokratie zu verbinden, endgültig gescheitert. Schuldbekenntnis, daß der Film ‚Der Präsident i[m] Exil' politisch fragwürdig war: er spielte über die Bande die sudetendeutsche Kugel, um die Prager Reformer noch nachträglich zu treffen. Interessante Diskussion danach.

Leider verschlimmert sich mein Zustand, so daß mich Axel am Nachmittag nach Hause fährt, wo ich mich mit den bekannten Sympt[omen] ins Bett lege." (TB 13.3.1993)

Krankheit. Umzug nach Senzig. Letzte Einträge

Diese „bekannten Symptome" bestimmen in der Folge immer öfter die alltäglichen Befindlichkeiten und werden sich schließlich zu einem ständigen körperlichen Schmerz und einem Schmerz der Seele in einem erweitern. Alle Arbeiten der nächsten Jahre werden davon geprägt sein. Über das Ausmaß dieser Qual wird er jedoch selbst seinen Nächsten gegenüber Stillschweigen bewahren. Aber sie werden es bemerken und ihm das Gefühl der Angst mildern helfen. Ein Gedicht des Barockdichters Friedrich von Logau ist ihm nahe in solchen Momenten und weist zugleich in die Richtung seiner Sorge vor der Zukunft:

„Ich fürchte nicht den Tod, der mich
zu nehmen kümmt,
Ich fürchte nur den Tod, der mir
die Meinen nimmt." (TB 10.6.1993)

Vieles von dem, was in der noch verbleibenden Zeit von Gerhard Scheumann später in Angriff genommen werden wird, erwächst aus dem einzigen Bemühen, alles für das Wohl der Familie einsetzen zu müssen und dabei den von ihm immer zugleich befürchteten Unwägbarkeiten vorzubeugen, auch wenn er einmal nicht mehr da wäre und nicht mehr helfen könnte.

Dazu gehört in ganz entscheidendem Maße der geplante Umzug nach Senzig, der – verbunden mit umfangreichen und kostenintensiven Ausbaumaßnahmen des bis dahin nur als Wochenendhaus ausgelegten und genutzten Wohnraums – einen großen Teil seiner noch vorhandenen Energie aufbraucht, andererseits aber auch die späte Glückserfahrung einschließt, mit Heide damit den endgültigen Bestimmungsort ihres gemeinsamen Lebens gefunden zu haben.

Selbst wenn das Ganze von unendlichen bürokratischen Hindernissen zusätzlich belastet wird und auch immer wieder von Zweifeln begleitet erscheint, die von der Familie und den Freunden nur mit Mühe zerstreut werden können, ist eine sarkastische Einsicht wie die folgende nichts weiter als ein letztliches Einverständnis mit dem zugleich Bestmöglichen wie Notwendigen: „Mir ist inzwischen klar, warum ich an den Umbau nicht wie an einen Aufbruch denken kann: Es geht um einen Abbruch der bisherigen Lebensverhältnisse. Den Arsch dort hinsetzen können, wo wir ihn auch zukneifen werden. Aber kein Aufbruch!" (TB 12.4.1993)

Es ist die Einsicht in den Gang der Dinge und Verhältnisse als Anerkennung einer Realität. Ganz am Ende seines Lebens wird

Gerhard Scheumann gerade diesen Schritt aber letztlich als das durch nichts ersetzbare Glück einer gemeinsamen Ankunft und der Entscheidung darüber bestätigen können, da er nun endgültig weiß, dass Heide diesen Ort auch nach ihm als den Ort ihrer Gemeinsamkeit weiterleben wird.

Bis auf weiteres sind es vorläufig aber erst noch die ganz praktischen Dinge des Sich-Einrichtens in die neue alte Umgebung: „nach Waltersdorf zu Möbel-Höffner: Lampen, Tische, Stühle, Bettdecken u.a. begutachtet [...] Planung im Hinblick auf Senzig." (TB 22.9.1993) Es folgen die Monate der unmittelbaren Vorbereitung auf den konkreten Umzug. Alles andere bleibt zweitrangig: z.B. „Abends Friedrich-Ebert-Stiftung; Theaterprobleme, kaum Konzeptionen. Veranstaltungen dieser Art behagen mir immer weniger." (TB 28.9.1993)

Gleiches gilt für die „Staufahrten innerhalb der Stadt. Alles spricht dafür, diese zu verlassen. [...] Jetzt beginnt die Geschichte zu rollen – geb's Gott, bis zum Ziel." (TB 18./19.10.1993)

Im Sommer hatte er zwischenzeitlich versucht, sich endlich wieder auf den Schreibtisch zu konzentrieren – ohne befriedigendes Ergebnis: „ein erster Versuch, für Marc [Grimme-Institut] einen Text zu schreiben (den Eklat von 1982 betreffend), scheitert schnell an der Frage: Wieso hast Du nicht aufgehört bzw. in den Sack gehauen? Retrospektive Sicht von heute fördert nicht unbedingt neue Erkenntnisse zutage; alles wurde schon damals so empfunden und gedacht – wieso dann diese Nibelungentreue? Es reduziert sich alles auf die Feststellung, daß die BRD für mich keine Alternative zur DDR darstellte, eine Erklärung, die in textlicher Verkürzung und mit größer werdendem zeitlichen Abstand immer unbefriedigender wird." (TB 2.7.1993)

Es wird erkennbar: Die alten Antworten können nicht mehr die neuen sein; aber die neuen gibt es noch nicht. Dennoch wird er immer wieder von einzelnen Freunden, darunter besonders von Günter Gaus, Elmar Faber, auch von Frank Hörnigk, gedrängt weiterzuschreiben; Heide versucht ihn ebenso mit großer Energie zur Fortsetzung seiner Autobiografie zu bewegen. Dennoch: „Eine merkwürdige Müdigkeit und Lustlosigkeit hat mich befallen –, mache ich mich aus dem Bett auf, so freue ich mich schon auf den Abend, mich wieder hineinlegen zu können [...] Mit Heide durch die Gartenkolonie und über die Berge. Ihr Vertrauen in ‚mein Buch' ist grenzenlos." (TB 15.4.1993)

Diese Müdigkeit wird anhalten und damit auch die Angst, endgültig zu scheitern an diesem Projekt und damit vor allem Heide zu beunruhigen. Sie weiß mehr als jeder andere Mensch einzuschätzen, wie gefährlich und alles beherrschend seine Lethargie anzuwachsen droht in diesen nicht enden wollenden Momenten der Leere, in denen von dem Image des ehemals aktiven und souveränen Reporters, des engagierten Journalisten und Filmemachers allein noch das Trauer ausströmende Bild eines allenfalls die Dinge beobachtenden, aber nur noch selten zu interessierenden Zuschauers zurückbleibt. Eine der wenigen Ausnahmen geschieht am 10. Oktober 1993. An diesem Tag „erhält Schorlemmer in der Frankfurter Paulskirche den Friedenspreis des Deutschen Buchhandels, höchste Auszeichnung einmal jährlich zur Buchmesse. Richard v. Weizsäcker hält die Laudatio, Schorlemmer erwidert: „eine Stunde hoher Geistigkeit u[nd] Moral [...] In schnellem Entschluß Leserbrief an das ND verfaßt und zur Post gebracht." (TB 10./11.10.1993)

Der wenige Tage später, am 13. Oktober veröffentlichte Text hat folgenden Wortlaut: „Große Stunde in der Paulskirche. Wenn Friedrich Schorlemmer dem Vernehmen nach keine höheren Ämter anstreben *will*, so sollte nach der großen Stunde in der Frankfurter Paulskirche zumindest feststehen, daß dieser Herr Heitmann auf keinen Fall Bundespräsident werden *darf*. Gerhard Scheumann, 10369 Berlin." [Hervorhebung von G.S.][167]

War das doch noch die alte Lust zum polemischen Ein- und Widerspruch, die hier noch einmal aufscheint? „Dieser Herr Heitmann" war vorübergehend von der CDU Helmut Kohls als potenzieller ostdeutscher Kandidat für das Amt des künftigen Bundespräsidenten ins Spiel gebracht worden und hatte in

[167] Gerhard Scheumann: Große Stunde in der Paulskirche, *Neues Deutschland* am 13.10.1993, aus dem Nachlass.

dieser Rolle den ebenfalls aus dem Osten stammenden Berndt Seite, früher einer der engsten Freunde Gerhard Scheumanns und ebenfalls ein Protegé Kohls, abgelöst. Durch eine Reihe öffentlich gewordener politischer Äußerungen hatte sich Steffen Heitmann allerdings zuvor selbst schon aus dem Rennen um seine mögliche Kandidatur genommen, ohne dass eine Entscheidung gegen ihn definitiv zu diesem Zeitpunkt schon gefallen war. Gerhard Scheumann hatte also durchaus aktiv in ein schwebendes Verfahren eingegriffen, wenn auch lediglich mit einem kleinen Leserbrief, so wie er auch einige Monate später, im Dezember 1993, während einer Veranstaltung der Friedrich-Ebert-Stiftung zum Thema *Heimat, Nation, Vaterland*, noch einmal zu alter Form aufzulaufen schien. Als die Professoren Arnulf Baring und Christoph Stölzl gegenüber den aus dem Osten stammenden Dichtern Rainer Kirsch und Klaus Schlesinger die „‚Nation' als Schmiermittel für eine neue ‚Schicksalsgemeinschaft' der Deutschen nach der Vereinigung" beschworen, reagierte Scheumann mit dem Einspruch, dass statt eines Zugewinns an Heimat- und Nationenbewusstsein vielmehr „der sogen[annte] Vereinigungsprozeß mit der massenhaften Zerstörung von Heimat verbunden ist (‚Rückgabe vor Entschädigung'). ‚Heimatvertriebene' als Folge der Vereinigung", das seien also vor allem die der Nation wie geschmiert beigetretenen Bürger der DDR als Bürger zweiter Klasse, nicht aber als tatsächlich vereinte, weil gleichberechtig anerkannte Bürger des einen Landes. (TB 14.12.1993)

Es blieb gleichwohl ein ohnmächtiges Ansprechen gegen die Wirklichkeit des Faktischen, überlagert bei Gerhard Scheumann immer öfter von dem sich aufstauenden „Nachdenken über Organisation des Lebens. Begriff der Selbstbestimmung des ‚neuen Lebens'." (TB 15.11.1993) Ein Endzeitbewusstsein angesichts des erfahrenen Stillstandes seiner eigenen Geschichte, gemildert allein im Gefühl fester familiärer und daneben in wenigen Fällen auch auf Freundschaft sich gründender Geborgenheit.

„‚Heiligabend' [...] Esther kommt. Essen, Trinken, die sog[enannte] Bescherung" (TB 24.12.1993), darauf der erste

Weihnachtsfeiertag: „63ster Geburtstag. Auch an diesem Tag zu keiner besonderen Denkleistung fähig, da Absender und Adressat einander nicht kennen. Viele Telefonate, Glückwünsche." (TB 25.12.1993) Schließlich der erste Tag des neuen Jahres: „Neujahr beginnt mit gelinderten Schmerzen, wir gammeln vergnügt durch den Tag." (TB 1.1.1994)

Und damit beginnt der noch fast über ein ganzes Jahr andauernde finale Stress um den Wohnortwechsel Berlin-Senzig – wenigstens zunächst noch heiter.

Dennoch wird für alle Beteiligten daraus bald schon eine nervende Aktion von Bautätigkeiten – scheinbar ohne Ende: „Bauarbeiten, Bauarbeiten. Der Garten gleicht einer Infanteriestellung im I. Weltkrieg – viele Gräben, die alle zu Heides Lampen führen", heißt es in einem Zwischenbericht vom 14. April des Jahres. Einen Monat später scheint dann endlich zum ersten Mal ein Licht am Ende des Tunnels aufzuleuchten: „Die ganze Woche ‚auf dem Bau', bei dem sich jetzt doch ein Ende ohne Schrecken abzeichnet. Die Kosten werden enorm steigen – Dach z.B. viel aufwendiger als erwartet, Dachrinnen enorm teuer." (TB 23./27.5.1994)

Dann werden die Zeitabstände zwischen den Eintragungen seines Tagebuches zunehmend größer, umgekehrt zu den in ihnen enthaltenen immer kürzeren Nachrichten. Ende September heißt es, schon fast entschuldigend: „Lose Notizen, da sich alles nur noch um Senzig dreht; nicht lohnend in Einzelheiten, die Erfolge und Enttäuschungen." (TB im Anschluss an den 29.9.1994)

Pünktlich zum Beginn der Faschingszeit, am 11. November 1994, steht der Umzug dann endlich unmittelbar vor der Tür. Er bedeutet das Ende einer Lebensspanne in Berlin seit dem Jahr 1949. Sie dauerte so lange an, wie die DDR existierte und danach noch einmal fünf Jahre. Dann war auch diese Zeit zu Ende. An einen Endpunkt war in diesem Augenblick auch das Tagebuch von Gerhard Scheumann gekommen: Alles schien gesagt zu sein. Und so soll als Erinnerung an seine letzte Eintragung deshalb am Ende dieses letzten Kapitels dieser Biografie gerade dieser Eintrag noch einmal zitiert werden:

„Schon im Jahr 1995: Mit einiger Trauer ist zu vermerken, daß die Kraft zur Weiterführung dieses Buches in den letzten Monaten fehlte, weil Physis und Psyche von dem Umzug nach Senzig voll in Anspruch genommen wurden.
Es gab ansonsten wenig herausragende Daten: Vielleicht
- das Housewarming bei Elke und Hellmut Franz und
- den 65sten von Günter Gaus, dessen Teilnehmer und Verlauf ich als ‚Gegenentwurf' zur offiziellen BRD-Gesellschaft des Kalten Krieges definierte.
- Dazwischen 2 Tage in Leipzig zu einer Veranstaltung über Auschwitz im Film.
Wohnungswechsel in Berlin hat durch die Intervention von Thomas Krüger zur Zufriedenheit aller Beteiligten zum Jahreswechsel stattgefunden.
Schöner Weihnachtsabend mit Esther und Matti, auch Heide sehr glücklich." (TB ohne Datum, Anfang 1995)

Heide Scheumann, Senzig 1996

Epilog. Stimmen der Kinder

„Die Kamera wartet auf den Besucher vor dem Berliner ‚Haus des Rundfunks' in der Masurenallee"[168]: Anfang und Ende. Was danach noch bleibt, ist die nur noch kurze Lebensspanne von nicht einmal mehr zwei Jahren bis zum endgültigen Abschied. Geprägt ist sie vor allem durch ein Krebsleiden mit der endgültigen Diagnose eines unheilbaren Verlaufes. Gerhard Scheumann hat sich auf dieses Ende bewusst eingestellt und die Tatsache seines baldigen Todes mit innerer Ruhe angenommen, nachdem alles andere gesagt und getan war. Und doch gab es bemerkbare Veränderungen, die nicht allein als eine Folge seiner schweren Erkrankung auszumachen waren.

Als er zum Wintersemester 1995/96 eingeladen worden war, im Rahmen eines geplanten Seminars im Fachbereich Germanistik zu den Filmen von H&S an der Humboldt-Universität als Co-Dozent teilzunehmen, wehrte er zunächst vehement ab. Danach zögerte er lange mit seiner Zusage, scheinbar hatte er kein größeres Interesse mehr daran, seine Filme überhaupt noch einmal anzusehen – geschweige denn zu diskutieren – er hatte sie als Kopien übrigens selbst gar nicht mehr in seinem Besitz. Mehr noch aber als das nachvollziehbare Desinteresse an einer für ihn öffentlich nicht so genau zu überschauenden Rolle, zumal an einem Ort, der ihm nicht vertraut war, schien der weitaus stärker ins Gewicht fallende Grund für sein Zögern ein anderer zu sein. Gerhard Scheumann, früher ein ebenso eloquenter Sprecher wie kluger Interpret seines Werkes, hatte plötzlich eine Scheu, wenn nicht sogar einen Horror davor, öffentlich überhaupt noch einmal auftreten zu sollen. Alles schien ihm fremd und möglicherweise sogar feindlich entgegenzustehen. Die Studenten ebenso wie die Ämter, an die er sich wenden musste, eine Medienkultur der Ausgrenzung alles Nicht-Eigenen sowie schließlich auch die ihn betroffen zurücklassende Erfahrung des Verlustes vermeint-

[168] Vgl. Hasso Bräuer: Abgeschossen.

lich bisher fest geglaubter Freundschaften. Gegen dieses Lebensgefühl kam nichts an, auch nicht die Entdeckung, dass jenes ihm eher aufgedrängte Seminar – sehr zu seiner Überraschung – ein so großer persönlicher Erfolg für ihn wurde und die ästhetische Fremdheit seiner Filme für eine nachfolgende Generation von Teilnehmern aus Ost und West gerade deshalb als besondere Qualität wahrgenommen wurde.

Es blieb eine einzelne Erfahrung, anderes wog schwerer. Neben kleineren Artikeln zu tagespolitischen Ereignissen, öfter auch in der Form lediglich von Leserzuschriften für lokale Zeitungen, einem noch einmal gemeinsam mit Walter Heynowski veröffentlichten Interview zur Geschichte ihrer gemeinsamen Arbeit und letztlich seinem endgültigen Abschied aus der Öffentlichkeit in jenem Film, der am Anfang dieses Buches aufgerufen worden war: *Abgeschossen – Die Geschichte von den Piloten im Pyjama* von Hasso Bräuer, ermöglichte die darauffolgende, selbst

Gerhard Scheumann mit seinen Kindern Alexander und Katharina auf dem Berliner Alexanderplatz, Mitte der 1970er-Jahre

gewählte Isolation der letzten Jahre noch einmal eine umso größere Nähe zu seinen Kindern. Die Kontakte zu Alexander und Katharina, dem 1958 geborenen Sohn und der zwei Jahre jüngeren Tochter aus seiner ersten Ehe mit der Schauspielerin Hannelore Wüst, ließen sich endlich wieder intensivieren. Späte Besuche, auch in Hamburg, wo Katharina mittlerweile lebte, und die Herzlichkeit ihrer Begegnungen (TB 4./6.8.1989), aber auch die Gefühle, die er zu Alexander wiederfand, konnten die über eine lange Zeit angewachsenen Entfremdungen nach der Trennung von seiner ersten Frau und damit diesem Teil der Familie endlich entscheidend mindern. Beide, Katharina ebenso wie Alexander, haben das in einem späten Gespräch mit dem Autor ausdrücklich bestätigt.[169] Katharina hatte nach ihrem Ortswechsel Anfang der Neunzigerjahre, diesmal in umgekehrter Richtung von Hamburg nach Berlin, sogar mehrere Wochen in der Wohnung von Heide und Gerhard Scheumann gelebt und erinnerte sich an die während dieser Zeit erfahrene besondere Nähe und Vertrautheit zu ihrem Vater mit großer Empathie. Vieles zuvor nicht Ausgesprochene aus den Jahren ihrer Kindheit, so die besonders engen und weiter erhalten gebliebenen Beziehungen zu den Großeltern Scheumann in Nordhausen, die Katharina als sich in ihren schönsten Momenten erfüllende Sehnsucht nach Elternersatz erlebte, verdeutlichten zugleich die Größe der Verlusterfahrung, unter der sie litt. Mit dem geliebten Großvater vor dem Fernsehapparat im Wohnzimmer den eigenen Vater auf dem Bildschirm zu erleben, war und blieb für sie bis heute eines der unvergesslichen Bilder ihrer Jugend. 1984 war sie aus der DDR ausgereist. Es hielt sie nichts mehr und sie konnte auch keine Perspektive für sich erkennen in diesem Land. Der Kontakt zu ihrem Vater war mit den Jahren zudem bis auf die wenigen Begegnungen anlässlich von Geburtstagsfeiern oder zu Weihnachten verlorengegangen, sodass sie ihn deshalb auch nicht in ihre Entscheidung wegzugehen miteinbezogen hatte. Seine Überzeugungen von

[169] Katharina Schütt und Alexander Scheumann am 7.2.2015 im Gespräch mit dem Autor.

einer sozialistischen Welt, die er in seinen Filmen suchte, habe sie immer akzeptiert und in den von ihm vorgeschlagenen künstlerischen Ausdrucksformen sogar bewundert, dennoch aber zugleich strikt abgetrennt von ihrer eigenen Haltung gegenüber der Wirklichkeit dieses Sozialismus in der DDR, den ständig erfahrenen Reglementierungen und willkürlichen Beschränkungen ihres Lebens. Als sie von dem Parteiverfahren hörte, das gegen ihn allein wegen eines Diskussionsbeitrags eingeleitet worden war, und auch von den Folgen erfuhr, sah sie sich selbst in ihrem eigenen Entschluss, der DDR den Rücken zu kehren, nochmals bestärkt und hoffte sogar für sich, dass auch ihr Vater danach einen ähnlichen Weg wie sie beschreiten würde.

Alexander betonte entgegen der Erinnerungen seiner jüngeren Schwester, dass er nach der Trennung der Eltern lange Zeit nicht nur keinen Kontakt mehr zu seinem Vater gehabt habe, sondern diesen noch nicht einmal ausdrücklich suchte. Seine eigenen Erinnerungen an eine äußerst strenge Erziehung und die Tatsache, dass die ständig hohe Arbeitsbelastung des Vaters nur wenig gemeinsame Zeit übrigließ, führte zu Spannungen und Ungeduld auf beiden Seiten. Heute sieht Alexander mit Bedauern zurück auf diese Erfahrungen nicht genutzter Gelegenheiten, auch bei sich selbst. Andererseits hat er aber später fast alle Arbeiten seines Vaters aufmerksam verfolgt und denkt längst voller Trauer und zugleich in großer Liebe an ihn zurück. Ende der Achtzigerjahre intensivierten sich ihre Beziehungen noch einmal. Es kam zu Begegnungen und auch zum regelmäßigen Besuch der Filmpremieren des Studios H&S, zuletzt noch im Oktober 1989 während der Protokollfeier zum Film *Die dritte Haut* vor dem versammelten Politbüro der SED. Sein Vater sei ihm dabei äußerst resigniert vorgekommen und habe das nahe Ende der DDR dort schon klar vorhergesagt.

Während des Umzugs von Berlin nach Senzig 1993 war es wiederum Alexander, der mit Umsicht und großem Einsatz an der Seite seines Vaters stand; er war bis zum Schluss in seiner Nähe und ist – wie seine Schwester – ebenso davon überzeugt, dass Gerhard Scheumann maßgeblich wegen der psychischen

Verletzungen, die ihm nach 1990 zugefügt wurden, die Kraft zum Weiterkämpfen für seine Sache verloren hatte und damit den Verlauf seiner Krankheit beschleunigt habe.

Davon sprechen auch seine beiden anderen Kinder. Deren Erinnerungen an Gerhard Scheumann sind zudem (gegenüber Katharina und Alexander als den leiblichen Kindern) nicht nur von einer in beiden Fällen größeren Dauer ihres Zusammenlebens gekennzeichnet, sondern vor allem auch durch die daraus sich ergebende größere Nähe und Intensität ihrer Beziehungen. Mit Matti, dem ältesten Sohn von Hannelore Wüst aus ihrer Ehe mit dem Schauspieler Erwin Geschonneck, verband Gerhard Scheumann bis zu seinem Tod ein nie infrage zu stellendes Zusammengehörigkeitsgefühl, das trotz aller Konflikte in seiner Vertrauensgrundlage immer Bestand behalten hat. Es wurde später auch durch die Verwandtschaft ihrer künstlerischen Arbeit bedingt, vielleicht aber sogar mehr noch durch die schwierige politische Geschichte ihrer beider Lebenswege. Esther, die Tochter Heide Scheumanns aus ihrer ersten Ehe mit dem Schauspieler Eberhard Esche, war noch nicht drei Jahre alt, als Gerhard Scheumann neu in ihr Leben trat und die Rolle eines zweiten zärtlichen Vaters annahm, der er bis zum Schluss treu blieb, mehr als dreißig Jahre lang. Kein anderes seiner Kinder hatte eine solch intensive und dauerhafte Be-

Matti Geschonneck, Anfang der 1960er-Jahre und Esther Esche, 1971

ziehung mit ihm erleben können und keines wurde so von ihm aufgenommen als untrennbarer Teil seiner glücklichen Jahre mit Heide. Esther beschreibt diese Nähe sehr eindrücklich: „Die Erinnerungen an meinen Ziehvater Gerhard sind nach wie vor sehr intensiv. Wenn ich an ihn denke, spüre ich Wärme und Geborgenheit. Während meiner gesamten Kindheit habe ich mich bei ihm und meiner Mutter unendlich sicher gefühlt. Ich war zweieinhalb, als er zu uns kam. Er war von Anfang an wie ein richtiger Vater, auch wenn ich zu meinem leiblichen weiterhin ein gutes Verhältnis hatte. Gerhard war der großzügigste, warmherzigste, hilfsbereiteste und zugleich zerrissenste Mensch, dem ich je begegnet bin. Dass seine Nibelungentreue an seine Ideale, seine Prinzipien ihm derart zum Verhängnis wurden, hat mich zutiefst erschüttert. Während meine Mutter die DDR immer äußerst kritisch betrachtete, glaubte Gerhard bis zuletzt an die Werte des Kommunismus. Dass es jedoch nie eine Einlösung dieser Werte geben würde, war ihm spätestens klar, als er 1982 unendliche Repressalien während seines Parteiverfahrens erlitt.

1981 wurde ich Mitglied der Jungen Gemeinde und besuchte diese jahrelang mehrmals wöchentlich in Pankow. Unsere Zusammenkünfte unter dem Dach der Kirche, aber auch die Begegnungen während der Fahrten zu Friedens- und Protestaktionen standen immer im Fokus von Staatssicherheit und Polizei. Etliche Freunde wurden dabei wiederholt und ohne Grund verhaftet. In meinen Gesprächen, die ich mit Gerhard darüber führte, erschien er mir oft wie ein erstauntes Kind. Es war, als hätte er von all dem vorher noch nie etwas mitbekommen. Natürlich war dem nicht so, dennoch bewegte er sich nach meinem Eindruck gedanklich ganz bewusst immer auf einem anderen Terrain, auf dem er mir gerade nicht seine Überlegenheit, sondern vielmehr eine besondere Haltung eigener, nachfragender Anteilnahme signalisieren wollte. Die dahinterliegenden Gründe glaubte ich schon damals zu erkennen: Einerseits machte er sich Sorgen um mich, andererseits bewunderte er wohl aber auch meinen ‚Alleingang' in diese besondere, ihm durchaus fremde Öffentlichkeit der Jungen Gemeinde, denn weder er noch meine Mutter hatten irgendetwas mit der Kirche zu tun. Sicher stellte er darüber hinaus auch seinen politisch erzieherischen Einfluss als Vater infrage und auch, ob er das Recht habe, einen jungen nach Orientierung suchenden Menschen in dessen Überzeugungen aufzuhalten. Dass ich mich von der FDJ verabschiedete, von der er sich so viel erhofft hatte in seiner eigenen Jugend, schmerzte ihn sicher und vielleicht betrachtete er dies als eigenes Scheitern, aber ich denke, er hinterfragte dabei auch seine eigene Position, denn ich sah sein inneres Ringen und spürte seine Suche nach Antworten, selbst wo er sich mit ihnen viel Zeit ließ. In jedem Fall war er unendlich offen, lud immer wieder Freunde von mir ein, hatte großes Interesse an ihren Geschichten – eine neue Welt bot sich ihm dar. Er fand es gut, dass ich mich an einem Ort aufhielt, an dem man sich über Themen wie Frieden und Krieg, Nächstenliebe und Freundschaft austauschte. Das Wichtigste für ihn war immer, dass es mir gut gehen möge und ich ein glücklicher Mensch bleibe. Ich habe nie Vorwürfe von ihm gehört, er hat alles, was mich ausmachte in all den Jahren unserer gemeinsamen Zeit, ernstgenommen. Wir hatten eine sehr liebevolle, kameradschaftliche, fürsorgliche und tolerante Beziehung."[170]

Matti teilt in mindestens einer Hinsicht die Erinnerung seines sechs Jahre jüngeren Bruders Alexander: Auch er habe Gerhard von Anfang an als eine strenge Respektperson erlebt: „In meiner Kindheit war er eine absolute Autorität. Nachdem Erwin [der Schauspieler Erwin Geschonneck, F. H.] und meine Mutter sich getrennt hatten, war sie ein Jahr mit Hans Nocker von der Komischen Oper zusammen. Dann kam Gerhard. Wir wohnten in einer sehr kleinen Wohnung in der Oderstraße in Friedrichshain. Dort wurde ich dann 1958, als Alexander geboren wurde, eingeschult. Ich weiß noch, dass bei mir zuerst und vordringlich die Furcht vor dieser starken Persönlichkeit dominierte. Erst später begann ich auch etwas von seinem Humor zu begreifen, der ein sarkastischer, schwarzer Humor war. Ich behaupte, er war kein Vater für Kleinkinder. Er war ein Vater für erwachsene Kinder.

170 Esther Esche am 23.2.2015 im Gespräch mit dem Autor.

Dennoch hat er mich immer wahrgenommen und vielleicht schon früh etwas bei mir gesehen, von dem ich selber nichts wusste. Unsere Beziehung war bis zu seinem Tod eine sehr intime. Das erste, woran ich mich an ihn als öffentliche Person erinnere, war PRISMA. Das war, wie es mir von ihm und von meiner Mutter vermittelt wurde, etwas sehr Revolutionäres, die DDR mit kritischen Augen zu betrachten. Revolutionär war, dass man Missstände im Arbeitsleben und Alltag der DDR aufzeigte. Das war eine unerhört populäre Sendung und Gerhard war das Gesicht dieser Sendung. Er sah sehr gut aus, wie ich immer hörte. Und er war mein Vater! Zu meinem leiblichen Vater, Erwin Geschonneck, hatte ich in dieser Zeit so gut wie keinen Kontakt.

Die Scheidung meiner Eltern später hat mich erschreckt, bedeutete andererseits aber auch das Ende einer nicht intakten Familie, deren Teil ich war. Im Grunde spüre ich bis heute die Nachwehen beider gescheiterten Ehen. Die Väter gingen und die Mutter blieb mit den Kindern. Das war's dann. Nach dem Auszug meines Stiefvaters hab ich ihn regelmäßig besucht. Gerhard blieb der Einzige, den ich aus meiner zerrütteten, eigentlich nicht vorhandenen Familie wirklich geliebt habe und bis heute liebe. Ich hatte immer das Gefühl, dass er mich tatsächlich gesehen hat – auch in meinen Abgründen. Das meinte ich mit dem Begriff der Intimität. Auch in meiner Zerrissenheit. Ich wollte 1978 nicht in den Westen. Es ging nicht anders. Man kann immer sagen: Es ging nicht anders, für mich jedenfalls in meiner damalig wahrgenommenen Situation. Offensichtlich hat mir Gerhards kritische Nähe, der Streit mit ihm, auch eine große Kraft verliehen. Nach meinem SED-Ausschlussverfahren in Moskau und der Abberufung vom Studium herrschte um mich herum und in mir bis 1978, danach aber auch noch, totales Chaos. Ein Gefühlschaos sowieso. Gerhard war aber immer an meiner Seite. Egal, was passierte. Ein sehr treuer Mensch. Dazu gehören auch diese oft lautstarken Auseinandersetzungen, die sich später fortsetzten, als ich schon im Westen war. Die Besuche hörten ja nicht auf. Natürlich gab es auch schon vorher aufgrund verschiedener politischer Sichtweisen immer wieder solche Diskussionen. Ich habe ihm vorgeworfen, dass er nicht handelt. Denn nach meiner damaligen Logik konnte ja nur der handeln, der auch gehört wird. Diese „Unverschämtheit", es überhaupt zu wagen, dieses Thema anzusprechen, hatte ihn maßlos aufgeregt. Sein Vorwurf war, ich wüsste gar nicht, was hier tatsächlich los sei.

Unsere Geschichte begann sich bereits grundsätzlich zu verändern, als ich 1973 Eva-Maria Hagen kennenlernte und damit Wolf Biermann. Da fand für mich ein kompletter Sinneswandel statt, mein gewiss naives Denkgerüst brach zusammen, mein Leben geriet aus der Bahn. Ich fand das alles spannend, ganz und gar abenteuerlich. Gerhard, den ich ja weiterhin besuchte, machte sich natürlich Sorgen. Andererseits, behaupte ich, gefiel es ihm auch. Für mich war diese neu entdeckte Welt einfach faszinierend. Ich lernte etwas von der DDR kennen, von dem ich vorher nur vom Hörensagen wusste: eine Parallelwelt inmitten der DDR. Es öffnete sich mir ein aufregendes Leben, mit Menschen und Gedanken, die ich nie wahrgenommen hatte. Dennoch habe ich den Kontakt zu Gerhard nicht abgebrochen. 1970 war ich zur Armee gekommen, 1972 wurde ich entlassen. Danach begann die Zeit als Volontär beim Deutschen Fernsehfunk der DDR. 1973 hatte ich dann die Aufnahmeprüfung an der Filmhochschule Babelsberg, die ich bestanden habe. Da hat man mir vorgeschlagen, wenn ich ein Jahr warten würde, gäbe es eine Möglichkeit, sogar in Moskau zu studieren. Das habe ich gemacht. Aber 1973 hatte ich eben Eva-Maria, Wolf Biermann und Robert Havemann kennengelernt, sozusagen ein Leben im Leben. Es war das Jahr, in dem ich mich auf Moskau vorbereiten sollte, wohin ich aber dann nicht mehr wollte, weil für mich eine Trennung von Eva-Maria ausgeschlossen war. Zu ihrem 80. Geburtstag kürzlich war ich in Hamburg und habe daran erinnert, wie sie mich vor vierzig Jahren auf dem Ostbahnhof in den Zug nach Moskau geschoben hat. Für Gerhard war das damals wohl auch eine Erleichterung: Gott sei Dank, der Junge ist weg. Für mich aber begann damit eine fünfzehnjährige Zeit der Wirren. Beim Auftritt von Wolf Biermann in Köln war ich zufälligerweise in Berlin. Wir sahen uns das Kölner Konzert mit Eva-Maria und ein paar Freunden zusammen in Wolfs Wohnung vor seinem Farbfernseher an. Zwei Tage später musste ich nach Moskau zurück. Nach einer Woche wurde ich dann dort aus dem Unterricht geholt und es begannen die Gespräche, die ein paar Wochen später mit der Streichung als Mitglied der SED und meiner Abberufung vom Studium endeten. Ich sollte mich von Wolf Biermann distanzieren, schriftlich. Das war für mich ausgeschlossen. Die Nacht im Hotel Rossija, die ich noch kurz zuvor mit Gerhard erlebte, erscheint mir heute unwirklich, weil hart und gleichsam derart traurig – aber das will ich eigentlich nicht sagen, sondern da prallten zwei Haltungen in ihrer ganzen Zerrissenheit aufeinander. Es war ja nicht so, dass er mich nicht verstand. Er wusste nur zu genau, was mit ihm selbst los war, wenn er abends nach Hause kam, um seinen ‚Ekelschnaps', wie er sagte, zu trinken. Und er wusste auch, dass es eigentlich unmöglich war, jemandem Vorhaltungen zu machen, wenn man sich selbst in einer vergleichbaren Situation befindet, nur daraus keine anderen Konsequenzen zieht, als den Sozialismus im Allgemeinen zu beschwören. Genau das habe ich ihm vorgeworfen. Es ist ein Zufall, aber gerade jetzt, während der Recherchenarbeit für den Film *Das Zeugenhaus*, sind mir Dokumente über das Sterben einer Diktatur in die Hände gekommen. Ich bin dabei auf Leute gestoßen, die beide Systeme auf ihre ganz eigene Art mitgetragen haben, sowohl vor als auch nach 1945, auch in der späteren DDR. Am 8. Mai 1945 sind die nicht von einem Tag auf den anderen neue Menschen geworden. Aber sie waren, wie selbstverständlich, in der Lage, das neue Leben nahtlos zu beginnen. Günter Gaus, der in den Neunzigerjahren die Sende-Reihe *Zur Person* gemacht hat, überschrieb eine ihrer Folgen mit der Frage: ‚Ist Anpassung Menschenrecht?' Eine vielschichtige Frage. Man könnte auch ‚Opportunismus' sagen. Die DDR war mir bei der Arbeit an dem Film *Das Zeugenhaus* jedenfalls immer gegenwärtig.

Bei Gerhard gab es diese Mischung aus Klugheit, Aufrichtigkeit und Naivität in Kombination mit dem angesagten Feindblick. Eigentlich verständlich, sympathisch, beinahe rührend aus heutiger Sicht, aber auch gefährlich – und destruktiv zugleich. Wenn Menschen mit der Macht auf eine solche Weise wie er kooperieren, auch durch Privilegien verführt, kann man sie nicht von einer Mitverantwortung an den Folgen dieser Abhängigkeit freisprechen, so lauter ihre Motive im Einzelnen auch gewesen sein mögen. Gerhard litt unter dieser Schwäche und damit an sich selbst, scheiterte letztlich daran. Als ich vom IM ‚Gerhard' erfuhr, hat mich der gegen ihn damit ausgesprochene Verdacht nicht überrascht. Er war in das System völlig integriert, verfing sich darin, sodass sich die Frage für mich nach den daraus sich ergebenden Konsequenzen erübrigte. Ich bin mir ebenfalls sicher, dass er sich auch des Risikos bewusst war, das einen solchen Pakt einschließt. Andererseits aber auch ohne Gewissensbisse, so nehme ich an, weil selbstverständlich ‚unserer Sache' treu ergeben, war er nach dem eingängigen Täter-Opfer-Schema leicht überführbar. Wenn das dann noch durch den Boulevard nach '89 bekannt gemacht wird, ist die Stigmatisierung vollzogen und man hat keine Chance zu differenzieren, Werdegänge zu erklären. Das ist es aber, was mich als Regisseur interessieren würde: Wie kommt man da rein, wie und warum wird man das? Und weiter: Was macht das mit dir, wenn man da drin ist? *Der lachende Mann* wäre andererseits, glaube ich, ohne Zusammenarbeit mit der Staatssicherheit nicht denkbar gewesen. Vielleicht der Beginn einer für Gerhard verhängnisvollen Nähe. Am Ende steht da: IM ‚Gerhard'. Punkt. Aus. Amen. Wer will so etwas differenzierend analysieren? Das können Bücher vielleicht, das könnten Spielfilme leisten. Als ich diese Filmreportage von Heribert Schwan und Tilman Jens mit der Zaunszene sah, in der Gerhards Briefkasten mit Name und Adresse gefilmt wurde – und er selbst dahinter – wusste ich, wenn du derart in die Öffentlichkeit gebracht und von einem Mikrofon genötigt wirst, dich zu verteidigen, hast du keine Chance. Der Dokumentarist wird plötzlich mit Methoden vorgeführt, die ihm nicht fremd sind. Mir tat es dennoch weh. Man kann niemanden davon freisprechen: Wenn man diese Art Verbindung eingegangen ist, aus beruflichen oder welchen Gründen auch immer, ist man Verbündeter des Apparates. Und Gerhard wusste natürlich darum. Auch um die Folgen. Ich war am 9. November zufälligerweise abends bei ihm und wir sahen zusammen diese Schabowski-Pressekonferenz. Gerhard, ein Schachspieler, sagte versteinert: ‚Das war's.'

Später, Anfang der Neunzigerjahre, hatte ich ihm meinen Macintosh-Rechner geschenkt, um ihn anzuregen, etwas aufzuschreiben, wie er es ja immer wollte. Ich habe mich gefragt, warum er nicht in der Lage war, über seine Befindlichkeit Auskunft zu geben, sich vielleicht aus dieser Starre zu befreien, sich mitzuteilen. Herausfinden, was damals passiert ist, was ihm heute passiert. Da Gerhard ein Meister des Formulierens war, hätte er das gekonnt. Auf vorsichtiges Nachfragen entgegnete er resigniert: Es hat keinen Zweck. Es ist vorbei. Ich war enttäuscht, es hatte doch Gründe gegeben, derentwegen die DDR gegründet wurde und derentwegen sie nach vierzig Jahren unterging.

Mit Erwin über diese Fragen zu diskutieren, war zu spät, wie es auch wenig Sinn gehabt hätte, ihm meine Zerrissenheiten begreiflich zu machen. Bei Gerhard war es anders – meine beiden Väter waren vollkommen verschieden strukturiert. Gerhard besaß einen viel sensibleren Blick in das Innenleben dieser Gesellschaft, auch in sein eigenes Innenleben. Darum war er dann doch in der Lage – wenn auch im Verborgenen, wie wir erst jetzt wissen –, 600 Seiten Tagebuch zu schreiben. Das geschah, dessen bin ich sicher, in der Vorahnung, dem Bewusstsein seines Scheiterns, einhergehend mit dem Scheitern des Systems. Wie herauskommen aus den eigenen Fängen? Er hat nur schwer verkraftet, um nichts mehr gebeten zu werden, das seinen Ansprüchen genügt, wollte es auf der anderen Seite auch gar nicht mehr. Hatten ihn der Mut und die Kraft, sich zu stellen, verlassen? Glaubte er, differenzierte Argumente erscheinen wie ‚gewendete' Erklärungen, gar Entschuldigungen? Gab er einfach auf? Ich denke, Gerhard wollte sich in der neuen Gesellschaft nicht zurechtfinden. Er sah sich darin nicht. Das beschäftigt mich nachhaltig – über meine Traurigkeit, die Wehmut hinweg.

Seine ihm innewohnende Treue wurde Gerhard zum Verhängnis."[171]

[171] Matti Geschonneck am 9.1.2015 im Gespräch mit dem Autor.

Nachsatz

Dabei aber auch nach dem Preis zu fragen, der zu bedenken war bei diesem Versuch, Parteilichkeit und Kritik miteinander vereinen zu wollen, ohne sich selbst zu verletzen unter den Zwängen und Verheißungen der ineinander verkeilten ideologischen Systeme, gehörte zu den wichtigsten Fragen, die für das Leben und Werk Gerhard Scheumanns gleichermaßen relevant und zu beantworten waren. Die Arbeit an seiner Biografie hat die Unmöglichkeit eines solcherart ersehnten Ausgleichs zwischen Kritik und Anpassung, Widerstand und Einverständnis auf geradezu tragische Weise erwiesen, obwohl oder gerade weil das Leben Gerhard Scheumanns immer von solchem Bemühen des Ausgleichen-Wollens geprägt war.

Das Buch über ihn musste nicht zuletzt auch deshalb ein Fragment bleiben. Es geht nicht auf, sondern kommt angesichts der Widersprüche dieses Lebens, die nicht wirklich aufzulösen, sondern bestenfalls zu beschreiben waren, zu einem Abschluss ohne Ende. In der Form des Vorläufigen hat es allerdings zumindest nach einer für Gerhard Scheumann angemessenen Wahrheit gesucht, über die es Auskunft geben wollte.

Es erzählt von der Geschichte des DDR-Rundfunks, aber es ist keine Rundfunkgeschichte – so wenig es eine Fernseh- oder Filmgeschichte ist, auch wenn es über zwei große Kapitel der Geschichte des DDR-Fernsehens bzw. des Dokumentarfilms der DDR berichtet. Es verweist auf eine deutsche Biografie zwischen den gesellschaftlichen Systemen, die aufgehoben waren in ihr und anwesend blieben bis zum Ende dieses Lebens. Es versteht sich, dass nicht über alle damit verbundenen inneren und äußeren Umstände gleichermaßen kompetent Auskunft gegeben werden konnte. Es ist vielmehr Gerhard Scheumann selbst, der in seiner Person diese Geschichte als einen nach vorn hin offenen und weiterhin unabgeschlossenen Raum vorgegeben hat – als historischer Zeuge einer Politik sozialistischer Ideale, für die er bis zuletzt mit einstand, ebenso aber auch als ein Mensch, an den erinnert werden kann als an einen verlässlichen und treuen Freund und ungemein anregenden, geistvollen Partner für alle die, die ihn kannten und seine Nähe erfahren haben. Ausgeschlossen, sich als sein Biograf heraushalten zu können aus dieser Geschichte, die auch ihn selbst mitbetraf.

Im Februar 1998 kam mit der Post das fertige Manuskript der Autobiografie eines Lübecker Freundes in Senzig an. Es war an Gerhard Scheumann adressiert mit der Bitte um kritischen Zuspruch und der Hoffnung auf baldige Rückantwort. Diese fiel verhalten, aber ermutigend aus, enn sie verwies auf die eigenen Schwierigkeiten, klarzukommen mit dem Material eines ganzen Lebens, das erzählt werden soll. Auch er selbst, schrieb Gerhard Scheumann, sitze an der Niederschrift seiner Biografie, die er unbedingt noch bis zu seinem siebzigsten Geburtstag fertigstellen wolle und daher um die Mühen des Freundes wisse. Nur drei Monate später starb er – mit siebenundsechzig Jahren am 30. Mai 1998. Auf der letzten Fahrt ins Krankenhaus, erzählt Heide, saß er ruhig, in stiller Gefasstheit im Auto und begann plötzlich mit leiser Stimme die wunderbar blühende Landschaft zwischen Senzig und Berlin-Buch im Frühling zu besingen – wie zum Abschied: Es war die Zeit, wo die Erinnerung an die Stelle der Hoffnung trat.

Danksagung

Ohne das ausdrückliche Vertrauen und die Solidarität von Heide Scheumann hätte ich mich einem so komplexen Thema, wie es die Beschäftigung mit der Lebensgeschichte Gerhard Scheumanns zweifellos für jeden seiner Biografen werden würde, nicht stellen können. Dafür gilt ihr mein ganz besonderer Dank. Daneben möchte ich ebenso der Schwester von Gerhard Scheumann, Brigitte Lemke, sowie seinen Kindern Katharina, Esther, Alexander und Matti für ihre wunderbar offenen und so emotionalen Antworten auf meine Fragen zu ihrem Vater danken. Mit Joachim Stoff, der mir in den Jahren gemeinsamer Arbeit zu einem engen Freund geworden ist, habe ich darüber hinaus ausführliche Interviews mit einer Reihe langjähriger Wegefährten Gerhard Scheumanns führen können, die allesamt von großem Informationswert für meine spätere Arbeit waren. Dafür bin ich Prof. Benno Kiebs, Christian Lehmann, Ronald Trisch, Axel Kaspar, Dr. Karli Coburger, Hans-Eberhard Leupold, Wolfgang von Polentz sowie Günter Domscheit ebenso zur Dankbarkeit verpflichtet wie ich mich meinen Freunden Peter Voigt (†), Karlheinz Mund und Eduard Schreiber eng verbunden fühle, die mir in vielen persönlichen Gesprächen als kritische Ratgeber zur Seite standen und mich mit ihrem umfangreichen Wissen in jeder nur erdenklichen Weise unterstützten. Wichtige Dokumente für das Buch haben Mathias Remmert und Peter Pflughaupt beigetragen.

Schließlich gilt mein Dank dem Archiv der Akademie der Künste, Berlin; dem Deutschen Rundfunkarchiv, Babelsberg; dem Bundesarchiv; dem Filmmuseum Potsdam; dem PROGRESS Film-Verleih GmbH Berlin sowie der Bundesbehörde für die Unterlagen des Staatssicherheitsdienstes der ehemaligen DDR, die mich zu jeder Zeit ebenso kompetent wie korrekt in meinem Anliegen unterstützt haben.

Frank Hörnigk, März 2015

Von einem, der auszog, das Sehen zu lernen

Einem Menschen wird man womöglich nur gerecht, indem man dessen Leben und Schicksal teilt. Alles andere bleibt Annäherung, Nachvollzug und äußert sich – in der Ungleichzeitigkeit von Reflexion und Erfahrung – immer als Fiktion, selbst wenn das Bemühen um Rekonstruktion den Weg der Erschließung vorgibt.

Frank Hörnigk wusste um diese Beschränkung, ohne sich davon in seinem Vorhaben beirren zu lassen. Er hat sich in den letzten drei Jahren intensiv mit Gerhard Scheumann und dessen Biografie auseinandergesetzt, hat umfänglich recherchiert, gelesen und an diesem Buch gearbeitet, ohne zu wissen, dass es sich um die letzten Jahre seines Lebens handeln und er Drucklegung und Erscheinen nicht mehr erleben würde. Der Wunsch, das unvollendete Memoiren-Projekt Gerhard Scheumanns doch noch zur Öffentlichkeit zu bringen, mag in diesem ausufernden Vorhaben aufgehoben sein ebenso wie das Bedürfnis, einer Biografie – jenseits von Lexikaeinträgen – zu einer differenzierten Betrachtung zu verhelfen. Beispielhaft wurde sie für Frank Hörnigk, denn „der Riss, der durch die Zeit ging, ging auch durch die Person – und spaltete sie“. Davon zeugen sowohl die zahlreich zitierten öffentlichen Dokumente als auch Tagebucheinträge und andere Quellen aus dem Nachlass.

„Ausgeschlossen, sich als sein Biograf heraushalten zu können aus dieser Geschichte, die auch ihn selbst mitbetraf.“ Dieses Eingeständnis wird einerseits durch die jahrzehntelange Bekanntschaft und Freundschaft zwischen Frank Hörnigk und Gerhard Scheumann erzwungen, die über die bloße Wahrnehmung der öffentlichen Figur Scheumanns in der Medienlandschaft der DDR (als Rundfunkredakteur oder PRISMA-Moderator) oder die Rezeption des umfangreichen Filmschaffens von H&S hinausgingen. Andererseits steckt darin auch die Chance, aufgrund ähnlicher Erfahrungen anders Auskunft geben zu können, als es ein distanzierter Betrachter von außen je vermochte. Der blinde

Fleck der Erfahrung, die noch keine Bezeichnung kennt, wird als Voraussetzung für Erkenntnis angenommen, weil der Verfasser diese nicht als gegeben versteht, sondern sie beharrlich umkreisend beschreibt. Dem Leser obliegt es, das Bild zusammenzusetzen und dessen Konturen auszumachen.

Das vorliegende Buch ist damit als ein Bekenntnis zu eben jenen Erfahrungen des Bruches zu lesen, in denen das Scheitern einer Hoffnung aufgehoben ist, die – nach 1945 im Osten Deutschlands – mit einem Aufbruch in eine sozialistisch erstrebte, neue Zeit, hin zu einer von Grund auf gewandelten, gerechteren Gesellschaft nur unzureichend und schlagworthaft beschrieben ist. „Und vieles / Wie auf den Schultern eine / Last von Scheitern ist / Zu behalten." (Hölderlin) Davon „post festum" Auskunft geben zu müssen lautet die Verantwortung, der sich sowohl Gerhard Scheumann als auch Frank Hörnigk mit ihrem jeweiligen Vorhaben stellen. „‚Post festum' wird und kann nur die durchgehende Methode sein. Niemand wird mir einreden können, es ließe sich über die Dinge von ‚damals' schreiben ohne das Urteil von ‚heute'", notiert Gerhard Scheumann am 9. Mai 1992 in seinem Tagebuch. „Es reduziert sich alles auf die Feststellung, daß die BRD für mich keine Alternative zur DDR darstellte, eine Erklärung, die in textlicher Verkürzung und mit größer werdendem zeitlichen Abstand immer unbefriedigender wird." (TB 2.7.1993)

Frank Hörnigk kommentiert: „Gerhard Scheumanns Aufzeichnungen belegen den exemplarischen Lernfall einer Arbeit ohne Hoffnung." Waren diese Aufzeichnungen in den Achtzigerjahren auch nur für die Schublade geschrieben, so künden sie doch von dem Versuch, „den eigenen Erfahrungen und Einsichten […] nicht weiter auszuweichen, sondern sich ihnen zu stellen". Am Ende steht die mögliche „Absage an die eigene, über Jahrzehnte verinnerlichte Überzeugung scheinbar endgültiger weltanschaulicher Gewissheiten". Und Frank Hörnigk setzt fort: „Es wird erkennbar: Die alten Antworten können nicht mehr die neuen sein; aber die neuen gibt es noch nicht." Diese Erfahrung blieb auch in den Achtzigerjahren unvermittelbar.

„Das Buch über [Gerhard Scheumann] musste nicht zuletzt auch deshalb ein Fragment bleiben. Es geht nicht auf, sondern kommt angesichts der Widersprüche dieses Lebens [...] zu einem Abschluss ohne Ende", formuliert Frank Hörnigk in seiner Nachbemerkung. Die daraus resultierende „Form des Vorläufigen" ist jedoch kein Appell an die Gutmütigkeit bzw. Gewogenheit etwaiger Leser, sondern das Bekenntnis zur Gültigkeit eben dieser Form des Fragments, das kein abschließendes Urteil präsentiert und keine Lösung der Widersprüche suggeriert. Damit bleibt es dem Leser überlassen, Schlüsse zu ziehen oder – was schöner wäre – wägend nach- und einzugedenken.

Editorische Notiz

Da der Verfasser dieser Biografie das Manuskript selbst nicht bis zur Drucklegung begleiten konnte, konnten trotz größter Sorgfalt nicht alle auftauchenden Fragen restlos geklärt werden. Darüber hinaus war es unmöglich, alle verwendeten Quellen in jedem Einzelfall eindeutig zu rekapitulieren, diese seltenen Fälle wurden in der Anmerkung gekennzeichnet. Das vorliegende Buch folgt der Anlage des Manuskripts, orthographische Fehler wurden korrigiert, Auslassungen sowie orthographische Abweichungen von der Vorlage bzw. Korrekturen in den Quellen mit eckigen Klammern kenntlich gemacht. Die Kapitel *Die Tagebücher I* und *II* haben zugunsten einer stärkeren thematischen Gliederung eine Unterteilung in Kapitel erfahren und Zwischenüberschriften erhalten.

Kristin Schulz, Oktober 2016

Alle Abbildungen stammen aus dem Privatarchiv Heide Scheumanns. Trotz gewissenhafter Recherche konnten nicht alle Inhaber eventueller Fotorechte gefunden werden. Für berechtigte Ansprüche bitten wir um Mitteilung.

Zum Autor

Frank Hörnigk (1944–2016), arbeitete nach einer Promotion über Georg Büchner und einer Habilitation zur neueren DDR-Dramatik seit 1984 als Hochschuldozent an der Sektion Germanistik der Humboldt-Universität zu Berlin, 1988 wurde er zum außerordentlichen, 1990 zum ordentlichen Professor an der Humboldt-Universität berufen, 1993 erfolgte die Neuberufung. Von 1982 bis 1990 war er dramaturgischer Mitarbeiter am Staatsschauspiel Dresden, 1988 begründete er gemeinsam mit Friedrich Wilhelm Junge das literarische Cabaret „Dresdner Brettl". In den 1980er-Jahren war er Herausgeber der Texte Heiner Müllers im Leipziger Reclam Verlag, 1996 bis 2006 folgte die Herausgabe der Berliner Ausgabe Arnold Zweigs im Aufbau Verlag (in Zusammenarbeit mit Julia Bernhard), 1998 bis 2011 die Heiner-Müller-Werkausgabe im Suhrkamp Verlag. 2008 wurde er emeritiert. Danach erschienen zahlreiche weitere Veröffentlichungen und Herausgaben (unter anderem der Tagebücher von Ernst Schumacher, der Biografie Erwin Geschonnecks und zum Werk des Maskenbildners Wolfgang Utzt).